浙江省哲学社会科学规划
后期资助课题成果文库

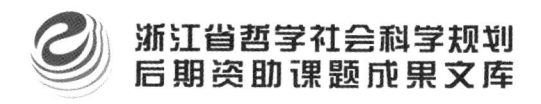

战略目标互依影响创新和NPD绩效的机制

Zhanlue Mubiao Huyi Yingxiang
Chuangxin He NPD Jixiao De Jizhi

杨林波 著

中国社会科学出版社

图书在版编目(CIP)数据

战略目标互依影响创新和NPD绩效的机制/杨林波著.—北京：中国社会科学出版社，2019.9

（浙江省哲学社会科学规划后期资助课题成果文库）

ISBN 978-7-5203-5247-5

Ⅰ.①战⋯　Ⅱ.①杨⋯　Ⅲ.①企业战略-战略管理　Ⅳ.①F272.1

中国版本图书馆CIP数据核字（2019）第216362号

出 版 人	赵剑英
责任编辑	宫京蕾
责任校对	秦　婵
责任印制	李寡寡

出　　版	中国社会科学出版社
社　　址	北京鼓楼西大街甲158号
邮　　编	100720
网　　址	http://www.csspw.cn
发 行 部	010-84083685
门 市 部	010-84029450
经　　销	新华书店及其他书店
印刷装订	北京君升印刷有限公司
版　　次	2019年9月第1版
印　　次	2019年9月第1次印刷
开　　本	710×1000　1/16
印　　张	16.25
插　　页	2
字　　数	266千字
定　　价	85.00元

凡购买中国社会科学出版社图书，如有质量问题请与本社营销中心联系调换
电话：010-84083683
版权所有　侵权必究

前　言

伴随中国经济新常态的逐步推进，大众创业、万众创新成为促进中国经济进一步增长的"双引擎"①之一。技术和产品生命周期大幅度缩短，成为国内企业不得不面临的外部环境新特征。在这样的环境中，企业能否稳固市场地位并取得可持续发展，主要取决于企业对技术动荡和市场动荡进一步加剧的外部环境的适应能力。企业应对外部环境变化带来的挑战的一个重要途径便是：积极探索未知技术和知识领域，或者提炼与整合现有知识基础，使企业在产品研发、生产和营销等方面达到行业领先水平，进一步发展出令竞争对手难以模仿的核心竞争力，从而比竞争对手更高效地开发出满足市场需求的新产品，取得企业绩效。在如今的开放式创新背景下，为实现这个目标，企业单纯依靠自身资源显然无法满足发展需要。它必须朝着更加高效、开放和合作的方向发展，通过借助企业外部资源，才能更好地实现自身的跨越式发展。

供应链是企业得以生存和发展的非常重要的外部环境。上下游企业之间频繁的资源交换，使得供应链成为企业获取和管理物流、技术流、信息流、资本流等各类资源的重要载体。本书认为，通过与在供应链上的上下游企业建立动态联盟，加强良性互动，形成适宜彼此生存的供应链生态圈，是企业抵御外部环境动荡威胁，并促进企业创新和新产品研发得以顺利开展的重要措施。但是，不同的企业有着不同的战略目标，他们的利益诉求甚至可能是相互冲突的。这势必会影响供应链上企业之间的互动以及

---

① 2015年2月25日，国务院总理李克强主持召开了国务院常务会议，会议确定了多项调控政策，既有传统的投资拉动型政策，也有创业、创新和人才等新引擎的培育政策。这体现了打造"双引擎"的思路。"双引擎"主要是指：一方面，更好地发挥政府作用，改造升级传统引擎，增加公共产品和公共服务供给；另一方面，充分发挥市场在资源配置中的决定性作用，推动大众创业、万众创新，建立和完善新引擎。

企业自身的发展。

合作与竞争理论[①]认为，主体之间的目标互依会影响双方的互动模式，进而对彼此目标的达成起到或增进或阻碍的作用。可令人遗憾的是，我们尚不清楚供应链上企业之间的战略目标互依对企业创新和新产品开发（NPD，new product development）绩效的影响及其作用机制。有鉴于此，本项目基于合作与竞争理论，从供应链整合视角出发，构建供应链情景下战略目标互依影响企业创新和 NPD 绩效的"目标互依—互动模式—结果达成"理论模型，采用理论研究与实地调研的研究方法，深入探讨企业与上下游企业之间的战略目标互依、供应链外部整合、企业创新（探索式创新/利用式创新）、核心能力与 NPD 绩效之间的关系，并深入分析反映企业外部环境特征的技术动荡和市场动荡在这些变量之间的关系中所起到的调节作用。

在理论研究的基础上，首先，我们采用了实验研究法，探索战略目标互依对企业 NPD 绩效产生影响的因果关系。然后，基于实验研究结果，为揭示战略目标互依影响 NPD 绩效的中介作用机制和调节作用机制，笔者使用了 SPSS 20.0、AMOS 21.0 和 PROCESS Macro 等统计分析工具，对通过问卷调研获取到的 233 家企业样本数据进行统计分析，考察了变量之间的路径关系[②]、链式多重中介关系[③]、调节效应关系和有调节的中介效应关系。最后，为明确变量之间路径关系和调节效应关系两类基本理论关系在不同的企业特征水平下的适应性，本书还进行了基于企业统计特征变量（企业成立年限、企业员工规模、企业所有制、企业所属行业）的多群组分析。通过理论分析和实证检验，本研究得到如下结论：

[①] 合作与竞争理论（the theory of cooperation and competition）是由 Deutsch 于 1949 年提出来的社会学理论，用以解释主体之间目标互依（goal interdependence）对双方互动模式及其结果达成的影响机理。随着学者们对该理论的运用和推广，在组织管理领域和战略管理领域中，也出现了一定数量的研究成果。

[②] 在本书中，路径关系是一种旨在探讨多个变量之间因果关系而建立的理论模型；其分析的实现手段是路径分析（path analysis），即检验一个假想的因果模型的准确性和可靠程度，并测量变量之间因果关系的强弱；所使用统计分析工具一般包括 AMOS、Lisrel、Mplus 等软件。

[③] 链式多重中介关系指的是，一种在自变量与因变量之间存在多个序列性（in serial）中介变量的理论模型。一般可使用 Hayes 等学者开发出的 PROCESS Macro 统计分析工具，对该理论模型进行偏差纠正的非参数百分位自助抽样检验。

第一，企业与供应商、企业与客户企业之间的战略合作目标，会对企业 NPD 绩效的提升具有显著的正向影响。企业与供应商、企业与客户企业之间的战略竞争目标，会对企业 NPD 绩效产生显著的负向影响。

第二，供应链外部整合、企业创新和核心能力在战略目标互依与 NPD 绩效之间关系中具有链式多重中介作用的研究假设，也得到了样本数据的支持。一方面，企业与供应商、企业与客户企业之间的战略合作目标，可以分别通过促进供应商整合、客户企业整合，对探索式创新和利用式创新产生积极的影响，进而增强企业核心能力，最终提高 NPD 绩效。另一方面，企业与上下游企业之间的战略竞争目标，会分别通过阻碍供应商整合与客户企业整合，对探索式创新和利用式创新产生消极影响，进而减弱核心能力并最终降低企业 NPD 绩效。其中，企业与供应商之间的战略合作目标，通过供应商整合到利用式创新再到核心能力，影响 NPD 绩效的链式多重中介作用效应最强。

第三，针对建构的理论模型，本书还深入地分析了供应链外部整合、企业创新和核心能力在战略目标互依影响 NPD 绩效的过程中，所起到的链式多重中介作用的差异。研究结果表明：①企业与上下游企业之间的战略目标互依可以绕过供应链外部整合、企业创新与核心能力中的一个或多个环节，对 NPD 绩效产生或直接或间接的影响。②在以上所有的作用路径中，企业与客户企业之间的战略合作目标，通过核心能力影响 NPD 绩效的中介作用效果最强。③核心能力是企业与供应商之间的战略合作目标和战略竞争目标影响 NPD 绩效的关键环节。④企业与供应商、企业与客户企业之间的战略竞争目标，不会对探索式创新产生直接的影响效应。⑤在所有的作用路径中，有且仅有企业与客户企业之间的战略合作目标会对 NPD 绩效产生直接的正向影响效应。

第四，技术动荡和市场动荡对探索式创新/利用式创新、核心能力与 NPD 绩效之间的关系，会产生不同程度的调节效应。在技术动荡程度越高的环境中，探索式创新对核心能力的正向影响越强。而且技术动荡程度越高，探索式创新通过增强核心能力，对 NPD 绩效产生的间接促进作用就越大。在市场动荡程度越低的环境中，企业采取利用式创新越有助于核心能力的增强。但是无论市场动荡程度如何，企业开展利用式创新都可以通过增强核心能力的方式提高 NPD 绩效。

第五，变量之间路径关系和调节效应关系是本书发展出链式多重中介模型和有调节的中介模型的基本理论关系，其显著性和强度会因企业的部分统计特征变量水平的不同而有所差异。①从供应商角度来看，有且仅有企业行业属性会对变量之间路径关系的适应性产生影响。具体而言，相比制造型企业，在服务业中，企业与供应商之间的战略竞争目标对供应商整合的消极影响更明显一些，但供应商整合对利用式创新的积极作用却不如制造型企业样本中的那么显著。②从客户企业角度来看，企业成立年限和行业属性会对变量之间路径关系的适应性产生影响。具体而言，相比成立年限介于3—15年的企业，对于成立年限大于15年的企业而言，样本企业与客户企业之间的战略竞争目标对客户企业整合的消极影响更明显一些，但利用式创新对核心能力的积极作用却不如成立3—15年的企业样本中的那么显著。同时，相比服务型企业，对于制造型企业而言，样本企业与客户企业之间的战略竞争目标对客户企业整合的消极影响更明显一些，而且客户企业整合对探索式创新的积极作用也要显著得多。③从外部环境角度来看，企业成立年限、员工规模、所有制形式和行业属性，都会对环境动荡在探索或创新/利用式创新与核心能力之间关系中的调节效应产生影响。

本研究结论在一定程度上深化了合作与竞争理论在供应链管理领域的研究，具有一定的理论贡献。同时，研究结果也有助于高层管理者明晰企业与上下游企业之间的战略目标互依，对企业创新、核心能力和NPD绩效的影响情况，并根据影响路径找到加强合作目标有利影响，克服竞争目标不利影响的关键途径和环节。同时，研究结论有助于企业根据技术和市场环境动荡情况，结合自身特征，发展有效的创新模式，增强核心能力，进而持续高效地提高NPD绩效，实现长远发展。

本书强调如何通过供应链上企业之间的战略目标互依，促进企业创新和增强核心能力，进而提高NPD绩效。研究结果对企业实践的主要启示包括以下几个方面：

首先，对于开放式创新背景下的中国企业，为提高企业在组织创新方面的探索和利用水平，增强企业核心能力并取得NPD绩效，其有效战略之一便是尽可能与上下游企业建立战略合作目标，或者与供应链合作伙伴在利益互补、目标一致的领域展开合作。同时，企业也需要尽可能地避免与上下游企业形成战略竞争目标，或选择在具有竞争性战略目标互依的领域及时遏制消极互动。

其次，如果企业与上下游企业之间的互动不可避免地会受到战略竞争目标的消极影响，企业可以通过选取适当的创新模式，并通过增强核心能力等方式，减弱这种战略目标互依带来的不利影响。

最后，本书关于外部环境角度变量之间调节效应关系多群组分析的结果表明，探索式创新和利用式创新促进企业核心能力形成的过程，既受大环境（外部环境动荡）的影响，也受企业"小环境"（企业自身特征）的制约。因此，尽管构建核心能力可以作为企业创新提高 NPD 绩效的重要途径，这也要结合企业外部环境的技术和市场动荡特征，以及企业自身特征进行综合考虑，以制定出符合自身发展需要的战略方案，实现企业可持续发展。

由于受研究者水平、时间和精力的限制，书中错误之处在所难免，恳请读者批评指正！

目　　录

第一章　绪论 …………………………………………………………（1）
　第一节　研究背景、目的及意义 ……………………………………（1）
　第二节　研究方法与技术路线 ………………………………………（10）
　第三节　主要研究内容 ………………………………………………（14）
第二章　文献综述 ……………………………………………………（16）
　第一节　目标互依的内涵、产生与影响 ……………………………（16）
　第二节　供应链整合的内涵、产生机制及其影响 …………………（26）
　第三节　探索式创新/利用式创新内涵、前因与结果 ……………（34）
　第四节　核心能力的内涵、前因与后果 ……………………………（42）
　第五节　供应链管理视角下 NPD 绩效的前因 ……………………（48）
　第六节　可进一步探讨的议题 ………………………………………（55）
第三章　理论基础与概念模型论 ……………………………………（58）
　第一节　理论基础 ……………………………………………………（58）
　第二节　相关变量概念界定 …………………………………………（63）
　第三节　理论模型的构建 ……………………………………………（66）
　第四节　建构本研究理论模型的意义 ………………………………（69）
第四章　研究假设 ……………………………………………………（71）
　第一节　战略目标互依与供应链外部整合 …………………………（71）
　第二节　供应链外部整合与企业创新 ………………………………（74）
　第三节　企业创新与核心能力 ………………………………………（77）
　第四节　核心能力与 NPD 绩效 ……………………………………（79）
　第五节　技术动荡和市场动荡的调节效应 …………………………（81）
　第六节　链式多重中介关系 …………………………………………（83）

第七节　有调节的中介效应关系 …………………………………… （86）
　　第八节　待检验假设汇总 …………………………………………… （89）
第五章　探索性实验研究与问卷调研设计 ……………………………… （91）
　　第一节　实证研究流程 ……………………………………………… （91）
　　第二节　实验研究 …………………………………………………… （91）
　　第三节　问卷测量条目的形成 ……………………………………… （97）
　　第四节　分析方法与问卷数据收集 ………………………………… （103）
　　第五节　量表的探索性因子分析 …………………………………… （112）
　　第六节　量表信度检验 ……………………………………………… （117）
　　第七节　量表效度检验 ……………………………………………… （118）
第六章　假设检验与结果讨论 …………………………………………… （123）
　　第一节　变量描述性统计分析 ……………………………………… （123）
　　第二节　控制变量的影响分析 ……………………………………… （125）
　　第三节　供应商角度变量之间关系的检验 ………………………… （133）
　　第四节　客户企业角度变量之间关系的检验 ……………………… （144）
　　第五节　外部环境角度有调节的中介效应检验 …………………… （154）
　　第六节　假设检验汇总与结果讨论 ………………………………… （160）
第七章　基本理论关系的多群组分析 …………………………………… （175）
　　第一节　多群组分析的实现 ………………………………………… （175）
　　第二节　基于企业成立年限的多群组分析 ………………………… （177）
　　第三节　基于企业员工规模的多群组分析 ………………………… （183）
　　第四节　基于企业所有制的多群组分析 …………………………… （187）
　　第五节　基于企业所属行业的多群组分析 ………………………… （191）
　　第六节　多群组分析总结 …………………………………………… （197）
第八章　结论与展望 ……………………………………………………… （199）
　　第一节　研究结论 …………………………………………………… （199）
　　第二节　理论贡献 …………………………………………………… （204）
　　第三节　实践启示 …………………………………………………… （207）
　　第四节　研究局限与展望 …………………………………………… （209）
附录 ………………………………………………………………………… （212）
　　附录一　实验材料 …………………………………………………… （212）

附录二　调研问卷 …………………………………………（217）
附录三　研究附表 …………………………………………（222）
参考文献 ………………………………………………………（225）
后记 ……………………………………………………………（248）

第一章

绪　　论

本章首先阐述研究背景、目的、现实意义和理论意义，然后介绍研究方法和技术路线，最后说明研究的主要内容及其结构安排。

第一节　研究背景、目的及意义

一　研究背景

(一) 现实背景

随着中国经济逐渐步入以创新投入为主要驱动力量，以产业结构优化为重要特征的新常态时期（汪汉杰，2015），李克强总理发出了"大众创业、万众创新"的号召，各级政府随之出台了一系列鼓励创新创业的政策[①]。党的十八届五中全会更是首次确立了"坚持创新发展"在国家发展全局中的核心位置，这进一步强调了创新发展的重要性。这些举措加快了我国企业技术更新换代的步伐，市场动荡随之不断加剧。为应对环境变化带来的挑战，有远见的企业大都致力于加强企业创新，以快速开发出新产品。但是，新产品研发涉及对各类信息和知识的处理，是一个极其复杂的过程（Clark & Wheelwright，1993），具有较高的挑战性和风险性，成功率极低（吴家喜和吴贵生，2008）。身处这样的环境中，企业通过"闭门造车"或"单打独斗"的方式，再也难以开发出满足市场需求的新产品。

---

① 例如，2015年12月4日，浙江省人民政府办公厅印发了《浙江省人民政府关于大力推进大众创业万众创新的实施意见》；2015年8月20日，宁波市出台了《宁波市人民政府办公厅关于培育发展众创空间促进大众创新创业的实施意见（试行）》；2015年7月12日，福建省人民政府出台了《福建省人民政府关于大力推进大众创业万众创新十条措施的通知》；2016年7月25日，福州市出台了《关于推进创业大本营建设有关事项的通知》。

企业必须采用更加开放、更加合作、更加高效的运营方式，才能抓住市场机遇，借助组织之外的资源，实现自身跨越式发展。

随着供应链上企业之间业务分工的进一步深化，各个企业在自身擅长的领域具备越来越高的专业水平，并掌握到差别于其他企业的优势资源。企业需要通过与上游供应商和下游客户企业展开合作，才能从供应链上整合到有助于其发展的异质性资源和外部信息反馈（杨洁辉，韩庆兰和会莉，2015），将整合的外部资源融合于企业自身的研发、生产、运用和营销活动中，进而增强企业的技术能力和营销能力（Hardy, Phillips & Lawrence, 2003），可持续地开发出满足市场需求的新产品。因此，在供应链上"抱团取暖"，打造适宜彼此生存的"供应链生态圈"①，成为有远见企业的必然选择。

然而，供应链上企业之间的合作模式及其未来发展趋势并不是一成不变的（Fisher, Hammond, Obermeyer & Raman, 1997）。它们与生俱来追求自利（self-interest）的特性可能令其中一方为获得短期利益而采取机会主义行为，这不利于企业之间合作关系的建立（Wathne & Heide, 2000），甚至会对企业自身的发展造成严重消极影响（Wong, Tjosvold & Chen, 2010）。不过 Wong, Tjosvold & Yu（2005）认为，企业追求自利的动机并不必然导致合作关系的破裂。各个企业对自我目标和利益的追求，会令企业之间形成不同属性、不同强度的互依性目标。这种目标互依可能是合作性的，也可能是竞争性的。主体之间的合作目标会诱发双方的合作性互动，而竞争目标会诱致一方对另一方的竞争行为（Tjosvold, 1986；Wong, Tjosvold & Yu, 2005）。由此可见，影响企业之间互动模式的根本动因在于自利性企业之间战略目标互依（goal interdependence）的本质属性（Wong, Fang & Tjosvold, 2012；Wong, Tjosvold & Zhang, 2005a）。因此，从企业战略目标角度出发，探讨企业与上下游企业之间战略目标互依对双方互动模式和企业 NPD 绩效的影响及其作用机制，将具有一定的现实意义。

---

① "供应链生态圈作为一个全新的理念，它不仅仅包括供应商、制造商、批发商、零售商、服务商，也不仅仅是信息流、物流、资金流的三流合一，而是将互联网、云计算、大数据等互联网新技术与供应链服务结合，聚合多样化的组织，形成资源能力互补，创造跨界创新和持续颠覆能力，通过生态战略推动企业乃至社会经济发展变革的新模式"——第二届供应链生态圈高峰论坛。

(二) 理论背景

根据 Deutsch 于 1949 年提出的合作与竞争理论（theory of cooperation and competition），个人之间、群体之间乃至组织之间的目标互依决定了主体双方的互动模式，这些互动模式继而会影响各自结果的达成（Deutsch, 1949a；Johnson & Johnson, 1989；Tjosvold, Leung & Johnson, 2000；Wong, Fang & Tjosvold, 2012；杨肖锋，储小平和俊，2012）。需要强调的是，目标互依是主体对彼此间客观存在的目标关联状态的主观认知形式（Wong, Tjosvold & Zhang, 2005a），即主体之间的目标互依属性产生于主体对彼此意欲达成的目标的合作性或竞争性关系的主观判断。本书认为，在中国经济新常态背景下，合作与竞争理论在供应链管理领域的研究，还可以从以下几个方面进行拓展：

1. 企业之间战略目标互依与供应链外部整合之间的关系

合作与竞争理论认为，主体之间的目标互依包括两种不同的形式：合作目标（cooperative goals）和竞争目标（competitive goals）（Deutsch, 1949a；Deutsch, 1973；Johnson & Johnson, 1989）。当主体双方将彼此目标视为合作性互依时，他们坚信对方目标的达成会有助于自我目标的实现，进而产生积极的互动关系。相反，他们若认为对方目标与自我目标属于竞争性互依，则会把对方目标的实现当成达到自我目标的障碍，进而产生消极互动关系（Tjosvold, Leung & Johnson, 2000）。对于供应链上的企业而言，一方的战略目标既可能被对方视为促进其战略目标实现的形式，也可能被当成阻碍其战略目标实现的形式。已有研究发现，包括供应链上的企业在内，组织之间的战略目标互依会影响彼此信任、长期关系和建设性争论（constructive controversy）等互动过程（Wong, Tjosvold & Chen, 2010）。作为供应链管理核心内容之一的供应链外部整合（supply chain exteral integration），是供应链上企业之间至关重要的合作性互动模式（Frohlich & Westbrook, 2001；李晓明，杨洪焦和王元庆，2013）。供应链外部整合有助于企业与供应商、企业与客户企业基于主观上的相互信任和客观上的互相依赖，建立起深度合作和动态联盟的战略伙伴关系，进而加强物质流、信息流、资本流和技术流等各类资源的高效运转（Droge, Jayaram & Vickery, 2004），帮助企业从组织外部整合开展企业创新和新产品研发所需的资源。但是，鲜有研究成果涉及对供应链情景中企业之间战略目标互依与供应链外部整合之间关系的探讨。

2. 供应链外部整合对探索式创新/利用式创新的影响情况

根据企业创新与企业知识基础、企业技术轨迹差异等内容的关联性，学者们将企业创新划分为探索式创新（exploratory innovation）和利用式创新（exploitative innovation）（Benner & Tushman, 2002; He & Wang, 2004; Jansen, Van Den Bosch & Volberda, 2006），两者构成企业的双元创新模式。而且已有研究表明，探索式创新和利用式创新对企业核心能力（陈文沛，2013）和 NPD 绩效（王林，沈坤荣，吴琼和秦伟平，2014）都具有促进作用。供应链外部整合作为企业从上下游合作伙伴整合各类资源的重要互动模式，是企业从外部高效获取促进企业创新和发展所需知识、技术、人才等方面支持的重要举措。同时，探索式创新和利用式创新又是企业基于知识基础和技术轨迹差异，发展出的两种不同的组织创新模式。在鼓励"大众创业、万众创新"的开放式创新背景下，企业跨组织边界与上下游企业建立动态联盟关系，共同促进企业创新势在必行。然而，目前鲜有探讨供应链外部整合与探索式创新/利用式创新之间关系的文献。

3. 企业创新、核心能力与 NPD 绩效之间的关系

探索式创新/利用式创新对 NPD 绩效的提高可以通过增强核心能力的途径来实现吗？核心能力反映了企业在研发、生产及营销等方面不可替代的和难以模仿的整合性优势能力（谢洪明，王成和葛志良，2006）。它对企业的可持续发展具有着根本性的推动作用（王宏起和王珊珊，2009）。探索式创新和利用式创新则是企业核心能力得以提升的重要驱动力量（陈文沛，2013）。已有研究表明，核心能力有助于提高企业绩效，同时也可以解释企业创新影响组织绩效的中介机理（谢洪明，罗惠玲，王成和李新春，2007）。但是，核心能力是否能够解释企业创新持续影响 NPD 绩效的中介机制，这有待于本研究进一步考察。

4. 技术动荡和市场动荡在变量之间关系中的调节作用

如前所述，中国经济新常态进一步加剧了企业赖以生存的技术环境和市场环境的动荡程度。这必将对探索式创新和利用式创新影响 NPD 绩效的作用强度产生冲击效应（王林，沈坤荣，吴琼和秦伟平，2014）。但不同类型的外部环境动荡（技术动荡和市场动荡），究竟会对不同范式的企业创新过程（探索式创新和利用式创新）影响核心能力的作用强度起到什么样的调节作用，对核心能力的中介作用又会产生什么样的调节效应，

也尚待进一步探讨。

5. 战略目标互依影响企业创新和 NPD 绩效的作用机制仍有待探索

根据合作与竞争理论的观点，合作目标带来积极结果，竞争目标带来消极结果（Deutsch，1949a）。而且已有研究发现，企业发展、客户满意度等结果达成情况会受到组织之间战略目标互依间接的重要影响（Wong，Tjosvold & Chen，2010）。与此类似，本研究认为，供应链上企业之间的战略目标互依也会对企业 NPD 绩效产生重要影响。同时，学者们认为，作为组织之间的互动过程，建立互信和长期关系可以解释战略目标互依影响组织结果达成的路径机制[①]（Wong，2002；Wong，Tjosvold & Chen，2010）。但已有研究尚未揭示在外部环境动荡的影响下，供应链外部整合、探索式创新/利用式创新和核心能力能否解释战略目标互依影响 NPD 绩效的链式多重中介（multiple-step mediation）机制[②]。这些尚需进一步研究的内容，都成为了本项目将要探讨的重要议题。

二 研究目的

本研究将基于合作与竞争理论（Deutsch，1949a），从供应链整合视角，在考察企业与供应商、企业与客户企业之间战略目标互依影响 NPD 绩效的变量之间路径关系基础上，深入探讨供应链外部整合、企业创新和核心能力所起的链式多重中介作用，并将深入分析链式多重中介作用在供应商和客户企业两个角度下的相同点和差异性。从企业外部环境角度，探讨技术动荡和市场动荡所起的调节作用。为在经济新常态环境中的企业建立起有助于其可持续发展的供应链生态圈，提升核心能力并提高 NPD 绩效，提供策略和建议。具体而言，本研究的主要目标包括如下三个方面：

1. 探讨供应链外部整合、企业创新、核心能力的链式多重中介作用

本研究基于合作与竞争理论，从供应链整合视角，建立了企业与供应

[①] 在本书中，路径机制指的是从自变量到中介变量再到因变量的线性因果关系。它不涉及对中介效应关系或调解效应关系的分析。

[②] 多重中介模型包括两类，即链式多重中介模型和并行多重中介模型。在链式多重中介模型中，多个中介变量表现出顺序性特征，变量之间是因果关系，形成中介链，其重点是要探讨这些中介变量所起的链式多重中介作用及其强度。在并行多重中介模型中，中介变量之间是平行关系，其重点是要比较不同的中介变量所起的中介作用的差异（参考资料来源：柳士顺、凌文辁《多重中介模型及其应用》，《心理科学》2009 年第 2 期。）

商、企业与客户企业之间战略目标互依影响企业创新（探索式创新/利用式创新）和 NPD 绩效的"目标互依—互动模式—结果达成"理论模型。进而在供应商和客户企业两个角度下，探讨战略目标互依影响 NPD 绩效的作用路径，以及供应链外部整合、探索式创新/利用式创新、核心能力在这个影响过程中所起的链式多重中介作用。在此基础上，笔者通过实验研究和问卷调研的实证方式，验证变量之间的理论关系。

2. 考察供应商和客户企业两个角度下链式多重中介作用的异同和关键环节

本研究将在验证变量之间基本理论关系的基础上，考察供应商和客户企业两个角度下供应链外部整合、探索式创新/利用式创新、核心能力在战略目标互依与 NPD 绩效之间的链式多重中介效应的异同。尽管本书认为，在这两个角度下，供应链外部整合、探索式创新/利用式创新、核心能力都会产生链式多重中介效应。但是，根据合作与竞争理论，各个路径的影响效应强度和作用环节等可能存在差异，这需要结合统计分析结果，进行深入探讨，然后基于此，识别战略目标互依影响 NPD 绩效的主要路径和关键环节。

3. 从企业外部环境角度探讨技术动荡和市场动荡的调节作用

本研究认为，相比以往，在经济新常态背景下，企业面临的技术环境和市场环境的动荡程度会愈来愈强烈。因此，有必要考察环境动荡在战略目标互依影响 NPD 绩效的路径上所起到的调节作用。具体而言，我们将对技术动荡和市场动荡在探索式创新/利用式创新与核心能力之间关系中所起的调节作用进行探讨。在此基础上，进一步考察不同属性的环境动荡对核心能力在探索式创新/利用式创新与 NPD 绩效之间的中介作用所产生的调节效应，即建立有调节的中介模型（moderated mediation model）[①]，并予以实证。

4. 基于企业统计特征水平分析变量之间基本理论关系的适应性

在本研究中，变量之间的路径关系、调节效应关系属于基本理论关

[①] 有调节的中介模型包括两大类：只调节间接效应的模型，同时调节间接效应和直接效应的模型。只调节间接效应的模型又包括三类：只调节中介过程前半路径的模型、只调节中介过程后半路径的模型、同时调节中介过程前半路径和后半路径的模型。本书所提出的有调节的中介模型属于只调节中介过程前半路径的理论模型（温忠麟和叶宝娟，2014）。

系。变量之间的线性多重中介关系和有调节的中介关系都是在这两个基本理论关系的基础之上发展出来的。为深入分析不同角度（供应商角度、客户企业角度和外部环境角度）下，基本理论关系在各个企业特征变量（成立年限、员工规模、所有制和行业）不同水平上的适应性，本书将进行多群组对比分析。此外，多群组分析还有助于研究者明确企业特征变量对本研究基本理论模型的调节作用情况。

三 研究意义

研究结果将为明确供应链上企业之间的战略目标互依对企业创新和 NPD 绩效的影响及其作用机制，提供理论支撑和实证证据。

（一）理论意义

1. 完善和丰富了合作与竞争理论在供应链管理领域的研究

本研究的理论基础"合作与竞争理论"，一般主要被用于社会学和教育学领域，而且在这些学科中已经形成了较为系统的研究体系。然而，该理论在战略管理领域中，尤其是供应链管理研究领域中，并没有得到足够的重视。

在供应链管理领域，为数不多的研究探讨了企业之间战略目标互依对相互信任、长期关系、机会主义行为等互动过程的影响及其作用机制。但是供应链外部整合作为企业与供应商、企业与客户企业之间至关重要的互动模式，尚未有研究揭示战略目标互依对它的影响机理。因此，学界基于合作与竞争理论在供应链管理领域的相关探讨仍然存在可以突破的地方。

进一步而言，合作与竞争理论认为，合作目标可以预测积极结果的达成，但竞争目标会阻碍良好结果的实现（Deutsch，1949）。而且已有研究表明，组织之间的战略目标互依会影响企业发展、客户满意度等方面的改善。可据此推断，供应链上企业之间的战略目标互依也可能会影响企业创新、核心能力和 NPD 绩效。在此基础上，我们将从供应商和客户企业两个角度，探讨供应链外部整合、企业探索式创新/利用式创新、核心能力在战略目标互依与 NPD 绩效之间关系中的传导机理。因此，本研究在一定程度上，拓展了合作与竞争理论在供应链管理领域的研究。

2. 明确了新常态背景下环境动荡对探索式创新/利用式创新、核心能力与 NPD 绩效之间关系的影响

尽管已有研究成果表明，环境动荡在探索式创新、利用式创新对企业

绩效产生影响的过程中会起到调节作用（Jansen，Van Den Bosch & Volberda，2006；李忆和司有和，2008；李忆和司有和，2009；王林，沈坤荣，吴琼和秦伟平，2014）。但 Jaworski & Kohli（1993）、Han 等（1998）认为，外部环境动荡既包括技术动荡也包括市场动荡，两种不同的环境动荡所产生的调节作用可能存在一定差异。在国内，尽管有为数不多的学者在研究中会考虑两种环境动荡的差异性（张婧和段艳玲，2010）。但鲜有相关研究从技术和市场两个角度，分别探讨技术动荡和市场动荡对企业探索式创新/利用式创新、核心能力与 NPD 绩效之间的关系产生的影响。有鉴于此，本研究将深入考察技术动荡和市场动荡在战略目标互依影响 NPD 绩效的过程中所起的调节所用，即探讨技术动荡在探索式创新、核心能力与 NPD 绩效之间关系中所起的调节作用，以及市场动荡在利用式创新、核心能力与 NPD 绩效之间关系中所产生的调节效应。

在一定程度上，这将有助于我们明确不同的环境动荡特征对不同范式的创新过程与核心能力之间关系的强度，以及对核心能力在不同范式的创新过程与 NPD 绩效之间关系中所起中介作用的强度的加强或减弱情况。

3. 深化和推动了供应链外部整合驱动机制的研究

供应链外部整合在国外研究起步较早，而且取得了一系列的研究成果。但国内关于供应链外部整合的探讨仍然为数不多。供应链整合不只是简单的供应链管理举措，它的根本目标是低成本、高效率地为客户提供最大的顾客让渡价值。[①] 供应链基本上都会涉及物流、信息流、技术流、资本流等各类资源的纵向流动，这使得供应链成为企业必须赖以生存的资源载体。供应链外部整合是供应链整合的重要组成部分，它不只是普遍意义上的以成文合约为根本约束工具建立起的利益性联盟，而且是企业与供应商、企业与客户企业基于长期关系和相互信任，发展起来的深度合作的动态联盟关系。供应链外部整合对供应链上的企业建立有益于彼此可持续发展的供应链生态圈意义重大。

已有研究主要从社会网络角度、环境不确定性、政府支持、供应链设计、供应商治理机制等方面，探讨了供应链外部整合的前置因素。但鲜有学者从战略目标角度，考察供应链外部整合的驱动机制。本研究基于合作与竞争理论，将考察战略目标互依与供应链外部整合之间的关系，这在一

[①] 顾客让渡价值指的是，由企业转移出的，顾客能够感受得到的商品实际价值。

定程度上有助于丰富供应链外部整合形成动因的研究。

（二）现实意义

1. 有助于企业明晰战略目标互依影响 NPD 绩效的重要途径和环节

通过探讨供应链上企业之间战略目标互依对 NPD 绩效产生影响的路径及其作用机制，有助于企业找到影响企业创新和 NPD 绩效的关键路径和重要环节。从而加强战略合作目标的有利作用，规避战略竞争目标带来的不良影响，企业据此选择适合自身情况的 NPD 绩效开发路径，提高新产品开发成功机率，取得企业绩效，促进企业发展。

2. 有利于加强企业开展针对供应商和客户企业的关系管理

与企业直接往来的上游供应商，不只是企业主要原材料的供给方，也是企业得到技术支持的重要合作伙伴，甚至是企业创新活动和新产品开发活动的重要参与者。与供应商建立良好的战略伙伴关系，对企业发展具有着不可替代的现实意义。同样，与企业直接往来的下游客户企业，既是企业获取和了解市场需求、消费者偏好等信息的关键途径，也是企业将产品传输到市场中的重要纽带。然而，传统意义上的供应链管理倾向于强调核心企业"一家独大"的思想，这在一定程度上会有损于非核心企业的利益。若要改变这种状况，企业有必要从自身与上下游企业之间的战略目标互依属性出发，思考共同建立适宜彼此可持续发展的供应链生态圈的根本途径。我们的研究结果将为上下游企业之间开展合作性互动、建立供应链生态圈找到战略目标基础，并将有助于企业明晰战略目标互依通过供应链外部整合对企业创新、核心能力和 NPD 绩效产生影响的情况。

3. 有益于企业结合环境特征和战略目标选取合适的创新模式

本书将探讨技术动荡和市场动荡在战略目标互依影响 NPD 绩效的路径上，对探索式创新/利用式创新与企业核心能力之间关系起到的调节作用，同时也将深入分析这两种环境动荡对核心能力在探索式创新/利用式创新与 NPD 绩效之间关系的中介作用所产生的调节效应。这不仅有助于企业明确不同类别的创新模式影响企业核心能力的作用边界，还将有利于企业明确在不同技术动荡或市场动荡的环境中构建核心能力的有效性，并据此选择最有效的创新模式，增强企业核心能力，改善企业 NPD 绩效。

此外，本项目还将考察基本理论关系在各个企业特征变量不同水平上的适应性。这有助于企业根据自身特征，基于企业与供应链的上下游企业之间战略目标互依，并结合外部环境动荡属性和强度，找到符合自身发展需要的创新模式和新产品研发路径，取得组织绩效，实现企业长远发展。

第二节 研究方法与技术路线

一 研究方法

规范研究与实证研究相结合，定量研究辅助定性分析的方法将被使用于本项目中。具体而言，文献研究、专家咨询、课题小组讨论、大规模问卷调查、实验研究等多种研究方法将被用于建构和验证理论模型。我们将根据不同的研究内容和研究需要，使用不同的研究方法和统计分析方法。具体安排如表1-1所示。

（一）定性研究法

1. 文献分析

笔者通过文献研究，以现有理论和研究成果为依据，进行文献梳理，找到研究方向，确定研究主题，建立研究框架。在研究初期，我们利用大学图书馆及其网络资源，从JSTOR、EBSCO、CNKI、维普期刊资源库等国内外重要文献数据库，通过中英文关键词搜索大量的、最新的、权威的相关研究成果，对合作与竞争理论、供应链整合理论、组织创新理论与核心能力理论的研究脉络和研究现状做初步了解。然后，筛选出对研究具有重要参考价值的经典文献，并进行精读。在回顾和综述国内外经典文献中关于目标互依、战略目标互依、供应链整合、供应链外部整合、探索式创新/利用式创新、核心能力、新产品、新产品开发和NPD绩效等方面的研究成果的基础之上，找到已有研究中存在的不足，以确保研究选题和理论建构的前沿性。最后，确定研究主题，并提出研究假设。

表1-1　　　　　　　　　研究方法汇总

内容构成	研究要求	研究方法/统计方法
文献综述	针对战略目标互依、供应链整合、探索式创新/利用式创新、核心能力和NPD绩效的内涵、测量工具及其相关研究，进行文献回顾和评述	文献分析
理论基础	阐述合作与竞争理论、供应链整合理论、组织创新理论和核心能力理论	文献分析
模型建构	变量概念界定，演绎并提出本项目的研究假设	文献分析、专家咨询

续表

内容构成	研究要求	研究方法/统计方法
实验研究	探索战略目标互依对NPD绩效的影响	实验法、单因子方差分析法
设计量表	针对理论模型中涉及的变量,发展出适用于本研究情景的测量量表	文献研究、专家咨询、小组讨论
样本描述	对被试(企业)的统计特征进行描述	问卷调研、描述性统计
量表检验	对量表的信度进行分析,对量表的效度进行验证性因子分析	问卷调研、统计分析、建模分析
控制变量影响效应	探讨控制变量对供应链外部整合、探索式创新、利用式创新、核心能力和NPD绩效的影响	问卷调研、独立样本T检验、单因子方差分析
假设检验	针对本研究的理论模型进行假设检验(供应商角度、客户企业角度、外部环境角度)	问卷调研、结构方程模型、Bootstrapping、多元线性层级回归分析法
变量关系适应检验	针对变量之间的路径关系、调节效应关系两类基本理论关系,进行基于企业统计特征变量的适应性检验	多群组分析法

2. 专家学者面对面交流和项目小组讨论

专家学者面对面交流,有助于确保项目选题的前沿性、理论的严谨性和研究过程的科学性。第一,笔者自文献收集到理论框架建构的整个过程中,就理论基础的选取、理论模型逻辑的严谨性等方面的问题,与相关领域学者和实践界同人,进行了多次沟通和交流。第二,为保证研究所使用的测量量表和实验材料具有较理想的内容效度和可信度,本项目所使用的测量工具都借鉴和采用了国内外权威期刊上已发表的成熟量表。但是,考虑到研究情境差异、翻译国外量表的语句匹配等问题,为确保词句能达原意,使测量条目的描述更符合研究情境,我们将通过咨询相关领域的专家和实践界的企业高层管理者,结合小组讨论,确定最终的实验材料、问卷测量条目及其恰当的语句表述形式。

3. 归纳法、演绎法

在文献综述和概念模型的建构过程中,本书不仅对目标互依影响效应、供应链外部整合前置因素和影响效应、探索式创新/利用式创新驱动机制与影响后果、核心能力的产生与影响等已有研究进行了系统的分析,并"归纳"出了一般意义上的研究结论。我们还引入了合作与竞争理论,结合供应链整合、组织创新、核心能力等相关理论,用以解释战略目标互依、供应链外部整合、探索式创新/利用式创新、企业核心能力、NPD绩效、技术动荡和市场动荡之间的逻辑关系,"演绎"出了以中国经济新常态为大背景的假设性观点。

(二) 定量研究法

本项目定量研究主要通过对实验法和问卷调研法收集到的样本数据，进行统计分析来实现。

1. 实验法

我们使用实验研究方法探索战略目标互依对企业 NPD 绩效的影响情况。研究通过对 240 名受试者随机发放短文情境启动的实验材料，来实现对被试进行随机分组开展实验的目的。并采取组间实验设计的方式，操纵自变量战略目标互依的类别。最后测量因变量 NPD 绩效相对控制组的均值变化情况，进而分析出战略目标互依对 NPD 绩效的影响效应。

采用简短的语言材料启动实验研究，将有助于笔者较为便捷地在相对理想的情境中，保质保量地收集到实验数据，进而用以探索企业与上下游企业之间的战略合作目标和战略竞争目标对 NPD 绩效的作用效果。

2. 问卷调研法

为验证战略目标互依影响 NPD 绩效的中介和调节作用机制，我们使用问卷调研法，大规模地收集样本数据。社会学和管理学领域大量的研究足以表明，问卷调查法是管理学领域用于收集样本数据的有效方式。

本项目实证研究所需要的数据来自企业的战略层面，项目小组通过问卷调研的方式，从企业高层管理者（诸如公司总裁、总裁秘书、总经理、总经理助理、CEO、CFO 等）那里获得数据资料。这些企业层面的样本数据将被用于验证本研究提出的变量之间的路径关系、链式多重中介关系、调节效应关系及其有调节的中介效应关系。

为保证研究的规范性和科学性，在验证提出的理论模型之前，本研究首先对获取到的企业样本数据进行了描述性统计分析，用以反映观测指标的均值、标准差、偏度和峰度等情况。并检查了样本数据的来源渠道偏差[①]和共同方法偏差[②]情况。然后，对所使用的量表进行信效度检验。接着通过相关性分析观察各变量之间的相关性及其显著性。此后，利用结构方程模型分析法，对供应商、客户企业两个角度的概念模型进行路径分

[①] 样本来源偏差是判别来源于不同渠道的样本能否组合成一个样本总体的标准。

[②] 共同方法偏差是指，由于同样的数据来源或评分者、同样的测量环境、项目语境以及项目本身特征等因素，所造成的预测变量与效标变量之间人为的共变。

析。最后，在样本数据支持变量之间路径关系和调节效应关系的基础上，使用非参数百分位自助（bootstrap）抽样统计分析方法，检验变量之间的链式多重中介效应和有调节的中介效应。

二 技术路线

本项目的技术路线如图1-1所示。本项目研究的技术路线大致可以描述为：第一，基于合作与竞争理论、供应链整合理论、组织创新理论和核

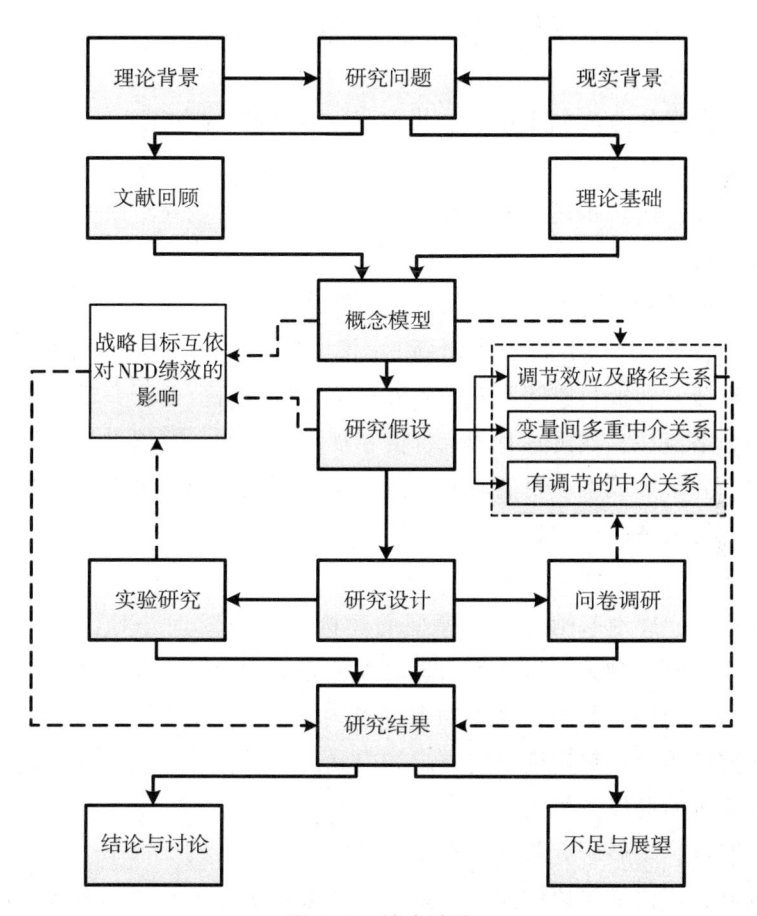

图1-1 技术路线

心能力理论，并结合中国经济新常态的现实背景，提出项目的研究主题。第二，根据研究主题，针对目标互依、供应链整合、企业创新（探索式创新/利用式创新）、核心能力和NPD绩效等变量的基本概念、内涵、测量工具、驱动因素和影响后果进行文献回顾，提出战略目标互依影响NPD

绩效的"目标互依—互动模式—结果达成"概念模型。第三，基于建立的概念模型，发展出研究假设。第四，采用实验研究法，探索战略目标互依对 NPD 绩效产生影响的因果关系，使用问卷调研法验证本研究提出来的研究假设，使用多群组分析法检验基本理论关系的适应性。第五，根据实证分析结果得出研究结论，并指出研究过程中存在的不足，明确未来研究方向。

第三节　主要研究内容

研究内容分为八个部分（总共八章），结构安排如下：

第一章，绪论。这一章首先介绍了研究的现实背景和理论背景、研究目的及意义，然后阐述了研究方法和技术路线，最后介绍研究的主要内容和结构安排。

第二章，文献综述。这一章就研究涉及的目标互依、供应链整合、企业创新（探索式创新/利用式创新）、核心能力、NPD 绩效等相关变量，进行文献搜索和资料查阅，对国内外相关领域有价值的研究成果进行文献回顾和脉络梳理，找出具有理论价值和现实意义的、可以进一步拓展的研究方向，并聚焦成本项目的研究重点。文献回顾内容主要包括介绍相关变量内涵的发展情况、测量工具的使用情况，并阐述相关变量的产生机制与影响效应的代表性研究成果。

第三章，理论基础与概念模型的建构。这一章首先对合作与竞争理论、供应链整合理论、组织创新理论和核心能力理论的发展情况及主要内容，进行了介绍。其次，基于各个变量内涵的文献回顾和相关理论基础，结合研究的需要，界定变量的概念和内涵。最后，结合文献综述和理论基础，建立本研究概念模型。

第四章，发展研究假设。本章在已有研究成果的支撑下，结合主要的理论基础，提出变量之间路径关系、链式多重中介关系、调节效应以及有调节的中介效应关系研究假设。

第五章，探索性实验研究与问卷调研设计。首先，这一章将介绍基本研究流程和方法。然后，针对"战略目标互依对 NPD 绩效的影响"的主题，进行探索性地实验研究，收集实验数据、统计分析并得出研究结论。紧接着，介绍本研究的量表来源，并通过专家咨询和小组讨论，对国外量表进行回译（back translation）和调整，形成调研问卷。最后，开展问卷调研，对企业样本数据进行描述性统计分析，检查数据的渠道偏差和共同方法偏差问题，对调研问卷进行探索性因子分析和信效度检验。

第六章，假设检验与结果分析。本章首先使用独立样本 T 检验和单因子方差分析，检验供应链外部整合（供应商整合/客户企业整合）、企业创新（探索式创新/利用式创新）、核心能力和 NPD 绩效在各个控制变量上的均值差异情况。其次，利用结构方程模型，对供应商和客户企业两个角度的战略目标互依影响 NPD 绩效的路径关系及其调节效应关系，进行统计分析和假设检验。再次，针对链式多重中介效应和有调节的中介效应模型，利用 Hayes（2015）提供的检验原理和分析工具进行实证检验。最后，深入分析假设检验结果。

第七章，变量之间基本理论关系的多群组分析。本章首先介绍了多群组分析的基本原理，接着呈现了多群组分析在不同的统计软件中的实现方法，然后分不同角度对不同的基本理论关系（路径关系、调节效应关系）进行多群组检验，最后基于检验结果，得出相应结论。

第八章，研究结论与未来展望。本章首先对本项目得出的研究结论进行总结和介绍，在此基础上，明确研究的理论贡献和现实意义。然后，探讨研究中存在的不足及其未来的改进措施。最后，指出未来研究方向。

第二章

文献综述

本章主要围绕目标互依、供应链整合、企业创新（探索式创新/利用式创新）、核心能力和 NPD 绩效等变量的核心内涵、测量工具、前置因素与影响结果进行文献回顾和脉络梳理，在此基础上对已有研究中存在的不足进行分析和评价。

第一节 目标互依的内涵、产生与影响

一 目标互依的内涵与测量

（一）目标互依的分类与界定

学者们对目标互依变量的主要分类及其使用的大致情况，本研究将其归纳如表 2-1 所示。主体之间的目标互依包括合作目标（cooperative goals）和竞争目标（competitive goals）两种类型（Deutsch, 1949a）。也有学者基于合作与竞争理论，发展出合作目标、竞争目标和独立目标（independent goals）三种目标互依（Deutsch & Coleman, 2000; Deutsch, 1973; Tjosvold, Andrews & Struthers, 1992; Wang, Chen, Tjosvold & Shi, 2010; Wong, Tjosvold & Chen, 2010; Wong, Fang & Tjosvold, 2012）。

学者们一般认为，合作目标和竞争目标概念的界定可以追溯到 Deutsch 于 1949 年创立的合作与竞争理论（Johnson, Maruyama, Johnson, Nelson & Skon, 1981; Wang, Chen, Tjosvold & Shi, 2010; Wong, Fang & Tjosvold, 2012）。不过 Deutsch 当时并未对这两个变量给出明确定义。Johnson & Johnson（1974）基于 Deutsch（1949a, 1949b, 1962）的研究

成果，综合了 Lewin 场论（field theory）的内部动机观点[①]和行为学习理论（behavioral learning theory）的外部动机观点[②]，将合作目标定义为当人们意欲达成的结果积极相关、相互促进时的目标互依结构，将竞争目标界定为当人们意欲达成的结果消极相关、相互冲突时的目标互依结构（Roseth, Johnson & Johnson, 2008）。但是这种定义方法忽略了目标互依属性产生于人们主观评价的这一重要特征。在管理学领域中，结合 Deutsch（1949a）、Johnson & Johnson（1974）对目标互依的相关论述，学者们基本认为，合作目标是主体对彼此意欲达成结果的相关性持积极评价态度时的目标互依状态，竞争目标是主体对彼此意欲达成结果的相关性持消极评价态度时的目标互依状态（Wong, Tjosvold & Zhang, 2005a；Wong, Tjosvold & Zhang, 2005b；Wong, Tjosvold & Yu, 2005；Wong, Tjosvold & Chen, 2010）。

表 2-1　　　　　　　学者们对目标互依类别的选取情况

作者	年份	目标互依
Deutsch	1949a, 1949b	合作目标、竞争目标
Johnson & Johnson	1989	合作目标、竞争目标、独立目标
Wong	2002	合作目标、竞争目标
Tjosvold，粟芳和万洁平	2002	合作目标、竞争目标
孙海法	2003	合作目标、竞争目标
Wong, Tjosvold & Zhang	2005a, 2005b	合作目标、竞争目标、独立目标
Wong, Tjosvold & Yu	2005	合作目标、竞争目标、独立目标
Roseth, Johnson & Johnson	2008	合作目标、竞争目标、独立目标

---

① 根据 Lewin（1935）的动机理论观点，Johnson 等（1981）认为，令个体采取行动以达到预设目标的动力来源于其内在的紧张状态。因此，合作行为、竞争行为和个人主义行为的驱动力源自人们对达到目标的追求（资料来源：Johnson D W, Maruyama G, Johnson R, et al. Effects of cooperative, competitive, and individualistic goal structures on achievement: A meta-analysis [J]. Psychological Bulletin, 1981, 89 (1): 47-62）。

② 基于学习理论，Kelley & Thibaut（1969）将合作性结构定义为"个体的奖励由团队总体的工作质量决定"所形成的团队结构，将竞争性结构定义为"主体一方获取最大奖励会使另一方获取最小的奖励"所形成的团队结构，而且这种行为是受到鼓励的，将个体主义结构界定为"主体受到的奖励程度仅取决于其自身的工作质量，与其他参与者的工作不相关"所形成的团队结构。

续表

作者	年份	目标互依
Wong, Tjosvold & Chen	2010	合作目标、竞争目标、独立目标
吴培冠，Tjosvold & Chen	2010	合作目标、竞争目标、独立目标
Wong, Fang & Tjosvold	2012	合作目标、竞争目标
杨肖锋，储小平和谢俊	2012	合作目标
Wang	2012	合作目标、竞争目标、独立目标

资料来源：根据相关研究成果自行整理

(二) 目标互依的测量工具

到目前为止，对合作目标和竞争目标的测量，学者们主要是通过整合和修订已有研究中的 Likert 量表来实现。目标互依测量量表的使用情况及其信度情况相关代表性成果归纳如表 2-2 所示。

在行为学研究领域中，Alper, Tjosvold & Law（1998）基于 Tjosvold, Andrews & Struthers（1991）、Tjosvold, Andrews & Jones（1983）的研究，所开发出的合作目标、竞争目标和独立目标量表是被学者们借鉴较多的测量工具（如 Chen & Tjosvold［2002］；Wong, Tjosvold & Yu［2005］；Chen & Tjosvold［2008a］；Wong, Tjosvold & Chen, 2010；Wong, Fang & Tjosvold［2012］；刘春红和谢霍坚［2003］等）。Tjosvold, Andrews & Jones（1983）则是基于 Deutsch（1980）、Johson & Johson（1978）对目标互依的定义及其研究成果，将合作目标、竞争目标和独立目标的概念用于测量领导者与下属之间的目标互依情况。在战略管理研究领域中，Wong, Tjosvold & Zhang（2005a；2005b）在借鉴 Tjosvold, Andrews & Jones（1983）、Tjosvold, Andrews & Struthers（1991）的研究成果的基础上，发展出了 15 题项战略目标互依量表，并使用 Likert 5 点计分法进行评价。

表 2-2   目标互依测量工具的使用情况

作者	年份	目标互依类别	题项数目	对应 Cronbach α
Tjosvold, Andrews & Jones	1983	合作、竞争、独立	7、7、5	0.91、0.90、0.76
Tjosvold	1986	合作、竞争、独立	12、19、6	0.96、0.95、0.84
Alper, Tjosvold & Law	1998	合作、竞争、独立	共 12	0.81、0.72、0.78
Janssen, Van de Vliert & Veenstra	1999	合作	4	0.84
Chen & Tjosvold	2002	合作、竞争、独立	4、5、6	0.70、0.75、0.79

续表

作者	年份	目标互依类别	题项数目	对应 Cronbach α
刘春红和谢霍坚	2003	合作、竞争、独立	5、4、5	0.69、0.85、0.73
孙海法	2003	合作、竞争	5、4	0.79、0.79
Tjosvold, Tang & West	2004	合作、竞争、独立	5、5、6	0.76、0.73、0.75
Wong, Tjosvold & Yu	2005	合作、竞争、独立	4、5、6	0.72、0.82、0.67
Wong, Tjosvold & Zhang	2005a	合作、竞争、独立	共15	0.74、0.73、0.79
		合作、竞争、独立	共15	0.71、0.78、0.65
Wong, Tjosvold & Zhang	2005b	合作、竞争、独立	4、5、6	0.70、0.64、0.64
Wang	2005	合作、竞争、独立	5、5、5	0.78、0.72、0.80
Chen, Tjosvold & Liu	2006	合作、竞争、独立	5、5、3	0.93、0.91、0.92
Chen & Tjosvold	2006	合作、竞争、独立	5、4、5	0.85、0.60、0.82
De Dreu	2007	合作	4	0.75
Chen & Tjosvold	2008a	合作、竞争、独立	5、4、5	0.84、0.71、0.84
Chen & Tjosvold	2008b	合作、竞争、独立	5、3、5	0.91、0.83、0.92
Wang, Chen, Tjosvold & Shi	2010	合作	5	0.76
Wong, Tjosvold & Chen	2010	合作、竞争、独立	4、4、4	0.72、0.79、0.86
Wong, Fang & Tjosvold	2012	合作、竞争	未提供	0.88、0.81
杨肖锋，储小平和谢俊	2012	合作	6	0.83

资料来源：根据相关研究成果自行整理

此外，也有部分学者在研究中仅使用了合作目标变量量表（如 De Dreu［2007］；Wang, Chen, Tjosvold & Shi［2010］；杨肖锋，储小平和谢俊［2012］等）。De Dreu（2007）的研究修订了 Janssen, Van de Vliert & Veenstra（1999）开发出的4题项合作目标量表。Wang, Chen, Tjosvold & Shi（2010）则通过修订 Alper, Tjsovold & Law（1998）的合作目标量表，用以探讨团队成员之间的合作目标互依对团队成员建设性争论[①]的影响机制。

[①] 团队成员认真表达观点、倾听对方看法、同理心地对待其他成员提出的问题的互动过程（Chen & Tjosvold, 2002）。

二 目标互依的产生机制

主体之间目标互依的形成受一定因素的影响。在管理学领域,纵观国内外已有研究成果,关于目标互依形成机制的探讨为数不多。以下内容将从人与人之间(个体层面)、群体与群体之间(团队/部门层面)、组织与组织之间(组织间关系层面)三个方面,梳理目标互依形成机制的已有相关研究成果。

(一)个体层面的研究

Tjosvold, Hui & Sun (2000) 将田野研究法 (field study) 和实验法结合起来,并以重视"面子"(social face)和人际关系的亚洲人为研究对象,探讨尊重他人颜面和冒犯他人颜面对目标互依的影响。他们的研究发现,在亚洲,冒犯对方的颜面会激发出对方的竞争意识,进而使双方形成竞争性的目标互依;相反,当维护了对方的尊严后,对方的合作意识会被诱导出来,进而有助于双方合作目标的达成。基于该研究结果,Tjosvold, Hui & Sun (2000) 认为,在组织情景中,亚洲情景下的管理者与员工若重视彼此的颜面,将有助于合作目标和良好关系的形成。刘春红和谢霍坚(2003)以在上海工作的103个管理者和206个员工为研究对象,利用问卷法证实企业管理者的价值取向与目标互依之间的关系。他们的研究发现,管理者的生产导向价值取向和关系导向价值取向对合作目标并不具有显著的影响,但对竞争目标和独立目标会产生显著的负向影响。孙海法(2003)在刘春红和谢霍坚(2003)的研究成果基础上,以中国华南、华东和东北3个地区的12个国有企业中194个班组共689名员工为调研对象,利用问卷调查法搜集样本数据,研究发现,无论是威权性团队价值观(接受等级差距并强调服从)还是平等性团队价值观(强调人与人之间的平等),都有助于团队成员之间合作目标的达成。但是,平等性个人价值观(以追求自我平等为根本目标)却会激发出团队成员之间的竞争目标。Snell, Tjosvold & Fang (2006) 将面对面访谈法和问卷调研法结合起来,以来自中国上海各行各业共101个受试者为研究对象,探讨道德强度(moral intensity)对目标互依的影响。其研究结果显示,高水平的道德强度会对员工之间的竞争性目标互依产生显著的正向影响。

(二)团队、部门层面的研究

Wang (2005) 以34家中国大陆金融公司里共107个管理者和214个

员工为调研对象，利用问卷法收集样本数据，探讨企业中关联型的组织结构设计对目标互依的影响。该研究发现，在企业里建立跨职能部门小组、在部门之间设立奖励共享机制，都有助于部门之间合作目标的达成。同时，开展任务互依（task interdependence）的工作设计有助于防止部门之间竞争目标和独立目标的形成。然而，Wang（2005）的研究并没能证实跨职能部门小组和奖励共享机制的组织结构设置对竞争目标和独立目标的消极影响，也没能证实基于任务互依的跨部门工作设计对合作目标的积极影响。Chen & Tjosvold（2008b）以北京某高校在读的高层管理者为问卷发放对象，从102家公司获取到102个CEO（首席执行官）和204个副总裁的有效样本数据，探讨了组织价值观和组织结构设计对组织中部门之间目标互依的影响。该研究发现，尊重人才的组织价值观（respect value）对部门之间合作目标的达成具有显著的正向影响，并对竞争目标具有显著的负向影响，但没有证实其对独立目标的影响效果。人文关怀的组织价值观（people value）与目标互依的关系没能得到验证，而且没能证实 Wang（2005）提出"跨职能部门小组的组织结构设计促进部门间合作目标形成"的论断，但关于竞争目标和独立目标的研究结果与 Wang（2005）的一致。此外，研究结果显示，基于任务互依的工作设计对部门之间合作目标的建立具有显著的正向影响，对独立目标具有显著的负向影响。

（三）战略层面的研究

Wong, Tjosvold, Wong & Liu（1999）基于合作与竞争理论，通过对香港107名管理者进行问卷调研，发现企业与供应商之间的资源互依（resource interdependence）有助于彼此建立起战略合作目标。Wong, Tjosvold & Yu（2005）利用便利抽样的方法，在中国上海选取103家客户企业及其对应的103家供应商合作伙伴作为调研对象，发现供应商与客户企业之间建立共同愿景，将有助于双方战略合作目标的建立，而且共同愿景的建立会对双方战略竞争目标和战略独立目标的形成具有显著的负向影响。Wong, Tjosvold & Zhang（2005a）通过对西安多家国有企业的采购经理和销售经理进行调研，并使用关键信息提取法（key informant approach）分辨出96个供应伙伴关系和71个销售伙伴关系，从供应商和客户企业两个角度，证明资源互依对企业与供应商、企业与客户企业之间战略合作目标具有显著的正向影响，对战略竞争目标和战略独立目标的形成具有显著的负向影响。同年，Wong, Tjosvold & Zhang（2005b）通过对西安30家国有企业的销售经理进行问卷调研和实证检验,发现供应商的质量承诺(commitment to quality)对企业之间的战略合作目标、战略竞争目标和战略独立目标都不具有显著性影响。客户企业的质量承诺对战略竞争目标和战略独立目标也都不具有显著性影响,但对战略合作目标具有显著的正向影响。

三 目标互依的影响结果

目标互依早期研究主要集中在社会行为学和教育学领域。Johnson 等(1981)通过对 122 篇关于目标互依的学术文献进行元分析(meta-analysis),发现无论是个人之间还是群体之间,合作目标比竞争目标和独立目标都更有助于双方任务的完成和良好结果的达成。这个结论在社会教育学领域也得到了 Roseth 等(2008)的佐证。Stanne 等(1999)通过对 62 项有关目标互依与机能绩效(motor performance)之间关系的研究成果进行元分析,发现相比其他类别的目标互依,合作目标对人际吸引(interpersonal attraction)、社会支持(social support)和自尊自爱的积极作用更强,而且更有助于主体双方中等关联程度任务的完成。

合作与竞争理论提出于社会学领域,从主体之间的目标互依角度解释双方的互动行为,进而可用以预测结果的达成情况。该理论的提出背景使得相关研究大都停留在个体、群体/团队、组织内部层面上,而极少涉及组织之间关系层面的探讨。本书接下来主要从组织内部和组织之间关系两个层面,对目标互依影响效应在管理学领域中的相关研究进行梳理。

(一)组织内部角度的研究成果

1. 目标互依对员工表现的影响

Tjosvold(1990)使用实验法(被试是加拿大的大学本科生)和访谈法(被试者是 162 名居住在加拿大的企业组织员工)进行研究,发现合作目标与员工之间资源交换、良好的关系、个人生产率具有显著正相关关系,竞争目标和独立目标却与这些变量之间具有显著的负相关关系。这一研究结果与 Tjosvold 等(2002)针对中国大学本科生所做的工作情境实验研究所得出的结论较为一致。Snell 等(2006)以中国 101 名员工为样本,研究发现独立目标和竞争目标会通过阻碍建设性争论,对员工道德申诉和互动性公平产生消极影响,但合作目标的正向影响效应不显著。

2. 领导—成员关系研究中目标互依的影响效应

领导与成员之间关系研究中目标互依的影响结果主要包括:下属反

馈、开放式交流、领导效能、员工工作行为、建设性争论、组织创新、工作绩效、组织承诺、相互信任等方面。

Tjosvold 等（1983）通过对加拿大西部某大型城市 10 家医院 310 名医技人员的问卷调研，发现组织领导与下属之间的合作目标会促进下属的积极反馈，而竞争目标则对下属反馈产生消极影响。Tjosvold 等（1999）以一家加拿大森林产品公司的员工为访谈对象，将质性的访谈资料转换为可度量的指标，分析发现管理者与员工之间的合作目标，有助于彼此针对工作场所的抱怨展开开放式交流，进而通过讨论的方式提出有效的解决方案。刘春红和谢霍坚（2003）研究发现领导与员工之间的合作目标会增强管理者领导效能，并有助于促进员工积极工作行为的产生。Chen & Tjosvold（2006）通过对北京、上海和厦门等地外企中的 163 名中国员工进行问卷调查，发现合作目标有助于改善领导—下属关系（supervisor-subordinate guanxi），增进领导—成员交换（leader-membership exchange）[①]，进而提高员工决策参与水平，并激发出建设性争论（constructive controversy）。Chen 等（2006）以北京市 105 家企业的高管团队为研究对象（105 名 CEO、378 名经理），他们发现高层团队成员之间的合作目标通过加强企业经理对 CEO 生产导向和关怀导向的信任感，提高了 CEO 领导效能，并促进组织创新。在该研究中，合作目标对领导效能产生积极作用的结论，与刘春红、谢霍坚（2003）的研究一致。Chen & Tjosvold（2008a）对在中国大陆 55 家外资企业工作的 199 名中国员工进行研究，他们发现，合作目标可以通过改善领导—成员关系和增强员工组织承诺，进而提高员工绩效、促进创新、加强继续合作，并提升领导效能和提高开放式交流水平。

3. 群体层面研究中目标互依的影响结果

归纳起来，群体/团队层面研究中目标互依的影响结果，主要包括建设性争论、团队反思、团队创新、团队效能、信息共享、团队学习和团队创造力等。

Tjosvold（1998）通过实证研究，发现组织内部合作目标会促进员

[①] 领导者—成员交换理论（leader-member exchange theory，LMX）认为，由于时间有限，领导者只能选择与下属中的少部分成员建立起特殊关系。这些成员被视为圈内人士。他们受到信任，得到领导更多的关照，也更可能享有特权。而其他下属则成为圈外人士，他们占用领导的时间较少，获得满意的奖励机会也较少，他们的领导—下属关系是在正式的权力系统基础之上形成的（Gerstner & Day，1997）。

针对降低成本事宜发起建设性争论，进而提高了工作效率，并加强了员工之间的关系，最终降低了组织成本，竞争目标在这一影响路径上起着相反的作用。Chen & Tjosvold（2002）认为，合作目标可通过加强建设性争论来促进团队创新。孙海法（2003）认为，班组成员之间的合作目标促进建设性争论，进而提高了班组绩效，但竞争目标却阻碍了建设性争论的开展。Tjosvold, Tang & West（2004）以中国100个工作团队（200名成员）为样本进行问卷调研，他们发现，团队成员之间的合作目标会通过促进团队反思增进团队创新。Tjosvold, Yu & Hui（2004）对中国上海的107个工作团队进行问卷调研，发现团队成员之间的合作目标有助于成员从错误中学习和吸取教训。De Dreu（2007）以荷兰的46个工作团队（368名团队成员）为问卷调查对象，发现对于复杂性工作任务，合作目标通过促进团队信息分享增进团队学习，进而提高了团队效能。Chen & Tjosvold（2008a）以中国102家企业为问卷调查样本，发现合作目标对组织协调效能具有显著的正向影响，独立目标则会产生负向影响。Wang等（2010）对中国贵州一家移动服务商的60个客户服务团队进行问卷调研，也发现团队成员之间的合作目标会增进建设性争论。杨肖锋等（2012）基于合作与竞争理论，认为团队合作目标有助于团队成员占据团队咨询网络的中心位置。耿紫珍等（2012）对北京和西安等地225个研发团队进行问卷调研，从激发型信息处理角度[①]出发进行研究，发现合作目标会通过增进团队中的知识共享和反思，提高团队创造力水平提高。接着，耿紫珍等（2015）以本科生为研究对象，通过实验研究，发现合作目标会加强信息型负反馈[②]与团队创造力之间的积极关系。

[①] 激发型信息处理视角（motivated information processing perspective）将团队视为一个特殊的信息处理单元。该视角下的观点认为，在团队中频繁发生着通过搜寻、交换、扩散来拓展信息量的社会处理活动和对信息进行深层次整合、评估和筛选的认知处理活动（耿紫珍，刘新梅和沈力，2012）。

[②] 来自接受方外部的反馈若没有达到特定标准，则该反馈被视为外部负反馈（external negative feedback）（Cianci, Klein & Seijts, 2010）。根据提供方式，外部负反馈可以区分为控制型负反馈（controlling negative feedback）和信息型负反馈（informational negative feedback）（Zhou, 1998）。信息型负反馈避免将外在意志强加于接受方，旨在传达与任务改善相关的信息（耿紫珍，刘新梅和张晓飞，2015）。

(二) 组织间关系层面的研究进展

1. 供应链情境中战略目标互依的影响结果

归纳起来，供应链管理研究中战略目标互依的影响结果主要包括：信任、长期关系、信息共享、机会主义行为、合作伙伴关系的持续性改进、供应商满意度、客户满意度和企业发展等方面。

Wong 等（1999）将合作与竞争理论引入供应链管理领域，通过对香港 107 名管理者进行问卷调研，发现战略合作目标有助于增强企业与供应商之间的信任，并促进长期关系的建立，进而为企业带来利益，但战略竞争目标却起着反作用。Wong（1999）通过对管理者的深度访谈，发现战略合作目标是维护企业与供应商之间良好关系的黏合剂，而战略竞争目标则会恶化双方的伙伴关系。另外，Wong 又于 2002 年对香港 139 个企业管理者进行问卷调研，发现战略合作目标能够提高供应商满意度，并有助于企业从供应商那里获取利益，进而改善客户满意度，但战略竞争目标则会产生不利影响。该研究在一定程度上支持了 Wong 等（1999）得出的合作目标可以为企业带来有利影响的结论。Wong 等（2005a）研究发现战略合作目标会通过增强企业与上下游合作伙伴之间的信任，并有助于双方关系的持续改进，进而提高了客户满意度，但战略竞争目标会降低互信水平。该研究支持了 Wong 等（1999）得出的战略合作目标会增强企业之间互信的结论，也从另一角度支持了 Wong（2002）得出的战略合作目标有助于提高客户满意度的结论。同年，Wong 等（2005b）通过对中国西安 30 家国有企业的销售经理及其对应的 30 家企业的采购经理进行问卷调研，发现双方建立战略合作目标会加强双方互动，进而发展出战略伙伴关系。Wong, Tjosvold & Yu（2005）从企业具有自利倾向的角度出发，通过收集问卷数据，实证研究发现，供应链上企业之间的战略合作目标对机会主义行为具有防范作用，而战略竞争目标会导致机会主义行为的产生。Wong 等（2010）通过收集和分析中国上海 95 家企业的样本数据，发现战略合作目标有助于企业与供应商之间实现信息共享，进而促进企业发展（如提高产品质量、降低组织成本、提高客户满意度等）。

2. 政企关系研究中战略目标互依的影响效应

Tjosvold 等（2008）对中国上海 50 家企业单位和 55 个政府机构的员工进行访谈和问卷调查，发现政府与企业之间的战略合作目标有助于政企之间进行开放式交流，进而加强彼此联系、提高任务完成效率效果、改善企业所处的行业关系、提高产品质量、开拓市场。不过，该研究使用的数据并不属于组织战略层面的样本。Wong 等（2012）通过对中国上海 199 个企业管理者及其对应的 199 个政府工作人员进行问卷调研，发现企业与政府之间的战略合作目标会促进双方的资源交换，进而加强了政府胜任力、政府关怀和政府的行业调控能力，但战略竞争目标却对该路径起到显著的负向影响。

四 目标互依研究评述

通过目标互依相关研究的发展脉络不难看出，首先，对于目标互依类别的选取，学者们大都根据研究需要，或仅选取其中一种目标互依，或选取合作目标和竞争目标，或选取三种目标互依，以考察其产生机制和影响效应。其次，社会行为学领域对目标互依影响效应的研究较多。伴随合作与竞争理论的发展，为数不多的研究也出现在了管理学领域，但相关成果大多集中于组织内部层面相关探讨。在战略管理层面，尤其是在供应链情景下的相关研究则相对少得多。在供应链管理研究领域中，学者们基于合作与竞争理论，主要探讨了战略目标互依对供应链上企业之间的长期合作关系、信任感、信息分享乃至客户满意度和企业利益等方面的影响。但如前文所述，作为供应链管理核心内容的供应链外部整合，能为企业双方带来诸多利益，却没有得到这些学者的关注。最后，合作与竞争理论认为，合作目标会带来积极结果，竞争目标会带来消极结果，但是对稳固企业市场地位具有重要意义的 NPD 绩效，究竟与战略目标互依存在什么样的关系，其中机理又是什么，已有研究也尚未予以揭示。

第二节 供应链整合的内涵、产生机制及其影响

一 供应链整合的内涵与测量

（一）供应链整合内涵研究回顾

1. 供应链整合的定义

供应链整合（supply chain integration）是供应链管理发展的较高层次，它是供应链管理的核心（李晓明，杨洪焦和王元庆，2013）。随着商业环境全球化和企业竞争白热化的进一步加剧，实践界越来越希望通过供应链

整合的方式获取竞争优势，然而理论界的研究仍不够完善（Mustafa Kamal & Irani，2014）。

近年来，学者们从不同角度对供应链整合进行了界定。Kahn & Mentzer（1996）认为，供应链整合是企业内各部门之间的协调过程，这一定义明显忽略了企业与外部组织之间的整合。无独有偶，Maloni & Benton（1997）也从企业之间关联层面，将供应链整合定义为企业为提供给客户有高附加值产品，并增强自身竞争优势而展开的企业之间的通力合作过程。但本书认为，仅"通力合作"一词难以表达"整合"的要义，而且该定义还忽略了企业内部也存在着功能整合现象。相比之下，Mentzer 等（2000）对供应链整合的界定比较全面。他们把供应链整合视为企业在供应链管理中的协同与合作，并认为企业必须处理好部门之间的关系和企业之间的关系。供应链整合具体内容包括：企业自身行为的整合、供应链流程整合、供应链信息整合、供应链伙伴关系整合等。我们认为，该定义忽略了存在于内部整合与外部整合之间的跨层次整合内容。Zhao 等（2008）将供应链整合视为供应链上企业之间战略合作的程度，并认为供应链整合是企业通过管理组织内外部流程，以使决策、产品、资金等资源在供应链上高效流动，以实现的资源整合手段，供应链整合的宗旨是客户价值最大化。

到目前为止，学者们大都认同并采用了 Flynn 等（2010）对供应链整合的界定（如 Kim [2013]；Hosseini，Azizi & Sheikhi [2012]；Tseng & Liao [2015]；徐可，王瑞，张慧颖和陈根来 [2015] 等）。因为他们首次将内部整合视为供应链整合系统性的一部分，认为供应链整合是企业与上下游企业之间的深度合作，企业之间共同管理内外部流程，实现产品/服务流、信息流、技术流和决策流等资源的高效流动和吸收，进而低成本、高效率地为客户创造最大化价值。

部分中国学者在研究中也给出了相应的定义。邓龙安和徐玖平（2008）认为，供应链整合涉及业务分解和单元重组两方面的内容。李新然和孙晓静（2009）认为，供应链整合是优化供应链上各类流程的重要手段，其目标是提高核心企业的绩效。孙道银和李东（2010）认为，供应链整合是根据最优原则，在供应链参与者之间进行的协调与合作，涉及信息流、物质流、资金流的优化。

综上所述，供应链整合主要涵盖了四个方面的内容：它是合作伙伴之间的战略关系，属于供应链管理的核心，通过在企业内外部进行协同性的信息共享和流程管理来实现，其宗旨是供应链的高效运转和客户让度价值最大化（徐可，2013）。

2. 供应链整合类别的划分

关于供应链整合的类别划分，表2-3归纳了部分有代表性的研究成果。

表2-3　　　　　　　　　　　供应链整合的分类

学者	年份	类别
Lee	2000	信息整合、资源整合
Frohlich & Westbrook	2001	供应商整合、客户企业整合
Narasimhan & Kim	2002	内部整合、外部整合
Droge, Jayaram & Vickery	2003	外部战略设计整合、内部设计流程整合
Campbell & Sankaran	2005	内部整合、前向整合、后向整合
Das, Narasimhan & Talluri	2006	供应商整合、内部整合
Swink, Narasimhan & Wang	2007	供应商整合、客户企业整合
Flynn, Huo & Zhao	2010	供应商整合、客户企业整合、内部整合
Danese & Romano	2011	供应商整合、客户企业整合
曹智，霍宝锋和赵先德	2012	供应商整合、客户企业整合、内部整合
Leuschner, Rogers & Charvet	2013	信息整合、流程整合、关系整合
Huo, Qi, Wang & Zhao	2014	内部整合、流程整合、产品整合
刘会，宋华和冯云霞	2015	内部整合、外部整合
徐可，何桢和王瑞	2015	供应商整合、客户企业整合、内部整合

资料来源：根据相关研究成果自行整理

从汇总结果来看，供应链整合的分类法主要有三种：

一是整合内容，如信息整合、资源整合、流程整合、关系整合等（Prajogo & Olhager, 2012；Leuschner, Rogers & Charvet, 2013）。

二是整合方向，如供应商整合、客户企业整合，或内部整合、外部整合等（Flynn, Huo & Zhao, 2010；Danese & Romano, 2011；Wong, Wong & Boon-itt, 2013；许德惠，李刚，孙林岩和赵丽，2012；张慧颖，徐可和于溟川，2013）。

三是混合划分，如外部战略设计整合、内部设计流程整合，或内部整合、流程整合、产品整合（Droge, Jayaram & Vickery, 2003；Huo, Qi,

Wang & Zhao，2014)。

(二) 供应链整合测量的研究回顾

部分有代表性的供应链整合量表归纳如表2-4所示。尽管供应链整合的概念提出较晚，但研究成果多以定性的理论分析为主，利用问卷调研方式进行的定量的实证研究并不多见。由于学者们对供应链整合的定义、类别划分等方面存在一定差别，这使得相应的测量工具也有所不同。

表2-4　　　　　　　测量供应链整合有代表性的研究汇总

作者	年份	分类	题项数目	对应 Cronbach α
Narasimhan & Kim	2002	供应商整合、顾客整合、内部整合	6、7、8	0.94、0.84、0.89
Das, Narasimhan & Talluri	2006	供应商整合、内部整合	15、8	0.88、0.77
Kim	2009	供应商整合、顾客整合、内部整合	6、7、8	0.88、0.84、0.79
Flynn, Huo & Zhao	2010	供应商整合、顾客整合、内部整合	13、11、9	0.94、0.90、0.92
Danese & Romano	2011	供应商整合、顾客整合	5、6	0.73、0.72
Koçoğlu, imamoğlu, inc & Keskin	2011	供应商整合、顾客整合、内部整合	6、7、5	0.65、0.73、0.72
Prajogo & Olhager	2012	信息技术、信息分享、物流整合	6、5、5	0.87、0.84、0.93
Hosseini, Azizi & Sheikhi	2012	供应商整合、顾客整合、内部整合	6、4、7	整体为0.91
曹智，霍宝锋和赵先德	2012	供应商整合、顾客整合、内部整合	7、6、6	0.87、0.81、0.83
Wong, Wong & Boon-itt	2013	内部整合、外部整合	4、5	0.74、0.79
徐可，王瑞，张慧颖和陈根来	2015	供应商整合、顾客整合、内部整合	3、3、4	0.78、0.90、0.84
李景峰和王继光	2015	供应链整合	8	0.86

资料来源：根据相关研究成果自行整理

总的来说，目前尚无国内外学界一致认可的供应链整合测量量表。测量工具的发展途径主要是通过学者们根据自己的研究需要，整合并修订已有研究成果中的测量条目来实现的。如Hosseini、Azizi & Sheikhi (2012)，Wong、Wong & Boon-itt (2013)，曹智、霍宝锋和赵先德 (2012)，曾敏刚和吴倩倩 (2012, 2013)，徐可、何桢和王瑞 (2015)，徐可、王瑞、张慧颖和陈根来 (2015) 等的研究，就借鉴、改编和整合了Flynn、Huo & Zhao (2010)，Narasimhan & Kim (2002) 等已有文献中的供应链整合量表。不过，Kim（2009）、Danese & Romano（2011）所使用的量表则是自行开发的，而且被 Koçoglu、imamoglu、ince & Keskin（2011）进行了改编和使用。

二 供应链整合产生机制研究进展

国内外部分学者对供应链整合的产生机制进行了理论探索，但实证研究成果并不多见（Zhao，Huo，Selen & Yeung，2011）。

Vickery 等（2003）以北美汽车行业中的 57 家企业为研究样本，结果发现企业对信息集成技术的运用可以增进供应链整合。Pagell（2004）以 11 家工厂为案例研究对象，通过对比分析，发现企业组织结构、企业文化等会有助于企业内部整合的进行。Zhao 等（2008）对中国广州、重庆、香港等地的 617 家制造型企业进行研究，结果显示规范关系承诺显著正向影响客户企业整合。Kim（2009）以韩国 244 家制造型企业和日本的 379 家物流企业为问卷调研对象，发现企业的供应链管理实践和竞争能力会促进供应链整合的开展。Zhao 等（2011）以内地和香港共 617 家企业为问卷调研对象，发现企业内部整合会促进外部整合。Lin（2014）通过对台湾 179 家制造型企业进行田野调查和问卷调研，研究结果表明，信息分享、沟通水平和技术创新能力既会通过改善合作伙伴关系，也能直接对供应链整合产生推动作用。

在国内主要期刊上发表的成果中，邓龙安和徐玖平（2008）认为，市场竞争会激发企业进行供应链整合的需求动机，信息技术进步则为供应链整合创造了有利条件。李欣然和孙晓静（2009）通过对中国制造型企业进行问卷调研，发现供应商关系和战略性客户企业关系可以促进供应链整合。许德惠等（2012）基于对中国制造型企业的 176 份问卷数据进行分析，发现供应不确定[①]会阻碍供应链整合，但技术动荡会促进供应链整合，需求不确定性却只与内部整合和客户企业整合显著正相关。曾敏刚和吴倩倩（2012）以广东省珠三角地区的 162 家制造型企业为问卷调查对象，结果显示，供应链设计显著正向影响供应链整合。张慧颖等（2013）

---

① 供应不确定包括供应商的交付质量及交付时间的不确定性，由此会给企业带来物料重复检验的额外成本。这会降低企业产品质量，延长生产时间，进而影响企业效益（许德惠，李刚，孙林岩和赵丽，2012）。

对中国 280 家企业进行问卷调查，发现供应商社会资本促进了供应商整合和内部整合，客户社会资本仅与客户企业整合和内部整合都正相关，而内部社会资本也仅对内部整合具有增进作用。曾敏刚和吴倩倩（2013）通过调研广东省珠三角地区的 190 家制造型企业，发现内部整合会促进供应商整合，信任会促进客户企业整合，而且在政府支持下，内部整合和信任均会促进供应商整合和客户企业整合。曾敏刚和朱佳（2014）通过对广东省珠三角地区的 180 家制造型企业进行问卷调研，发现环境不确定性会促进供应链整合，政府支持加强了它们的积极关系，但不影响内部整合对供应链整合的作用强度。该研究基本支持了许德惠等（2012）、曾敏刚和吴倩倩（2013）的研究结论。孙晓波和骆温平（2014）通过对中国 104 家企业展开问卷调研和实证分析，结果发现供应链外部整合显著正向影响内部整合。徐可等（2015）对中国纺织服装行业的 189 名中层以上管理者进行问卷调研，发现知识和技术创新促进了供应链整合，但管理创新仅与内部整合正相关。

综上所述，供应链整合的影响因素主要包括供应链伙伴关系（Prajogo & Olhager, 2012）、信息共享（叶飞、吴佳、吕晖和徐学军，2011）、关系承诺（Zhao, Huo, Selen & Yeung, 2011）、信任（曾敏刚和吴倩倩，2013）、权力（Zhao, Huo, Flynn & Yeung, 2008）、组织结构、企业文化、报酬体系、职能部门之间正式与非正式的沟通（Pagell, 2004）、环境不确定性（许德惠，李刚，孙林岩和赵丽，2012；曾敏刚和朱佳，2014）、社会资本（张慧颖、徐可和于淏川，2013）、企业创新（徐可、王瑞、张慧颖和陈根来，2015）等方面。

三　供应链整合与企业创新、竞争能力和新产品研发的关系

（一）供应链整合与企业创新

供应链整合与企业创新之间关系的探讨起步较晚（徐可，2013），至今已取得的实证成果也屈指可数。Swink 等（2007）认为，企业应该适当平衡供应链产品整合与流程整合，以促进产品创新，但他们没有对此观点进行实证分析。Baharanchi（2009）通过对 111 个来自企业生产经理和采购经理的样本数据进行分析，发现供应商整合和客户企业整合促进了产品创新。Boon-itt（2009）通过分析来自泰国汽车行业的 151 个样本，发现客户企业整合对产品创新的促进作用要强于供应商整合和内部整合。Zhao

等（2011）认为，企业可以通过与供应商和客户企业展开紧密合作，以提高自身的创新能力，但未对该论断进行实证分析。Wong 等（2013）以泰国汽车行业的 151 家企业为问卷调查对象，发现供应链外部整合及其与内部整合的交互项（complementary integration），会对产品创新产生显著的正向影响。在国内，曹智等（2012）通过分析来自全球 10 个国家的调研数据，发现供应链整合与企业创新显著正相关。张慧颖等（2013）研究发现，供应商整合、客户企业整合和内部整合都会促进产品创新。

（二）供应链整合与竞争能力、新产品研发、企业绩效

1. 供应链整合与企业绩效

Fabbe-Costes & Jahre（2008）通过对 2000—2006 年间 38 篇探讨供应链整合与组织绩效关系的研究成果进行文献综述，发现由于研究方法的不同、变量测量工具的差异、对相应变量定义的区别、测量指标选取的不同等，已有研究得出的结论存在矛盾。Flynn 等（2010）发现，内部整合对企业绩效（business performance）和运营绩效（operational performance）都具有促进作用，客户企业整合仅对运营绩效产生正向影响，而且供应商整合对客户企业整合与运营绩效之间的积极关系起到加强的调节作用。Danese & Romano（2011）对来自全球共 200 家工厂的问卷数据进行分析，发现客户企业整合并不必然对工厂的生产效益产生促进作用，当供应商整合越强，客户企业整合对工厂效益的提升作用就越大；但当供应商整合处于较低水平时，客户企业整合会降低工厂效益。该研究结论与 Flynn 等（2010）得出的研究结论相近。Huo 等（2014）对中国 604 家制造商进行问卷调研，发现内部整合会提升成本主导型企业的财务绩效，差异化战略型企业的财务绩效主要受流程整合的积极影响，但供应链整合对竞争战略型企业的财务绩效没有产生显著影响。李新然和孙晓静（2009）对中国企业高管进行问卷调研，发现供应链整合会促进企业绩效的提高。赵丽等（2011）对中国 139 家制造型企业进行问卷调研，发现供应商运作可以解释供应商整合对企业财务绩效的促进机制，而客户服务能够解释客户企业整合作用于企业财务绩效的中介机理。但是许德惠等（2012）基于对 176 个中国制造业样本进行的实证分析，发现供应商整合对各类企业绩效指标均没有产生显著性影响。李晓明等（2013）研究发现，供应商整合和客户企业整合分别会有助于提高供应商运作绩效和客户运作绩效。

综上所述，近些年国内外的相关研究成果情况与 Fabbe-Costes & Jahre

(2008)的元分析结论基本一致。由于存在诸如变量测量工具、变量维度选取等方面的不一致，学者们对供应链整合与企业绩效之间关系的观点并未达成一致。

2. 供应链整合与竞争能力

Swink 等（2007）通过对制造行业的 224 个工厂经理的样本数据进行分析，发现供应商整合和客户企业整合对制造商的竞争能力具有重要的增进作用，而且竞争能力显著地正向影响企业绩效，不过该研究尚未揭示竞争能力是否能够作为该影响过程的中介机制。Kim（2009）以韩国 244 家制造型企业和日本的 379 家物流企业为问卷研究对象，发现两国样本中供应链整合都能提高企业绩效，但是日本企业更加重视供应链整合，进而增强了企业竞争能力，最终提高了企业绩效。李景峰和干继光（2015）在中国山西等地获取 342 份有效问卷，进行统计分析，发现供应链整合对竞争能力具有显著的正向影响。

3. 供应链整合、成本控制与新产品研发

Morash & Clinton（1998）通过对全球 1971 家企业进行问卷调研，发现供应链整合与企业成本的降低具有很强的正相关关系。Das 等（2006）对美国 300 家制造型企业进行问卷研究，发现企业与关键供应商协调解决冲突问题，有助于降低制造成本。企业定期邀请客户企业参与战略决策会议，有助于提高产品质量。供应商与客户企业一起制定主要的生产目标，双方直接沟通生产计划和定期召开例会，都将有助于缩短新产品开发时间，提高研发效率。

四　供应链整合研究述评

综上所述，国外对供应链整合的研究起步较早，产生了丰富的研究成果。同时，在中国情景下开展的相关研究也呈逐年增多的趋势。但是，已有研究仍然存在一些可以改进的地方：第一，学界对供应链整合的界定存在差异，且对变量维度的划分标准也没达成统一观点。第二，学者们在研究中对企业绩效的评价指标选取不一，使得研究结果之间的可比性较弱。第三，对于变量之间的因果关系阐释也存在互相矛盾的地方，有学者认为组织创新是供应链整合的结果，也有学者认为组织创新是供应链整合的前因。第四，对供应链整合前置因素的探讨仍不充分。企业目标是企业赖以奋斗的标杆，它指引着企业发展的方向，并引导着企业行为。但企业针对供应商和客户企业进行的供应链外部整合，是否会受到企业之间战略目标互依的影响，目前鲜有研究进行探讨。第五，供应链整合与企业创新之间的关系有待深入研究。在开放式创新背景下，供应链外部整合有助于企业获取和管理供应链上的各类资源流（如知识、技术等）。而基于知识基础和技术轨迹差异产生的两种创新范式（探索式创新和利用式创新），到底受到供应链外部整合怎样的影响，到目前为止，仍未可知。

第三节 探索式创新/利用式创新内涵、前因与结果

根据组织创新与企业能力（探索未知、利用已知）、知识基础和技术轨迹等方面的关联性，企业创新可划分为探索式创新和利用式创新。具体而言，前者是企业利用现有资源开展的渐进式的、风险相对较小的创新活动，此类创新活动有助于企业在短期内获取利益。后者则是企业探索未知知识而进行的突破式的、风险较大的创新活动，它对于企业的长期发展至关重要。

一 探索式创新/利用式创新的内涵与测量

（一）探索式创新/利用式创新的内涵

1. 探索式创新与利用式创新的定义及其发展脉络

Schumpeter 于 1912 年和 1934 年先后提出了创新（innovation）、探索（exploration）和利用（exploitation）三个概念。在此之后，March（1991）在发表的"Exploration and exploitation in organizational learning"一文中，正式界定了探索和利用两个概念。随着这些概念的发展，以及学界对企业创新的关注，根据创新与企业知识基础、创新幅度和技术轨迹的关系，学者们将组织创新划分成了探索式创新和利用式创新两种创新模式（Benner & Tushman, 2002; He & Wong, 2004; Atuahene – Gima, 2005; Blome, Schoenherr & Kaesser, 2013; Jansen, Van Den Bosch, Volberda, 2006; Kollmann & Stöckmann, 2014）。

探索式创新是指大幅度的、激进式的组织创新活动，其目的在于探索新的可能性，强调对现有知识基础的突破（Jansen, Van Den Bosch & Volberda, 2006; March, 1991）。探索式创新的具体举措包括全新产品的设计、全新细分市场的开辟、全新分销渠道的发展、为新的消费群体提供服务

等内容（Benner & Tushman, 2002; He & Wong, 2004; Jansen, Bosch & Volberda, 2006; 李忆和司有和, 2008）。

利用式创新是一种小幅度的、渐进式的组织内部创新过程，它以企业现有知识为基础，对其进行加强、提炼、整合和高效再利用（Benner & Tushman, 2002）。利用式创新强调对已有知识的整合和提炼，其具体举措包括提高产品/服务质量、降低各类成本、提高内部运作自动化程度、关注已有客户的满意度、调整产品和服务来满足现有客户等（Benner & Tushman, 2002; He & Wong, 2004; Kollmann & Stöckmann, 2014; 李忆和司有和, 2008）。

2. 探索式创新与利用式创新之间的关系

对探索式创新与利用式创新的比较可归纳为如表2-5。探索式创新和利用式创新对组织持续运营和变革都具有重要的促进作用（Crossan, Lane & White, 1999）。对于探索式创新与利用式创新之间的关系，部分学者认为是相互矛盾的，也有部分学者认为它们是系统的整体。

表2-5　　　　　　　　　探索式创新/利用式创新的比较

比较内容	利用式创新	探索式创新
目标	满足现有客户/市场需求	满足新的市场需求
结果	渐进性创新成果	激进性创新成果
知识类型	既有知识或技术	新知识或新技术
管理结构	高度集权式管理	高度分权式管理
组织文化	强调效率、关注短期目标	鼓励尝试、容忍失败
绩效影响	回报低度不确定	回报高度不确定
来源	提炼、复制、实施	搜索、变异、柔性

资料来源：*Ambidextrous organizations: A multiple-level study of absorptive capacity, exploratory and exploitative innovation and performance. Erasmus Research Institute of Management*

矛盾派认为，由于资源具有相对稀缺性，探索式创新和利用式创新在资源需求、创新理念、操作模式以及运行程序等方面是相互冲突、互相竞争的（Gupta, Smith & Shalley, 2006）。而且创新的本质是对现状的破坏，利用式创新只是改善了现状，并未破坏现状。因此，他们认为，将利用式创新视为创新的一部分是不妥的（Christensen, 1997）。

系统派则认为，过分重视探索式创新会提高企业创新结果的不可预测性，而且往往会产生负面效果，不利于组织绩效的实现（Rothaermel & Alexandre, 2009)。同时，利用式创新具有路径依赖性，过分重视利用式创新又会把企业带入"核心刚性"（core rigidity）[①]陷阱（Hill & Jones, 2005），令企业难以接受新思想、产生新观点。尤其当企业面临剧烈动荡的外部环境时，只重视利用式创新的企业将难以为继，因此也不可取（Fang & Levinthal, 2009）。部分学者通过实证研究发现探索式创新与利用式创新存在互补关系，这种互补关系包括交互式互补（complementary）和平衡式互补（balanced）（He & Wong, 2004）。所以，探索式创新和利用式创新是企业创新的两个重要组成部分，是系统的整体。

（二）探索式创新/利用式创新的测量

如表2-6所示，这是学界使用Likert量表测量探索式创新和利用式创新的部分代表性研究成果。

表2-6　　　　　　　探索式创新与利用式创新的测量

作者	年份	探索式创新、利用式创新题项数	对应Cronbach α
He & Wong	2004	4、4	0.81、0.75
Jansen	2005	6、6	0.86、0.77
Lubatkin, Simsek, Ling & Veiga	2006	6、6	0.81、0.75
Jansen, Volberda & Van Den Bosch	2005	6、6	0.81、0.75
Jansen, Van Den Bosch & Volberda	2006	6、6	0.81、0.75
Hernández-Espallardo, Sánchez-Pérez & Segovia-López	2011	5、5	未提供
Liu & Xie	2014	3、4	0.79、0.87
Kollmann & Stöckmann	2014	4、3	0.71、0.63

资料来源：根据相关研究成果自行整理

Benner & Tushman（2002）使用美国专利商标局（USPTO）数据库中的专利使用情况，来测量探索式创新和利用式创新。学者们根据每项专利在专利摘要中逐年被引用的情况进行编码，如果专利已被该公司自身引用过，则将其编码为利用式创新。相反，如果专利从未被本公司引用过，则被编码为探索式创新。尽管这种创新测量法也被Podolny & Stuart（1995）

[①] 此处的核心刚性是指，由于企业长期从事利用式创新，进而形成一种难以应对剧烈的市场动荡和技术动荡的核心能力（Hill & Jones, 2005）。这类企业容易陷入"成功陷阱"，面临外部环境剧烈变动时，将难以为继。

等部分学者所使用和支持，但学术界界普遍认为探索式创新和利用式创新应属于企业的创新过程，而非创新活动带来的结果（Jansen，Van Den Bosch & Volberda，2006；陈文沛，2013）。因此，该测量方法适用与否，仍值得商榷。而且如表2-6所示，绝大部分研究者倾向于采用问卷调研的方式，以获取探索式创新/利用式创新数据进行相关研究。

纵观探索式创新和利用式创新量表的使用情况，学者们大都通过改编、整合已有测量量表题项的方式，发展出适合相应研究情景的测量工具。如 Blome，Schoenherr & Kaesser（2013）使用的是 He & Wong（2004）发展出的量表。Jansen、Volberda & Van Den Bosch（2005），Jansen、Van Den Bosch & Volberda（2006）使用的是 Jansen（2005）基于 He & Wong（2004），Benner & Tushman（2003）等学者研究成果发展出的量表。Raisch 等（2009）使用的则是 Lubatkin、Simsek、Ling & Veiga（2006）基于 Benner & Tushman（2003），He & Wong（2004）的研究发展出的量表。

在国内已有研究成果中，鲜有使用扎根理论开发出适合中国本土情境的探索式创新和利用式创新测量量表。学者们基本上是在国外研究成果基础上，对已有量表进行整合、修订、改编，以形成适用于其研究情境的测量工具。研究者们所借鉴的国外研究成果包括来自 Jansen（2005），Lubatkin、Simsek、Ling & Veiga（2006）等的相关研究（如李随成，黄聿舟和王玮［2015］；王林，沈坤荣，吴琼和秦伟平［2014］；张钰，李瑶和刘益［2013］；王凤彬，陈建勋和杨阳［2012］等）。

二 探索式创新/利用式创新的产生机制

学者们从多个角度探讨了探索式创新和利用式创新的影响因素。Jansen 等（2006）、李忆和司有和（2009）的研究从企业内部角度进行了相关探讨。Kollmann & Stöckmann（2014）、陈文沛（2014）等从企业高层领导角度进行了探讨。Jansen（2005）、焦豪（2011）的研究从企业能力角度进行了探讨。Azadegan & Wagner（2011）、李随成等（2015）的研究则从供应链管理角度进行了研究，认为产业升级、对分销商的管理经验、市场导向等会对探索式创新/利用式创新产生影响。

（一）企业内部角度的相关研究

Jansen 等（2005）以欧洲一家在 *Fortune* 全球排名前500的金融服务

企业为研究对象，分析来自这些企业的各事业部的 363 份样本数据，发现组织结构分权化、组织沟通、环境动荡和环境竞争都有助于探索式创新和利用式创新的平衡①。在此基础上，Jansen 等（2006）使用基于时间追踪的研究设计，分两次从这家金融服务公司获取 283 对匹配的问卷数据，发现组织集权化会抑制探索式创新，但正规化有助于提高利用式创新水平。组织沟通对探索式创新和利用式创新都具有促进作用。在中国，李忆和司有和（2009）通过便利抽样方式，获取到 379 个企业样本数据，发现集权化会阻碍利用式创新。同时，组织的正规化不仅会促进利用式创新，还能提高探索式创新水平。该研究结论是 Jansen 等（2006）的研究在中国情景下的进一步拓展。

（二）领导行为与探索式创新/利用式创新

O'Reilly & Tushman（2008）、Raisch 等（2009）认为，组织的高层领导者对于探索式创新和利用式创新的开展都会具有促进作用，但未对该观点进行实证。Jansen 等（2009）通过实证分析，发现变革型领导只会促进探索式创新，而交易型领导仅对利用式创新具有促进作用。进一步地，陈文沛（2014）基于中国 314 家企业的样本数据分析结果，发现交易型领导会促进利用式创新，同时也会抑制探索式创新，变革型领导会阻碍利用式创新，却能够增进探索式创新。该研究是 Jansen 等（2009）的研究在中国背景下的进一步拓展。Kollmann & Stöckmann（2014）研究发现，企业家创新精神、风险偏好和首创精神对探索式创新和利用式创新都会产生显著的正向影响。

（三）企业能力与探索式创新/利用式创新

Jansen（2005）通过实证研究发现，显性吸收能力（realized absorptive capacity）② 仅会促进利用式创新。相较于利用式创新，隐性吸收能力

---

① 平衡式双元创新是基于企业创新的双元性（ambidexterity）研究视角发展出的概念。双元性创新是指两类相互冲突的创新活动的组合和共存。一类是利用现有知识和资源进行的渐进式的、风险相对较小的创新活动，此类创新活动对于企业短期的生存是重要的。另一类是探索新的知识和资源进行的突破式的、风险较大的创新活动，它对于企业长期发展至关重要。到目前为止，分析双元性创新的统计实现手段主要包括互补法和平衡法两种。

② 显性吸收能力是一种转换和利用知识的能力，如将新获取到的知识与企业已有知识基础相融合，把知识应用到企业的运作过程中等（Jansen，2005）。

(potential absorptive capacity)[1] 更有助于增进探索式创新。焦豪（2011）对取自中国上海、杭州、南京、河南以及北京等省市的企业 162 份有效问卷进行分析，发现动态能力和技术柔性能力既会促进探索式创新，也会提高企业利用式创新水平。

（四）企业联盟、供应链管理与探索式创新/利用式创新

Azadegan & Wagner（2011）通过调研来自中国、新加坡、韩国等 5 个国家的 353 家制造商，进行数据分析，发现探索式创新和利用式创新在产业升级（采用制造商与国外供应商的合作过程进行衡量）不同阶段的表现是不同的，有时甚至截然相反，而且在产业升级背景下，探索式创新会促进利用式创新。Hernández-Espallardo 等（2011）认为，企业管理分销商的经验会促进与供应商的合作，进而提高探索式创新和利用式创新水平。陈文沛（2013）对中国东中西三个地区的 314 家企业进行调研分析，发现企业市场导向会促进探索式创新和利用式创新。李随成等（2015）对中国陕西、湖北、福建等 9 个省市的制造型企业进行问卷调研，发现对供应商的权威治理[2]会抑制探索式创新，但会促进利用式创新。相比探索式创新，对供应商的契约治理[3]能促进利用式创新。规范治理[4]机制会加强契约治理对探索式创新的正向影响。

三 探索式创新/利用式创新与竞争能力、新产品研发及其绩效

（一）国外研究现状

Zahra 等（1999）认为，在技术动荡程度较高的环境中，探索式创新会占据企业大量的资源，而且会使得企业承担更高的创新风险。相反，利用式创新会有助于降低成本，进而有助于企业将更多的企业资源用于开展

---

[1] 隐性吸收能力指的是，企业获取并吸收外部知识的能力（Jansen，2005）。

[2] 权威治理是以权力为基础的治理机制，通过权力和正式决策流程来控制供应商网络，包含对供应商绩效的评价和采用正式的评估项目、监控等方式（李随成，黄聿舟和王玮，2015）。

[3] 契约治理指，企业通过与合作伙伴契约协商明确权利和义务，保护在法律上相互独立的双方的合作关系（李随成，黄聿舟和王玮，2015）。

[4] 规范治理是以信任和承诺为基础的治理机制，它包含一系列隐含的原则和规范，使得组织间在不确定的情境下仍能一起通过知识共享、双方专用资产投入等方法来进行合作（李随成，黄聿舟和王玮，2015）。

市场营销项目，提高顾客满意度。不过，他们的研究很快就受到了其他学者的质疑和否定。Lumpkin & Dess（2001）认为，当技术和市场变化较为频繁时，现有产品容易被市场淘汰，企业采取探索性创新开发新产品，可以帮助企业占据到新的利基市场。相反，利用式创新则容易令企业陷入技术困境，加剧企业被市场淘汰的风险。Rothaermel & Deeds（2004）发现，由于技术环境的变化，很多企业在新产品开发中的探索性活动会逐渐演变成利用性活动。He & Wong（2004）发现，探索式创新和利用式创新对销售增长率的促进作用具有交互性质，即一种创新会增强另一种创新对销售增长率的正向影响。但探索式创新和利用式创新差异化程度越高，企业销售增长率会变得越低。与此类似，Jansen（2005）认为，探索式创新与利用式创新的双元性（ambidexterity）[①]有助于提升企业财务绩效。在环境动荡的实证研究中，Jansen 等（2006）认为，环境动荡会加强探索式创新与企业绩效之间的积极关系，但对利用式创新与企业绩效之间的积极关系具有减弱的作用。Hernández-Espallardo 等（2011）认为，探索式创新既可以提高开放式系统绩效（open system performance）[②]，也可以提升企业的理性目标绩效（rational goals performance）[③]。而利用式创新仅仅对开放式系统绩效产生显著的正向影响。Kollmann & Stöckmann（2014）、Mueller 等（2013）认为，探索式创新和利用式创新都会对企业绩效起促进作用。Liu & Xie（2014）选取中国的垄断行业的 155 个有效样本进行研究，结果不仅支持了 Kollmann & Stöckmann（2014）等的研究成果，还发现组织结构集权化加强了利用式创新对企业绩效的促进作用，而组织结构正规化负向调节探索式创新与企业绩效之间的积极关系，未吸收性冗余资源（unabsorbed slack resources）[④]减弱了利用式创新对企业绩效的影响。

[①] 双元性创新是指，两类相互冲突的创新活动的组合和共存。美国学者 Duncan（1976）最早提出了组织应该同时具备两种不同创新能力的观点，并把同时具备这两种能力的组织形象地称之为"双元性组织"。

[②] 开放式系统绩效测量的是，企业过去几年来，在产品质量、对市场动荡的适应能力、企业形象和产品形象的改善情况（Hernández-Espallardo, Sánchez-Pérez & Segovia-López, 2011）。

[③] 理性目标绩效测量的是，企业在过去几年内，在销售额、市场份额和盈利率方面的增长情况（Hernández-Espallardo, Sánchez-Pérez & Segovia-López, 2011）。

[④] 未吸收性冗余资源指的是，那些尚未与企业运营产生直接联系，可被轻而易举地重新开发和使用的冗余性资源（Liu & Xie, 2014）。

（二）国内相关研究

陈文沛（2013，2014）通过实证研究，发现探索式创新和利用式创新既会对企业绩效产生直接影响，也会通过核心能力对企业绩效产生间接影响。其中，利用式创新还会促进探索式创新。王林等（2014）以中国374家企业为分析样本，发现探索式创新和利用式创新都有助于NPD绩效的提升，而且环境动荡负向调节探索式创新对NPD绩效的影响，但对利用式创新与NPD绩效关系的调节效应并不显著。他们的研究结论与Jansen等（2006）得出的探索式创新与企业绩效之间关系被环境动荡正向调节的论断是相反的。由此可以看出，不同的研究情境下得出的研究结论具有一定差异。

四 探索式创新/利用式创新研究述评

综上所述，学界对探索式创新与利用式创新内涵的界定已基本达成统一，而且国内外学者已从组织结构、外部环境、领导行为/风格和战略因素等多个方面，对探索式创新和利用式创新的促进机制与影响后果进行了探讨，并取得了比较丰富的研究成果。不过在经济新常态背景下，探索式创新和利用式创新仍存在可供进一步探讨的地方：

第一，基于合作与竞争理论，深入探讨探索式创新/利用式创新的驱动机制。从相关研究的发展趋势看，近年来，战略因素已成为探索式创新和利用式创新前因研究的热点和前沿领域（谭敏，2014）。然而在战略因素方面，现有研究主要关注特定战略导向、社会资本、社会网络等对探索式创新/利用式创新的影响。在供应链情景下，鲜有学者探讨战略目标互依诱致的企业之间互动对探索式创新和利用式创新产生的影响。

第二，进一步探讨探索式创新/利用式创新、核心能力与NPD绩效之间的逻辑关系。尽管谢洪明等（2007）探讨了管理创新/技术创新、核心能力与企业绩效之间的关系，王林等（2014）探讨了探索式创新和利用式创新对NPD绩效的影响。但对外部环境变动具有抵御作用的核心能力，是否能够作为探索式创新和利用式创新对NPD绩效产生影响的作用机制，目前仍然不明确。

第三，可深入探讨中国经济新常态背景下不同属性的环境动荡所起的调节作用。已有研究表明，环境动荡对探索式创新/利用式创新与NPD绩效之间关系具有调节作用（王林，沈坤荣，吴琼和秦伟平，2014）。但是，一方面，大多数学者并未深入考察技术动荡和市场动荡在该影响过程中所起调节作用的差异性。另一方面，已有文献针对环境动荡在探索式创新/利用式创新与组织绩效之间关系中所起调节作用的研究结论，也存在矛盾之处。所以需要进一步考察技术动荡和市场动荡在探索式创新/利用式创新、核心能力与NPD绩效之间产生的调节效应。

第四节 核心能力的内涵、前因与后果

一 核心能力内涵与测量

（一）核心能力内涵

1. 核心能力定义的发展脉络

核心能力（core competence），又被称为"核心竞争力"，泛指一切能带给企业差别于竞争对手的优势能力。关于核心能力定义的来源，学界比较认可的是Hamel & Prahalad（1990）在 *Harvard Business Review* 上发表的 "*The core competence of the corporation*" 一文。在该研究中，两位学者阐述到，核心能力是组织集体学习的能力，同时也是关于组织如何协调多种生产技能并将多种技术流程整合在一起的能力。它是对组织工作进行整合并提供价值的过程，在组织长期的持续改进过程中建立起来且为数不多，是组织员工参与和沟通的过程。1994年，Hamel进一步指出，所谓核心技能，不是企业中存在的一系列互不相关的技能技术，也不是实体资产，而是可以为顾客提供价值的一组技能或技术的集合。它是企业区别于竞争对手的关键因素，而且能够帮助企业进入新市场。这些观点也受到了Collis & Montgomery（1995）的支持。Collis & Montgomery（1995）进一步指出，核心能力既不是企业中的实体资产，也不是单独存在的技能或者技术。它是为客户传递价值的多组技能或技术的组合，能为企业创造区别于竞争对手的独特优势，而且有助于企业进入新的细分市场，抢占市场份额，提高财务绩效。

从核心能力特征的角度，Hitt等（1999）认为，核心能力必须同时具备稀缺性、价值性、难以模仿性和不可替代性四个特征（刘亚军和金生，2009）。而Hafeez等（2002）认为，核心能力主要表现出整合性、独特性和战略弹性三种特征。

国内学者王毅等（1999）基于Hamel & Prahalad（1990）的观点，认

为核心能力是企业整合各类要素的能力。谢洪明等（2006）、王凤彬等（2008）、刘亚军和金生（2009）、王念新等（2010）、陈伟等（2014）等对核心能力的界定综合了 Hamel & Prahalad（1990）、Hitt 等（1999）的观点。他们认为，核心能力是组织中多种能力的集合，在组织长期的实践中累积而成的、协调和整合多种技能的能力，具有独特性、价值性、难以模仿和不可替代性。这四个特征成为了学界判断一个企业中是否存在核心能力的基本依据。

2. 核心能力的维度

关于核心能力维度的划分，学界尚未达成一致，具体划分情况如表2-7所示。尽管 Hamel & Prahalad 早在 1990 年就已经指出，核心能力不是产品，不是服务，而是隐藏在其后的知识、技能及其集合。但 Bacha（2012）仍从绩效角度，将核心能力划分为降低成本、排他性、创造附加价值和提升生产率四个维度。这种划分法类似于 Tempoe（1994）的研究，对于核心能力的本质含义相去甚远。Hamel & Prahalad（1994）从企业活动视角将核心能力划分出三个维度：市场接近能力（泛指一切有助于企业拉近与顾客之间关系的技术和能力）、整合相关能力（对从产品设计到交付给顾客之间所有活动进行协调和整合的能力）、功能相关能力（指带给顾客独特价值的能力）。在国内，谢洪明、王成和葛志良（2006），谢洪明、罗惠玲、王成和李新春（2007），侍文庚和蒋天颖（2012）等学者则从组织活动的角度将核心能力进行了划分。

表 2-7　　　　　　　　　　核心能力的维度划分

作者	年份	维度
Leonard	1992	员工知识和技能、企业技术系统、企业管理系统、企业价值观和行为规范
Hamel & Prahalad	1994	市场接近能力、整合相关能力、功能相关能力
Petts	1997	技能辨识能力、学习能力、知识挖掘能力、协调能力、再构造能力、创新能力
王毅，毛义华，陈劲和许庆瑞	1999	外环境整合能力、内环境整合能力、技术整合能力
Lampel	2001	企业家核心能力、技术核心能力、评估核心能力、关系核心能力
Wang & Lo	2004	技术能力、整合能力、营销能力
谢洪明，王成和葛志良	2006	研发能力、生产能力、营销能力、网络关系能力等

续表

作者	年份	维度
谢洪明，罗惠玲，王成和李新春；谢洪明，吴隆增和王成	2007	研发能力、生产能力、营销能力、网络关系能力、战略能力
王凤彬，江鸿和吴隆增	2008	门槛能力、重要性能力、未来性能力
黄蕴洁和刘冬荣	2010	战略管理、资源管理和技术创新等能力
Agha, Alrubaiee & Jamhour	2012	愿景共享、内部合作、自主授权
侍文庚和蒋天颖	2012	研发能力、生产能力、营销能力、战略能力
陈伟，杨早立和张永超	2014	组织管理能力、市场开发能力、技术创新能力、生产管理能力

资料来源：根据相关研究成果自行整理

（二）核心能力的测量

测量核心能力的主要量表使用情况见表2-8。其中，Agha, Alrubaiee & Jamhour（2012）基于King & Zeithaml（2001）的研究，开发出了测量量表。而国内学者所使用量表大都来源于对国外及国内已有量表的修订和整合。如王凤彬、江鸿和吴隆增（2008）、陈建勋、潘昌才和吴隆增（2009）使用了Long & Vickers-Koch（1995）等研究发展出的量表。侍文庚和蒋天颖（2012）参考了Hafeez, Zhang & Malak（2002）、陈建勋、潘昌才和吴隆增（2009）的研究，发展出了相应量表。黄蕴洁和刘冬荣（2010）参考诸多学者的核心能力量表，发展出4题项战略管理能力、3题项资源管理能力、2题项技术创新能力、3题项生产管理能力四个核心能力子量表。

表2-8　　　　　　　　　　核心能力的测量

作者	年份	对应维度	对应题项数	对应 Cronbach α
Agha, Alrubaiee & Jamhour	2012	愿景共享、内部合作、自主授权	6、7、10	0.86、0.91、0.93
谢洪明，王成和葛志良	2006	研发能力、生产能力、营销能力、关系能力、战略能力	未提供	0.83、0.83、0.87、0.82、0.84
朱洪军和徐玖平	2008	组织管理、资源控制和研究发展	未提供	0.83、0.83、0.86
王凤彬，江鸿和吴隆增	2008	门槛性能力、重要性能力、未来性能力	3、4、4	0.78、0.87、0.88
刘亚军和金生	2009	组织效率、创新能力、产品质量和顾客反映	未提供	0.90、0.91、0.94、0.89

续表

作者	年份	对应维度	对应题项数	对应 Cronbach α
王念新，仲伟俊和梅姝娥	2010	市场进入核心能力、集成相关核心能力、功能相关核心能力	4、3、4	0.86、0.88、0.88
黄蕴洁和刘冬荣	2010	战略管理能力、资源管理能力、技术创新能力、生产管理能力	4、3、2、3	都大于 0.70
侍文庚和蒋天颖	2012	研发能力、生产能力、营销能力、战略能力	4、3、4、3	0.86、0.89、0.73、0.68
陈伟，杨早立和张永超	2014	组织管理能力、市场开发能力、技术创新能力、生产管理能力	3、3、2、3	0.83、0.85、0.79、0.81

资料来源：根据相关研究成果自行整理

二 核心能力驱动机制的研究回顾

国外对核心能力的探讨起步较早，到目前为止，已取得了大量研究成果，国内相关研究成果也比较丰富。总的来说，研究者们主要从组织学习、组织知识、企业创新、外部联盟、资源整合和社会资本等方面，研究了增强核心能力的机制。

（一）国外相关研究

Winterscheid（1993）认为，企业能力的构建与员工个人能力的加强息息相关，促进员工学习是提升组织能力的的重要手段。与 Winterscheid（1993）观点类似，Helleloid & Simonin（1994）认为，组织学习是组织建构和增强核心能力，进而获得持续性竞争优势的根本途径。Jensen（1996）通过对挪威小型旅游业企业进行调研，发现企业可以通过建立战略联盟的方式提高核心能力。Durand（1997）认为，知识、态度和诀窍是企业核心能力的三种表现形式，并主张企业通过整合、协调企业知识、人员态度和各类诀窍（如专业技能、工作"秘诀"）建立企业核心能力。Banerjee（2003）以印度 7 家软件开发公司为调查对象，发现尽管当企业面临资源匮乏的境况时，也可以通过高效配置企业仅有的资源，并结合企业发展战略，来构建起相应的核心能力。López（2005）认为，企业创新是核心能力的重要促进因素，核心能力的本质，即是企业对知识的创新性运用。Tanriverdi（2005）认为，企业可通过整合企业内外部知识，并对各类知识进行高效协调和管理，亦可增强企业核心能力。Menguc & Auh（2006）认为，外部环境特征是企业核心能力得以提升的重要驱动力之一。Liao & Hu（2007）认为，企业可以通过促进知识更新，来实现企业核心能力的提升。Bacha（2012）以在法国的100家企业为问卷调研对象，进行研究，发现信息系统投资和用户影响力（users infuence）并不会显著增强企业核心能力。

（二）国内相关研究

谢洪明等（2006）以中国华南地区的139家企业作为问卷调研对象，发现组织文化既会通过组织学习，也会直接对企业核心能力产生正向影响。继2006年的研究之后，谢洪明等（2007）又一次对中国华南地区的202家企业进行问卷调研，发现企业创新是学习导向提高核心能力的一条重要途径，而且企业的产业特征是企业创新转化为核心能力的重要情境因素。同年，谢洪明、吴隆增和王成（2007）分析了华南地区的144个企业样本数据，他们发现，知识整合也是组织学习提升核心能力的一个重要途径。王凤彬等（2008）通过对采集来自中国广州和北京地区的132个企业样本数据进行实证分析，发现外部社会资本通过知识创造，对企业重要性能力[1]产生正向影响，而且外部社会资本对未来性能力[2]产生直接效应的正向影响，但对门槛性能力[3]的影响不显著。内部社会资本对三种核心能力都产生显著的正向影响，内外部社会资本的交互项对核心能力影响显著。同时，陈建勋等（2009）基于王凤彬等2008年的样本数据，探讨了外部社会资本对企业核心能力的影响，发现知识整合水平会加强外部社会资本对核心能力的正向影响。刘亚军和金生（2009）利用从中国深圳、湖南、北京等地收集到的210份有效问卷，通过实证分析，发现组织学习对核心能力有着重要的提升作用，这一点支持了谢洪明等人的研究结论。此外，该研究还发现，创业导向对核心能力的影响效果会因产业不同而存在差异。王念新等（2010）通过对中国制造业、服务业进行的问卷调研，发现信息技术资源通过信息技术应用能力，对核心能力起到增强作用。而且在环境动荡越强的情境中，信息技术应用能力对核心能力的促进作用越

---

[1] 重要性能力（critical capability）是指，对企业竞争优势影响重大的技能及系统能力。如，新技术的引进能力、工艺流程控制能力（王凤彬，江鸿和吴隆增，2008）。

[2] 未来性能力（cutting edge capability）是指，企业为维持未来竞争优势，而必须发展的能力（王凤彬，江鸿和吴隆增，2008）。

[3] 门槛性能力（threshold capability）是指，产业竞争所需的支持性能力和执行业务所需的基本能力（王凤彬，江鸿和吴隆增，2008）。

大。黄蕴洁和刘冬荣（2010）以浙江、广东和长沙三个地区的企业为问卷调研对象，针对获取到的 182 份有效问卷进行分析，发现知识管理有助于增强企业核心能力。侍文庚和蒋天颖（2012）以浙江省六个地区的高新技术企业为研究对象，发现知识管理能力既是结构资本[①]增强核心能力的重要中介机制，也是认知资本[②]提高核心能力的一个重要途径；关系资本[③]不仅对核心能力产生直接影响，还会通过知识管理能力，对提升核心能力产生间接地促进作用。陈伟、杨早立和张永超（2014）通过对中国哈尔滨、天津、长三角和武汉的工业园进行问卷调研，获取 312 份样本数据，研究发现知识共享、知识整合既在网络联结密度与企业核心能力的关系中，也在网络中心性与企业核心能力的关系中，具有完全中介作用，但在网络稳定性对企业核心能力的影响过程中起部分中介作用。

三 企业核心能力影响效应的研究进展

Verdin & Williamson（1997）基于资源基础观，认为核心能力有助于节省企业扩充资产基础的时间和成本，从而生产出具有更强竞争力的产品。Torkkeli 与 Tuominen（2002）认为，企业核心能力有助于其开发出差别于其他企业的核心技术，进而促进了新产品研发并拓宽了市场渠道。Tanriverdi（2005）认为，企业核心能力可以为企业创造出竞争优势。Agha 等（2012）以阿拉伯国涂料公司的经理为调研对象，通过对收集到的 64 份有效问卷数据进行分析，发现核心能力对企业竞争优势和组织绩效具有促进作用。同时，核心能力也会通过为企业创造竞争优势提高企业绩效。

国内学者王毅等（1999）以中国杭州西泠冰箱厂为案例研究对象，发现核心能力是企业取得持续竞争优势的根本来源。企业可以通过平台方法[④]将这

[①] 结构资本主要是指企业内外部的社会网络及其结构和稳定性（Chow & Chan, 2008）。
[②] 认知资本是指网络成员所共有的语言、立场、观点、解释和意义系统等方面的内容（Chow & Chan, 2008）。
[③] 关系资本关注于如何通过人际关系的创造和维持来获取稀缺的资源，如信任、义务与期望等，即企业网络的质量问题（Chow & Chan, 2008）。
[④] 平台方法包括产品平台和产品族两个方面的内容。产品平台是一组产品共享的设计与零部件集合。共享一个共同的产品平台，但具有不同的性能与特征，以满足不同用户需求的一系列产品就是产品族。一个坚实的平台是成功的产品族的心脏，是一系列紧密相关的产品的基础（Meyer & Utterback, 1993）。

种潜在优势变成显性优势,促进新产品开发的开展,并取得企业效益。谢洪明等(2006)的实证分析结果表明,核心能力对企业绩效具有重要的提升作用。谢洪明等(2007)、谢洪明、吴隆增和王成(2007)、刘亚军和金生(2009)通过进一步研究,发现核心能力有助于提高企业长期绩效和短期绩效。王念新等(2010)通过实证研究,发现外部环境动荡会减弱核心能力对企业绩效的提升作用。毛洪涛等(2014)以中国293个建筑施工项目的相关工作人员为问卷调研对象,研究发现,核心能力在会计与控制技术与竞争优势之间具有中介作用。陈伟等(2014)研究发现,网络关系密度、网络中心性、网络稳定性通过知识共享和知识整合,增强了企业核心能力,同时网络稳定性也会对核心能力产生直接影响。黄群慧和贺俊(2015)认为,中国制造型企业可以通过架构创新和标准创新[①],打破产品原本的生命周期,进而增强企业核心能力。

四 企业核心能力研究述评

通过梳理已有相关文献,本书发现:第一,虽然不同学者根据自身研究的需要,从不同角度对核心能力进行了界定,但大都参考并借鉴了Hamel & Prahalad(1990)的观点。第二,学者们对核心能力维度的划分并不统一。第三,学者们大都认识到企业创新对提升企业核心能力的重要性,但至今鲜有研究深入探讨探索式创新和利用式创新对企业核心能力的影响,也少有研究考虑外部环境技术和市场动荡对探索式创新/利用式创新与核心能力之间关系的调节作用。

第五节 供应链管理视角下 NPD 绩效的前因

一 NPD 绩效内涵与测量

(一)新产品的界定

从创新范式角度,Swink & Song(2007)认为,可以根据不同的创新

[①] 学者们在文中并未对架构创新和标准创新给出明确的定义。不过,他们认为,产品架构是产品的功能要素分配到组成产品的物理构件的特征,架构型产品包括一体化架构产品和模块化架构产品。

范式,将新产品划分为如激进式创新性产品、渐进式创新性产品、探索式创新型产品和利用式创新型产品等类别。总的来说,Ahmad 等(2012)关于新产品定义的观点基本被理论界和实践界所认同。他们认为,衡量产品的维度众多,只要产品属性在如品牌、价格、品质、技术、包装和服务等某个维度上发生了变化,那么该产品即可被视为"新产品"。

基于探索式创新和利用式创新的创新范式的分类,有学者认为新产品是一个相对的概念。新产品既包括企业采用新技术、新方法、新资源等开发出的全新产品,也包括对企业现有产品的改进。探索式创新型新产品必须满足"①生产该产品的技术从未被使用过;②对整个产业造成重要影响;③该产品对市场来说是全新的"三个条件。而利用式创新型新产品则是企业对已有产品进行的改造、精炼或功能提升(Song & Montoya-Weiss, 2001)。这个观点与 Cooper(2003)对新产品的定义相近。他们认为,新产品是指,企业从产品结构、产品材质、产品技术性能等方面的某一个角度或几个角度进行创新的结果,是企业利用自身资源和能力创造出的或全新或改进的产品。

(二) 新产品开发的界定

新产品开发是企业取得成功、适应外部环境、自主革新的关键过程(Brown & Eisenhardt, 1995)。根据 Cooper & Kleinschmidt(1986)的研究,他们将新产品开发过程划分为从最开始"创意的初期筛选"到最终"产品的大规模上市"十三个连续性活动[①]。不过,当这些学者对 252 个产品开发项目的过程进行实证分析后,发现并不是所有企业的新产品研发

---

① 十三个连续性活动依次是:初期筛选(initial screening),即决定企业资金投放于哪个新产品创意。初步的市场评估(preliminary market assessment),即初期的但并非科学的市场扫描。初步的技术评估(preliminary technical assessment),即对该新产品研发的技术优势和难点进行初步评估。详细的市场研究(detailed market study),即市场调研,取一定量的顾客样本,进行问卷调研,并分析样本数据。商业/财务分析(business/financial analysis),即决定新产品研发之前的商业和财务分析。产品开发(product development),即新产品设计、开发,其结果是产品模型或者产品样品的产生。内部测试(in-house product testing),不同于顾客现场测试,它是一种实验室测试。顾客试验(customer test of product),即邀请客户参与产品的测试。试销(trial sell),即尝试把产品销售给一定数量的顾客。试生产(trial production),即尝试着生产,以检测生产设备的运转情况。产品商业化的前期分析(precommercialization business analysis),即介于试生产与大规模生产之间的新产品商业/财务分析。全面投入生产(production start-up)。启动市场(market launch),即把生产出来的新产品全部投入到目标市场中(Cooper & Kleinschmidt, 1986)。

都完全按照该过程发展。同时，企业在具体的实施过程中，对不同活动投入的比例也有着较大的差异。

(三) NPD 绩效的内涵

NPD 绩效（new product development）是企业绩效研究的一个重要部分。Trott（2001）等学者将 NPD 绩效定义为，企业在研发新产品的活动中累积起来的成果，是对新产品研发效率和效果的评价。与此类似，Cooper & Kleinschmidt（1986）认为，NPD 绩效是企业对新产品开发的整个过程进行的效率和效果的评价，即对从构想产生、正式研发、市场测试、正式生产到市场销售的全部活动所取得成果的综合评价。与 Trott（2001）、Cooper & Kleinschmidt（1986）不同的是，Luca & Atuahene-Gima（2007）则认为，应从新产品开发在市场份额、盈利率、销售额等五个方面的目标达成情况，对 NPD 绩效进行评价。

(四) NPD 绩效的测量

测量 NPD 绩效的方法一般包括主观测评法和客观测评法两类。NPD 绩效主观评价法是指，对新产品开发活动在市场的进入速度、产品创新程度、产品质量高低、市场份额、销售回报等方面进行主观评价，主要工具是 Likert 量表。NPD 绩效客观评价法是指，企业针对新产品开发活动所取得的财务成果以具体数字的利润指标形式呈现出来的绩效评价方法，如开发某项新产品取得的投资回报率、销售额、市场份额等（Li, Bingham & Umphress, 2007）。但 Cooper, Edgett & Kleinschmidt（2004）认为，新产品开发活动难以直接与利润指标直接产生联系，单一的财务指标难以反映新产品开发取得的成果，需要综合运用多个指标对 NPD 绩效进行评价。部分具有代表性的 NPD 绩效测量方法如表 2-9 所示。

Song & Montoya-Weiss（2001）结合了客观指标和主观指标两种方式，对企业的 NPD 绩效情况进行评价。该研究采用的客观指标是企业的投资回报率（ROI），主观指标的评价是通过发展出适用于其研究的日本情景的 5 题项 Likert 量表来实现的。学界一般认为，在条件允许的情况下，这种绩效测量方式的效果是最好的。Luca & Atuahene-Gima（2007）基于 Atuahene-Gima, Slater & Olson（2005）[1]的研究，发展出 5 题项量表，从

---

[1] 在 Atuahene-Gima, Slater & Olson（2005）的研究中，新产品开发绩效的测量包括新产品所带来的总收益、收益增长率、利润、利润增长率、销售增长率五个指标。

市场份额、盈利率、销售额、资产回报率和投资回报率五个方面，评价企业新产品开发目标的实现情况。这种对 NPD 绩效客观指标进行主观评价的测量方式，降低了纯粹获取客观数据的难度，融合了指标评价的客观性和主观性。同时，这种评价方法与企业战略目标相关联，对本研究具有重要的参考价值。

表 2-9　　　　　　　　　　　NPD 绩效衡量指标

作者	年份	测量指标
Cooper & Kleinschmidt	1986	财务绩效、市场绩效、为企业创造的机会
Griffin & Page	1993	顾客接受度、财务绩效、销售额占比、预定目标达成情况
Cooper	2003	对企业的影响、开发成功率、相对绩效
Li，Bingham & Umphress	2007	市场份额、资产回报率、销售额、利润
Swink & Song	2007	顾客满意度、质量、时间控制
Dayan & Colak	2008	研发效率、创新程度
Islam, Doshi, Mahtab & Ariffin Ahmad	2009	预计时间耗费、预计质量目标、成本控制、顾客满意度、预计利润、预计市场份额
吴晓波和吴东	2011	创新、市场、进度
Ahmad，Mallick & Schroeder	2012	顾客满意度、市场份额、性能、利润、投资回报率、速度、成本
姚山季和王永贵	2012	时间控制、创新性
Johnson & Filippini	2013	研发效率、销售额、利润
周健明、陈明和刘云枫	2014	技术、市场、财务、机会
纪雪洪、陈志祥和孙道银	2015	性能、设计
谢恩和陈昕	2015	新颖性、速度

资料来源：根据相关研究成果自行整理

对于中国近几年有关研究 NPD 绩效的文献进行梳理，本书发现，学者们大都或直接使用、或修订、或整合国外成熟量表进行相关研究。例如，谢恩和陈昕（2015）使用新产品的新颖性和新产品开发速度两个维度，以综合反映 NPD 绩效情况。在其研究中，新颖性子量表使用的是 Rindfleisch & Moorman（2001）的 5 题项量表，开发速度子量表来自 Ganesan，Malter & Rindfleisch（2005）的 2 题项量表。

二　供应链管理视角下 NPD 绩效的影响因素

关于企业获取 NPD 绩效的影响因素，现有研究主要集中在新产品开发战略及其导向（Kim, Im & Slater, 2013）、企业文化（Hong, Song & Yoo, 2013）、知识管理（Kyriakopoulos & De Ruyter, 2004）、组织学习（Adams, Day & Dougherty, 1998）、高层管理者行为（Balachandra, 1984）、企业外部环境（Calantone, 2003）、企业创新（王林、沈坤荣、吴琼和秦伟平，2014）等几个方面。

在非供应链管理领域的相关研究中，也有部分成果可供参考。吴家喜和吴贵生（2008）通过对206家制造型企业进行问卷调研，发现外部组织整合（组织间信息分享、关系协调、共同参新产品开发）对NPD绩效具有显著的正向影响。产品创新对组织间信息分享和组织关系协调与NPD绩效之间的关系具有显著的正向调节作用。同时，吴家喜和吴贵生（2009）还发现，组织之间的互依会促进组织外部整合，组织之间信任会通过组织之间承诺对组织外部整合产生间接正向影响，组织之间互依与组织之间的承诺会通过外部组织整合影响企业NPD绩效的实现。在供应链情境中，NPD绩效影响因素的相关探讨则主要从供应商和客户（企业）两个角度展开。

（一）供应商角度NPD绩效得以实现的影响因素

学者们普遍探讨了供应商参与、供应商整合、供应商义务感、社会网络结构等对NPD绩效产生的影响，而且还考察了产品创新性、吸收能力、技术动荡和合作经验等在变量之间关系中所起到的调节作用。

1. 供应商参与对NPD绩效的影响：中介效应和调节效应

第一，供应商参与影响NPD绩效的直接效应。

Takeuchi & Nonaka（1986）通过案例研究，他们发现，企业邀请供应商参与到产品设计阶段，会促进新产品开发目标的实现。Clark（1989）通过比较日本、欧洲、美国的企业在新产品设计阶段供应商的参与程度，该研究发现，由于日本企业直接邀请供应商参与了企业新产品细节功能的设计过程中，企业新产品开发效率变得更高。Bonaccorsi & Lipparini（1994）以意大利食品加工企业和包装企业为研究对象，他们研究发现，供应商参与有助于缩短新产品开发时间，提高产品开发成功率。而Bidault等（1998）关注了供应商的参与时机对企业新产品开发的影响，该研究认为，供应商参与新产品设计活动有助于企业新产品开发成功率的提高。

第二，供应商参与影响NPD绩效的中介及调节作用机制。

Song & Benedetto（2008）考察了技术动荡对供应商参与与NPD绩效

之间关系的调节作用。他们认为，技术动荡较强时，企业必须谨慎选择参与企业活动中的供应商。Langerak & Hultink（2008）则探讨了产品创新性的调节效应，认为产品创新性减弱了供应商参与对新产品开发的积极影响。Najafi Tavani 等（2013）以 161 个制造型企业为研究对象，他们分析发现，企业吸收能力会促进供应商参与对 NPD 绩效的提高作用。Yeniyurt 等（2014）结合问卷调研，并收集相应企业年报，作为二手数据，对北美汽车行业进行了将近十年的追踪研究，发现沟通、长期回报期望、信任和相互依赖性会通过加强供应商参与，提高企业的 NPD 绩效。Wangbenmad & Rashid（2014）对 103 家电子电器公司进行问卷调研，发现供应商参与可以通过创造新产品优势提高 NPD 绩效。朱桂平和周杰（2013）认为，技术动荡在供应商参与提高 NPD 绩效的关系中，会起到负向调节作用，而合作经验则会起到正向调节作用。纪雪洪等（2015）通过问卷调研，发现供应商参与通过增加专用性投资提高了 NPD 绩效。

2. 供应商整合与 NPD 绩效

Parker 等（2008）探讨了供应商整合对 NPD 绩效的积极影响。Thomas（2013a, 2013b）对美国制造业中 157 个研发项目经理进行问卷调研，结果发现供应商整合有助于企业 NPD 绩效的提高，知识交换在此过程中起到中介作用。Lawson 等（2015）认为，供应商义务感会通过促进供应商参与，提高企业 NPD 绩效，而供应商单一性（single supplier）会通过降低供应商在企业新产品开发活动中的参与水平，对企业 NPD 绩效产生不利影响。

（二）客户（企业）角度的 NPD 绩效影响因素研究回顾

1. 客户角度个体层面的研究成果

Brockhoff（2003）认为，企业客户可以积极参与企业新产品开发的每个阶段。Karagozoglu & Brown（1993）研究发现，客户参与对缩短新产品开发时间具有显著的正向影响，进而带来较高水平的绩效。Gupta & Souder（1998）认为，客户参与对产品创新具有正向的促进作用。Prahalad & Ramaswamy（2000）认为，企业可以通过积极主动地与客户交流，进而及时获取产品需求信息。Franke 等（2006）研究发现，客户企业参与会有助于提高企业 NPD 绩效。Fang 等（2008）认为，客户参与会促进新产品开发的高效完成。综上所述，我们不难发现，研究者们一致认为，客户企业参与新产品研发有助于企业 NPD 绩效的提高。

2. 客户企业角度战略层面的研究成果

Enkel 等（2005）通过案例研究，探讨了客户企业整合（customer integration）对新产品开发的市场风险的弱化作用，并认为企业对参与新产品开发活动中的领导型客户（lead users）的选取至关重要。王永贵等（2008）通过对获取的 131 份来自企业高管的问卷数据进行分析，结果发现顾客资产导向[①]越强，先动型市场导向[②]对 NPD 绩效的增进效果越好。周飞和沙振权（2011）对珠三角 157 家高科技企业进行问卷调研，数据分析结果显示，积极的客户互动会通过促进组织学习和提高企业知识创新水平来提高企业 NPD 绩效。黄海艳（2014）通过实证分析，发现客户参与会通过组织变革能力、组织学习能力和企业战略隔绝机制对 NPD 绩效产生影响。杨灿和李海刚（2014）通过对来自中国各行各业的 260 份有效问卷进行分析，发现客户知识管理能力、信任和合作型组织文化有助于提高 NPD 绩效。孔婷等（2015）基于中国 214 家制造型企业的问卷数据，实证研究结果表明，新产品开发早期的营销—制造整合[③]会促进后期的整合，而且营销—制造整合在市场分析、技术开发和产品测试阶段对新产品开发成本的具有显著的负向影响。

三 NPD 绩效研究述评

通过文献综述，我们不难发现，供应链情景下 NPD 绩效前因的研究，主要考察了供应商参与、客户（企业）参与等对提高企业 NPD 绩效的影响效应及其作用机制。当然，也有少量研究探讨了供应商整合对 NPD 绩效产生的影响效应。

但是，鲜有学者从企业战略目标角度出发，在供应链情境下，考察企业之间的战略目标互依对企业 NPD 绩效的影响及其作用机制。Deutsch（1973）指出，小到个体、团队，大到企业法人单位，他们都会通过设定

---

① 顾客资产导向：以顾客资产为中心的经营理念，即把顾客看作企业的战略性资产，并使企业所有商业活动围绕顾客资产展开（王永贵，邢金刚，史有春和何健，2008）。

② 先动型市场导向：它是相比反映型市场导向而言的，指的是企业主动探索、理解并满足顾客隐性需求的市场导向（王永贵，邢金刚，史有春和何健，2008）。

③ 营销—制造整合是一种跨部门的整合，需要营销和制造两个部门的通力合作。它存在于新产品研发的市场分析、技术开发、产品测试、产品商业化四个阶段中（王永贵，邢金刚，史有春和何健，2008）。

自我目标，并倾尽全力以实现该目标的方式获取利益。企业目标是企业愿景和使命的集中反映，是企业利益诉求的具体体现，具有激发员工斗志、指导组织行为、引导组织发展的重要作用。合作与竞争理论认为，不同属性的目标互依会对主体结果的达成产生不同程度的影响。该理论有助于我们从企业战略目标角度出发，考察企业合作伙伴之间的关系属性及其导致的结果，这对企业实践具有重要的指导意义。因此，从企业战略目标角度出发，探讨影响企业实现 NPD 绩效的前置因素及其中介和调节作用机制，将具有一定的研究价值。

第六节　可进一步探讨的议题

通过对目标互依、供应链整合、探索式创新/利用式创新、核心能力和 NPD 绩效相关研究进行文献梳理，我们不难发现，尽管国内外相关研究成果较为丰富，但在中国当前现实背景下，仍然存在一些值得进一步探讨的议题。

1. 战略目标互依与供应链外部整合之间的关系有待探讨

尽管已有研究表明，供应链上企业之间的战略合作目标与战略竞争目标对企业之间信任、长期关系、机会主义行为、信息分享等会产生一定影响，但是战略目标互依与供应链外部整合之间的关系仍不明晰。因此，有必要从供应商角度和客户企业角度，探讨企业与上下游企业之间的战略合作目标和战略竞争目标分别与供应商整合、客户企业整合之间的关系。

2. 供应链外部整合与探索式创新/利用式创新之间关系有待深入探讨

已有研究表明，企业与供应商、企业与客户企业之间的整合，不仅会促进供应链上信息流、资金流和物质流的高效运转，还将有助于企业获取到供应商和客户企业的智力支持、技术支持和有价值的异质性信息。在当今开放式创新背景下，借助这些外部资源，不仅有助于企业开展企业创新，还可能会对探索式创新和利用式创新产生不同程度的影响。探索式创新强调对企业自身现有知识基础的突破，而利用式创新重在对已有知识基础的整合和提炼。那么供应商整合、客户企业整合对探索式创新和利用式创新分别会产生什么样的影响，影响机理是什么，这也是当下急需探讨的一个重点议题。

3. 探索式创新/利用式创新、核心能力与 NPD 绩效之间关系有待考察

核心能力涉及研发能力、生产能力和营销能力等企业能力的诸多方面，对企业从新产品设计到价值实现，都具有着可持续的推动作用，有助于实现企业绩效。同时，已有研究表明，探索式创新和利用式创新有助于企业核心能力和 NPD 绩效的提高。那么，核心能力能否作为探索式创新和利用式创新增进 NPD 绩效的中介机制，这又是另一个值得进一步探讨的议题。

4. 技术动荡和市场动荡的调节效应有待进一步探讨

经济新常态下的中国尤为重视和鼓励"大众创业、万众创新"，并通过制定各项政策，以进一步加深对外开放。这些举措一方面将有助于推动科技进步，为客户提供更加丰富的产品，另一方面也会给企业营造出技术和产品生命周期缩短、技术更新换代加速的技术动荡和市场动荡氛围。然而，已有研究大都只是笼统地探讨单一的外部环境动荡在企业创新与企业绩效之间关系中起到的调节作用，却鲜有研究涉及具体的技术动荡和市场动荡环境特征对探索式创新/利用式创新与核心能力之间关系所起调节作用的研究。

此外，中国经济全面转型、产业结构升级势不可逆，企业为求得生存和长期发展，通过技术创新，高效持续地开发出满足市场需求的新产品，是其扩大市场份额、获取企业绩效的有效途径之一。在这一过程中，核心能力具有着重要的推动作用。那么，在不同程度的技术动荡和市场动荡情景中，核心能力在探索式创新/利用式创新与 NPD 绩效之间的中介作用是否存在差异，这些都鲜有学者进行探讨。

5. 战略目标互依影响 NPD 绩效的路径机制有待探讨

企业战略目标一直是战略管理研究领域和企业管理实践者强调的重点。一方面，对于企业自身而言，战略目标是组织赖以发展的航向标和激励源。另一方面，它也是企业赖以了解其他企业，进而采取相应措施，应对未来变数的根本出发点。然而，真正基于企业战略目标，考量企业之间关系及其互动结果的理论并不多见。Deutsch（1949a）在社会学领域提出了合作与竞争理论，后被用于解释组织行为中存在的合作与竞争现象及其影响。随着该理论在管理学领域中的发展和深化，为战略管理研究者探讨企业与其他企业之间战略目标互依所诱致的一系列互动过程及其结果，提供了恰到好处的理论借鉴。那么在供应链情景下，战略目标互依与 NPD

绩效具有什么样的关系呢？结合上述的分析，供应链外部整合、探索式创新/利用式创新和核心能力在战略目标互依与 NPD 绩效之间的关系中，又都具有着什么样的作用呢？作用路径和效果有何差异？这些都是当下值得深入研究的课题。

第三章

理论基础与概念模型论

本章首先对合作与竞争理论、供应链整合理论、组织创新理论、核心能力理论的主要内容进行阐述。其次，针对本研究所涉及的变量，基于已有研究，给出符合本研究情境的定义。然后，建立企业与供应商、企业与客户企业之间战略目标互依影响探索式创新/利用式创新和NPD绩效的"目标互依—互动模式—结果达成"概念模型。最后，基于概念模型中变量之间的路径关系，从企业与供应商、企业与客户企业角度，进一步发展出各条路径对应的链式多重中介关系模型，并基于对技术动荡和市场动荡调节效应的考察，从外部环境角度，提出探索式创新/利用式创新、核心能力与NPD绩效之间有调节的中介模型。

第一节 理论基础

本节笔者将主要阐述本研究理论基础合作与竞争理论，并简要介绍供应链整合理论、组织创新理论和核心能力理论。

一 合作与竞争理论

1949年，社会学家Deutsch在 *Human Relations* 杂志上发表了名为 "*A theory of cooperation and competition*" 的文章，提出合作目标和竞争目标概念，并创立了合作与竞争理论。随后，Johnson & Johnson（1989）对合作与竞争理论进行了系统的阐述。该理论在教育与培训心理学领域被学者Johnson（2003）命名为社会互依理论（social independence theory）。

合作与竞争理论自提出伊始，便受到东西方包括社会学和管理学在内的各领域学者们的高度重视，并获得了大量的实证支持（如Deutsch，[1949b]；Wang, Chen, Tjosvold & Shi [2010]；Wong, Fang & Tjosvold

[2012]；Tjosvold，粟芳和万洁平[2002]；杨肖锋，储小平和谢俊[2012]等）。这表明，该理论对社会生活中的社会学现象和企业管理问题，具有极强的解释作用和指导意义。

合作与竞争理论认为，主体之间目标互依，会通过影响双方互动模式，对彼此结果的达成产生影响（Deutsch, 1949a；Deutsch, 1973；Johnson & Johnson, 1989；Johnson, Maruyama, Johnson, Nelson & Skon, 1981；Stanne, Johnson & Johnson, 1999）。我们据此建立起"目标互依—互动模式—结果达成"的理论逻辑模型，用以解释战略目标互依对 NPD 绩效产生的影响及其作用机制。在该模型中，"目标互依"是指主体对彼此之间目标的合作状态或竞争状态的主观感知，"互动模式"是指不同的目标互依所诱致的双方行为和所采取的应对举措，"结果达成"可以理解为主体双方各自目标的达成或绩效的实现情况（Deutsch, 1949a；Deutsch, 1949b）。

根据合作与竞争理论，主体之间的合作目标有助于积极结果的达成，竞争目标则不利于良好结果的实现。同时，主体之间的互动模式可以解释目标互依影响结果达成的中介机制（Johnson, Maruyama, Johnson, Nelson & Skon, 1981）。

（一）合作目标产生合作性的互动行为，促进积极结果的达成

在合作目标支持下，主体坚信对方目标与自我目标积极相关，相信对方目标的达成有助于自我目标的实现，帮助对方就等于帮助自己。合作目标令主体双方相互鼓励、互相支持、彼此补台，最终促进双方共同取得成功。在已有研究成果中，合作目标所诱致的积极交互行为包括建设性争论（constructive controversy）（Chen & Tjosvold, 2006；Wang, Chen, Tjosvold & Shi, 2010；孙海法，2003）、开放式交流（Tjosvold, Peng, Chen & Su, 2008；Tjosvold, 1998；Wong, Tjosvold, Wong & Liu, 1999）、信息分享（De Dreu, 2007）、资源交换（Tjosvold, 1998；Tjosvold, 粟芳和万洁平, 2002）等。同时，合作目标通过促进良好的互动模式所产生的影响结果包括，促进关联性任务的完成（Stanne, Johnson & Johnson, 1999）、提高领导效能（Chen, Tjosvold & Liu, 2006；刘春红和谢霍坚，2003）、提高员工绩效并促进员工创新（Chen & Tjosvold, 2008a）等。

（二）竞争目标产生消极对抗的互动行为，不利于良好结果的实现

在竞争目标的影响下，主体双方认为，对方目标与自我目标是相互冲

突、互相排斥的。一方目标的达成，必须以另一方行动的失败为前提。竞争目标使主体双方恶性竞争、彼此拆台、互相敌视，最终不利于彼此利益的实现。在已有研究成果中，学者们普遍认为，竞争目标会令彼此采取机会主义行为（Wong, Tjosvold & Yu, 2005）、恶化双方关系（Wong, 1999）、降低互信感（Wong, Tjosvold, Wong & Liu, 1999）等，进而不利于企业产品质量的提高和企业生产运营成本的降低（Wong, Tjosvold & Chen, 2010），而且还不利于客户满意度的改善（Wong, Tjosvold & Zhang, 2005a）。

二 供应链整合理论

近年来，供应链整合（supply chain integration）逐渐成为供应链管理领域的研究重点。供应链整合是企业与供应商、企业与客户企业展开高水平合作，为企业创造竞争优势，并为客户提供更高价值的企业之间的互动过程（Flynn, Huo & Zhao, 2010）。供应链整合的终极目标是低成本、高效率地为客户创造最大价值；其本质是企业与供应商、企业与客户企业之间的深度合作和动态联盟的过程；其实现路径是在供应链上通过协调、整合和管理组织内外部业务流程，促进产品/服务流、信息流、资金流和决策流的高效运转（Zhao, Flynn, Huo & Zhao, 2010; Huo, Flynn & Yeung, 2008; Mentzer, Min & Zacharia, 2000）。

学者们不断对供应链整合的内涵进行完善。Kahn & Mentzer（1996）等从企业内部角度，对供应链整合进行了界定，但该研究忽略了存在于企业与供应链合作伙伴之间的外部关联。Maloni & Benton（1997）等仅视供应链整合为供应链外部整合，学者们忽略了企业内部各组成部分之间的协调，也忽略了企业内部与企业外部之间的整合过程。

随着供应链整合概念的逐步发展，学者逐渐意识到，供应链整合既不是单纯的企业内部跨职能部门之间的协调过程，也不仅仅是企业与供应链合作伙伴之间的整合。它是一种在供应链情境下，针对行为、资源、流程、关系、知识和利益，进行的高效率且系统性的管理、协调和整合（Mentzer, Min & Zacharia, 2000）。

供应链整合必须完成三个方面的内容（Mentzer, Min & Zacharia, 2000），即信息整合、组织协调和资源共享。信息整合是供应链整合的基础，它不是简单的数据共享，而是以组织间互信为基础，适时为企业提供资金流、物质流和决策流适时状况的信息报告的过程。组织协调是供应链上企业之间相互适应、组织互联的过程。其具体措施包括，建立跨组织的信息沟通渠道（如 EDI 电子数据交换①和 IOS 跨组织信息系统②）、建立针对各个成员的供应链绩效评测体系（如实时评价库存管理水平、VMI 策略③）、建立利益联盟机制（风险共担、利益共享、成本共摊等）。资源共享得益于信息整合和组织协调，它包括信息资源共享、技术资源共享和设备资源共享等方面的内容。

已有研究成果表明，企业社会资本、企业之间的关系承诺、信息共享程度、企业之间的信任、外部环境不确定性和技术动荡等，会对供应链整合产生重要的影响（Prajogo & Olhager，2012；曾敏刚和吴倩倩，2013；许德惠，李刚，孙林岩和赵丽，2012；曾敏刚和朱佳，2014；张慧颖，徐可和于淏川，2013）。同时，供应链整合对企业竞争能力、企业创新、产品创新、缩短新产品开发时间、企业绩效等，也都有着重要的促进作用（Leuschner，Rogers & Charvet，2013；Wong，Wong & Boon-itt，2013；李景峰和王继光，2015；李新然和孙晓静，2009；张慧颖，徐可和于淏川，2013）。

三　组织创新理论

创新（innovation）一词源自拉丁语，其原意包括三个方面的含义：更新、创造全新的东西、改变。不过，学界普遍认为，创新的正式定义来源于美籍奥地利经济学家 Schumpeter 在 1934 年发表的著作 *The theory of economic development*。在该著作中，Schumpeter 基于生产函数的表达式，对创新进行了界定。他认为，创新是企业家将生产要素进行重新结合的能力。其具体内容包括：新产品的创造、新生产方式的使用和推广、新市场

---

① EDI 是 Electronic Data Interchange 的缩写，它是指能够将如订单、发货单、发票等商业文档在企业间通过通信网络自动地传输和处理的系统。

② 跨组织信息系统（IOS，Inter-organizational Information Systems）是企业与外界环境的其他组织，如上下游厂商、相关企业、甚至是竞争者，一起合作，为获取竞争优势所共同发展的信息系统。

③ 所谓 VMI（Vendor Managed Inventory），是一种以用户和供应商双方都获得最低成本为目的，在一个共同的协议下由供应商管理库存，并不断监督协议执行情况和修正协议内容，使库存管理得到持续地改进的合作性策略。

的开拓、新供给源（原材料/半成品）的建立、新组织形式的采用等（Schumpeter, 1934）。

20 世纪 60 年代以来，随着计算机技术、原子新能源、航天技术等新技术的兴起和发展，新科技革命迅速蔓延全球，技术创新成为了创新活动中的重要内容。现实的需要和理论的缺乏，使得创新在各个研究领域逐渐受到重视。其中，最具有代表性的成果是 Rogers（1993）提出的创新扩散模型[①]（the diffusion of innovations model），该研究成为那个时代创新理论的典范。

March（1991）在 *Organization Science* 上发表的研究 *Exploration and exploitation in organizational learning* 中，对探索（exploration）和利用（exploitation）两个概念进行了详细的界定。这使得学者们关注到企业创新过程中存在着的两种不同的创新范式。随着探索、利用和创新三个概念的进一步发展，学者们发现企业的创新举措与其知识基础密切相关。于是，学者们根据创新在企业知识基础、创新幅度、技术轨迹关系等方面表现出的差异，将组织创新划分成了探索式创新和利用式创新两种创新范式（Benner & Tushman, 2002; He & Wong, 2004; Atuahene - Gima, 2005; Yalcinkaya, Calantone & Griffith, 2007）。

已有研究成果表明，在供应链情境中，企业管理分销商的经验、企业之间的合作、企业的供应商治理机制等，都会对探索式创新和利用式创新产生不同程度的影响（Hernández-Espallardo, Sánchez-Pérez & Segovia-López, 2011；李随成、黄聿舟和王玮，2015）。同时，探索式创新和利用式创新对企业核心能力、企业绩效、NPD 绩效、创新绩效等，也都具有促进作用（Mueller, Rosenbusch & Bausch, 2013; Liu & Xie, 2014；陈文沛，2013；王林、沈坤荣、吴琼和秦伟平，2014；陈文沛，2014）。

四 核心能力理论

核心能力理论是由英国学者 Hamel 和美国学者 Prahalad 于 1990 年在 *Harvard Business Review* 上发表的 *The core competence of the corporation* 一文中

[①] 创新扩散包括五个阶段：了解阶段、兴趣阶段、评估阶段、试验阶段和采纳阶段（Rogers, 1993）。

提出来的理论。核心能力理论代表了战略管理理论发展的第三个阶段[①]，是战略管理理论在20世纪90年代发展的最新进展。该理论自提出开始，便受到了学术界和实践界的高度重视。

关于核心能力含义的几个观点可以归纳为（Prahalad & Hamel, 1990）：①核心能力是企业在长期的实践过程中的知识积累。②它不是企业中分散存在的单一能力，其关键在于对多种不同技能、技术进行的"集成"和"整合"。③核心能力的载体是整个企业，而非某特定部门、人员或团队。④它属于企业中隐性知识能力的范畴，表现为难以用文字、材料或规章予以呈现甚或说明。⑤它具有不可替代性、难以模仿性、价值性、独特性和稀缺性。

核心能力涉及企业能力的各个方面。一是研发能力，即整合企业可得的各类资源和技能，有效地将其转化为独特产品的能力。二是生产能力，即通过组织和协调各类生产要素，实现产品高效、保质、大规模生产的能力。三是营销能力，即企业将产品传递到市场中，通过满足客户需求实现价值的能力（Hamel & Prahalad, 1990；谢洪明，罗惠玲，王成和李新春，2007）。

结合文献回顾结果可知，企业创新、组织学习、社会资本、外部整合等有助于企业核心能力的增强。而且，核心能力有助于为企业创造出竞争优势，并能帮助企业提高组织绩效。

第二节 相关变量概念界定

基于前面的文献回顾和理论基础，同时结合研究需要，本研究对各个变量的界定表述如下：

一 战略目标互依

本书选取战略合作目标和战略竞争目标两种目标互依，作为探讨本项目研究主题的两类战略目标互依变量。这是因为，第一，在Deutsch (1949a) 创立合作与竞争理论之初，提出的就是合作目标和竞争目标两

[①] 战略管理理论发展的三个阶段是：经典战略理论阶段、产业结构分析阶段（波特阶段）和核心能力理论阶段。

种目标互依。第二，尽管随着理论的发展，学者们提出了合作目标、竞争目标和独立目标三种目标互依。但无论是在社会学领域，还是在管理学领域，诸多研究发现，独立目标所涉及的变量之间关系要么不具有统计显著性（Chen, Tjosvold & Liu, 2006; Chen & Tjosvold, 2006）、要么其影响效果与竞争目标一致（Wang, Chen, Tjosvold & Shi, 2010; Wong, Tjosvold & Chen, 2010; Wong, Fang & Tjosvold, 2012）。因此，为力求研究模型简练，且不失合作与竞争理论创立之初的完整性和严谨性，我们选取战略合作目标和战略竞争目标，进行相关探讨。此外，根据研究的供应链情境，战略目标互依既包括了企业与供应商之间的战略目标互依，也包括了企业与客户企业之间的战略目标互依。

综上所述，战略目标互依的定义可表述为，企业与供应商、企业与客户企业对各自意欲达成的战略目标的相关属性，进行的评价所决定的目标互依结构。根据研究需要，战略目标互依划分为供应商合作目标、供应商竞争目标、客户企业合作目标和客户企业竞争目标四个变量。

供应商合作目标是企业与供应商之间的战略合作目标，它是指企业与供应商在各自想要实现的战略目标积极相关的领域，所具有的企业目标互依结构。

供应商竞争目标是企业与供应商之间的战略竞争目标，它是指企业与供应商在各自想要实现的战略目标相互冲突的领域，所具有的企业目标互依结构。

客户企业合作目标是企业与客户企业之间的战略合作目标，它是指企业与客户企业在各自想要实现的战略目标积极相关的领域，所具有的企业目标互依结构。

客户企业竞争目标是企业与客户企业之间的战略竞争目标，它是指企业与客户企业在各自想要实现的战略目标消极相关的领域，所具有的企业目标互依结构。

二 供应链外部整合

本研究针对的主体是企业及其供应商和客户企业，分析层次是反映企业与上下游企业之间关系的战略层面。有鉴于此，我们参照 Flynn, Huo & Zhao（2010）对供应链整合维度的划分标准，选取供应商整合和客户企业整合作为供应链外部整合的两个变量，用以开展相关研究。

供应商整合是指，为有效满足市场需求，企业与供应商在实践、流程和行为等方面，进行深度合作、积极协调和共同管理的过程。其具体举措包括：企业与主要供应商建立战略合作伙伴关系、建立快速订货系统、建立稳定的采购机制。企业邀请主要供应商，参与企业产品的研发和生产活动中。企业主动参与供应商的流程改造，以使得供应商能更便利地满足企业自身的需要。企业与供应商之间共享生产计划信息、共享生产能力信息、共享库存信息、共享需求预测信息（Thomas，2013；徐可，2013）。

客户企业整合是指为有效满足市场需求，企业与客户企业在实践、流程和行为等方面进行合作、协调和管理的过程。具体举措包括：分享主要客户企业的市场信息、与主要客户企业积极沟通、建立快速订货系统、跟进主要客户企业以快速获取反馈、与主要客户企业定期接触、分享主要客户企业的销售信息和需求预测信息、与主要客户企业分享企业库存信息和生产计划信息（Enkel, Perez-Freije & Gassmann, 2005；徐可，2013）。

三 探索式创新/利用式创新

与以往研究一致，对于探索式创新和利用式创新两个变量，本书将其界定为：

第一，探索式创新是指大幅度的、激进式的创新过程，其目的在于探索新的可能性，强调对现有知识基础的突破（Jansen, Van Den Bosch & Volberda, 2006）。探索式创新的具体举措包括：设计和研发全新产品、开辟全新市场、建立全新的分销渠道、服务于新的客户群体等（Jansen, Bosch & Volberda, 2006）。

第二，利用式创新是指小幅度的、渐进式的创新过程，以企业现有的知识基础为依托，对其进行提炼、整合、强化和改进（Benner & Tushman, 2002）。利用式创新的具体举措包括：提高产品或服务质量、降低各类成本、提高内部运作自动化程度、关注已有客户的满意度、调整产品和服务来满足现有客户需求等（Kollmann & Stöckmann, 2014；李忆和司有和，2008）。

四 核心能力

核心能力是指，相比于竞争对手，企业在产品研发、生产和营销三个方面所具有的可持续的、差异化的、整合性的优势能力。

在参考了谢洪明等（2006）、谢洪明等（2007）研究成果的基础上，本项目选取研发能力、生产能力和营销能力作为核心能力的三个一阶维度。这是因为，首先，纵观国内外已有研究成果，学者们尚未对核心能力维度的划分达成一致意见。而且谢洪明等（2006）研究的背景属于中国情境，研究成果对反映中国现实问题具有着重要的借鉴意义。其次，考虑到探索式创新/利用式创新、核心能力和 NPD 绩效之间的逻辑关联，本项目意欲考察企业研发能力、生产能力和营销能力的整合性核心能力所受到的影响，及其对新产品绩效的作用情况。最后，这种维度划分法主要借鉴自国内相关学者成熟的研究成果，具有较强的理论基础。

五 NPD 绩效

根据本项目研究情境，基于 Luca & Atuahene-Gima（2007）的相关论述，NPD 绩效可被界定为，在过去一段时间内，NPD 绩效目标体现在市场份额、销售额、资产回报率、投资回报率以及盈利率各个指标上的完成情况。

六 技术动荡和市场动荡

技术动荡（technological turbulence）是指技术变革速度和技术发展不确定性程度（Lichtenthaler，2009），反映技术变化对企业运营和技术开发的影响。市场动荡（market dynamism）是指市场环境变化的频率和不稳定性程度，体现了市场环境的不可预测性（Jansen, Van Den Bosch & Volberda, 2006）。

第三节 理论模型的构建

本小节首先从供应商、客户企业和外部环境三个角度，建立战略目标互依影响企业创新和 NPD 绩效带调节的路径模型。然后基于该模型，发展出链式多重中介效应模型和有调节的中介效应模型。

一 总理论模型的构建

本部分将在已有研究成果基础上，基于合作与竞争理论的"目标互依—互动模式—结果达成"理论逻辑，并结合供应链整合理论、组织创新理论和核心能力理论，从企业与供应商、企业与客户企业之间关系的角度，构建起包含合作目标和竞争目标两种目标互依属性的战略目标互依、供应商整合/客户企业整合、探索式创新/利用式创新、含"研发能力、生产能力和营销能力"三个维度的高阶因子变量核心能力与 NPD 绩效之间关系的概念模型。同时，本研究引入技术动荡和市场动荡作为调节变量，考察两类创新影响核心能力的作用边界。我们通过建构该模型，将系统且深入地分析各个潜变量之间的路径关系和调节效应关系。本部分的概念模型如图 3-1 所示。

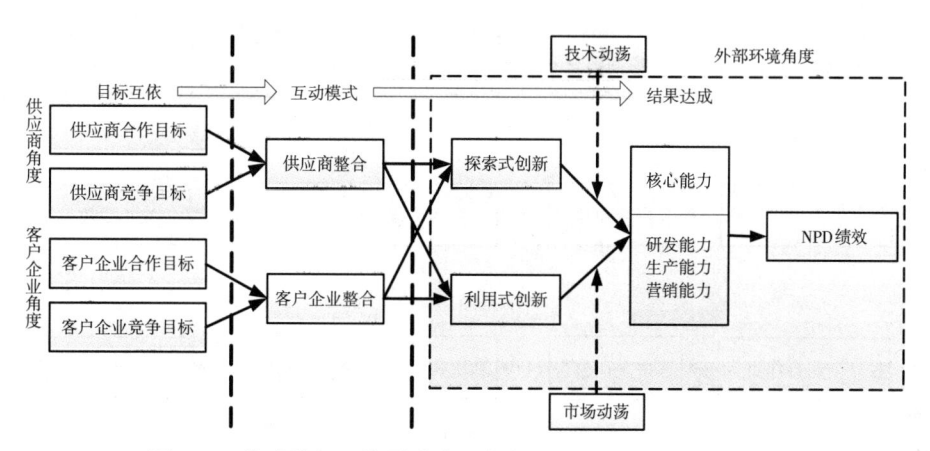

图 3-1　战略目标互依影响企业创新和 NPD 绩效的整合模型

二　供应商和客户企业角度的链式多重中介模型

本部分在已有研究成果基础上，主要基于合作与竞争理论的"目标互依—互动模式—结果达成"理论逻辑，并结合供应链整合等相关理论，在上述所呈现的整合模型中的变量之间路径关系逻辑成立的前提下，建构如图 3-2 所示的战略目标互依影响企业创新和 NPD 绩效八条路径的链式多重中介模型。

本书计划使用基于自助抽样法进行统计分析的 PROCESS Macro 工具，对各个路径的链式多重中介效应模型（路径 1a、2a、3a、4a、1b、2b、3b、4b）进行逐条检验，以深入分析战略目标互依影响 NPD 绩效的内部机理、作用路径、关键环节和各路径中介效应的差异。

68 战略目标互依影响创新和 NPD 绩效的机制

供应商竞争目标 → 供应商整合 → 探索式创新 → 核心能力 → NDP绩效
（路径1a）

供应商竞争目标 → 供应商整合 → 利用式创新 → 核心能力 → NDP绩效
（路径2a）

供应商竞争目标 → 供应商整合 → 探索式创新 → 核心能力 → NDP绩效
（路径3a）

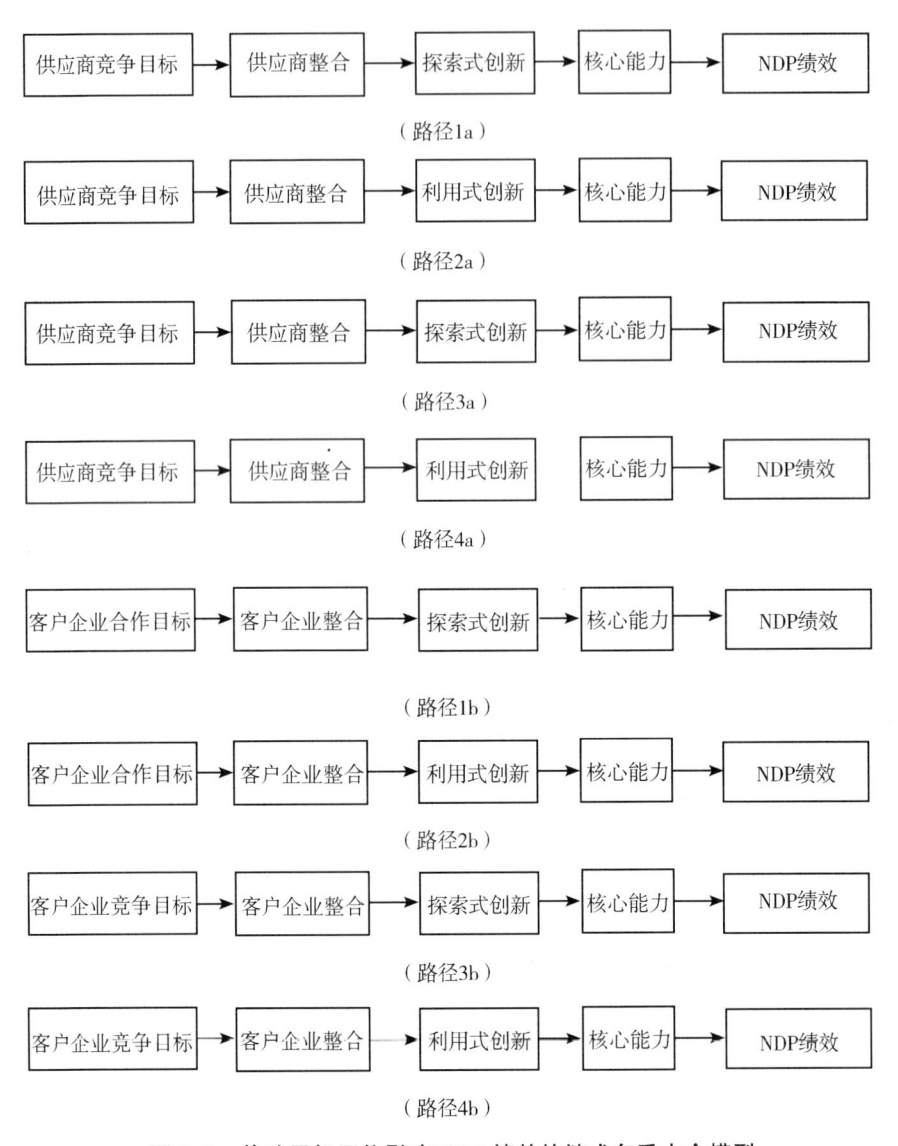

供应商竞争目标 → 供应商整合 → 利用式创新 → 核心能力 → NDP绩效
（路径4a）

客户企业合作目标 → 客户企业整合 → 探索式创新 → 核心能力 → NDP绩效
（路径1b）

客户企业合作目标 → 客户企业整合 → 利用式创新 → 核心能力 → NDP绩效
（路径2b）

客户企业竞争目标 → 客户企业整合 → 探索式创新 → 核心能力 → NDP绩效
（路径3b）

客户企业竞争目标 → 客户企业整合 → 利用式创新 → 核心能力 → NDP绩效
（路径4b）

图 3-2 战略目标互依影响 NPD 绩效的链式多重中介模型

三 外部环境角度有调节的中介效应模型

本项目将从外部环境角度，在探索式创新/利用式创新、核心能力与 NPD 绩效之间路径关系，以及技术动荡和市场动荡调节效应研究假设成立的前提下，建立如图 3-3 所示的有调节的中介效应模型，并计划使用 SPSS PROCESS 自助抽样法，对（a）、（b）两个模型进行验证，以深入探讨技术动荡和市场动荡对核心能力在探索式创新/利用式创新与 NPD 绩效之间关系的中介作用，所产生的调节效应。

具体而言，我们将通过如图 3-3 所示的这两个有调节的中介模型，深入探讨技术动荡对核心能力在探索式创新与 NPD 绩效之间的关系中所起中介作用的调节作用（有调节的中介一），探讨市场动荡对核心能力在利用式创新与 NPD 绩效之间的关系中所起中介作用的调节作用（有调节的中介二）。

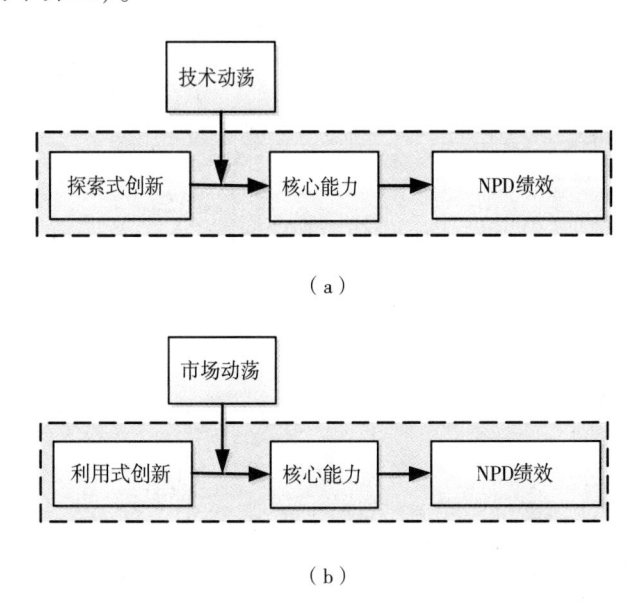

（a）

（b）

图 3-3　环境动荡调节核心能力中介作用的模型

第四节　建构本研究理论模型的意义

本章第一节阐述了合作与竞争理论、供应链整合理论、组织创新理论和核心能力理论。第二节在此基础上，对本研究理论模型中的各个变量进行了界定。第三节结合第二章中的文献回顾，并基于四大理论基础，建构起要研究的理论模型。

本项目建立如前文所示的理论模型，具有两个重要意义。第一，分供应商和客户企业两个角度探讨战略目标互依影响企业创新和 NPD 绩效的路径关系，并建立链式多重中介效应模型，有助于考察供应链外部整合、探索式创新/利用式创新和核心能力所起到的链式多重中介作用，明确不同角度下战略目标互依产生的影响效应的路径机制及其异同。第二，探讨技术动荡和市场动荡的调节作用，有助于明确探索式创新/利用式创新通过核心能力影响 NPD 绩效的作用边界，并明晰外部环境动荡所产生的调节效应的来源。

第四章

研究假设

基于合作与竞争理论,结合已有相关研究成果,本章将从供应链整合视角,围绕上一章建立的概念模型,发展出反映各个变量之间内在逻辑关系的研究假设。

第一节 战略目标互依与供应链外部整合

目前,国内外尚缺乏探讨战略目标互依与供应链外部整合之间关系的研究成果。本研究将从供应商和客户企业两个角度,建立战略目标互依与供应链外部整合之间关系的逻辑关联,反映变量之间研究假设的理论框架如图 4-1(a)和 4-1(b)所示。

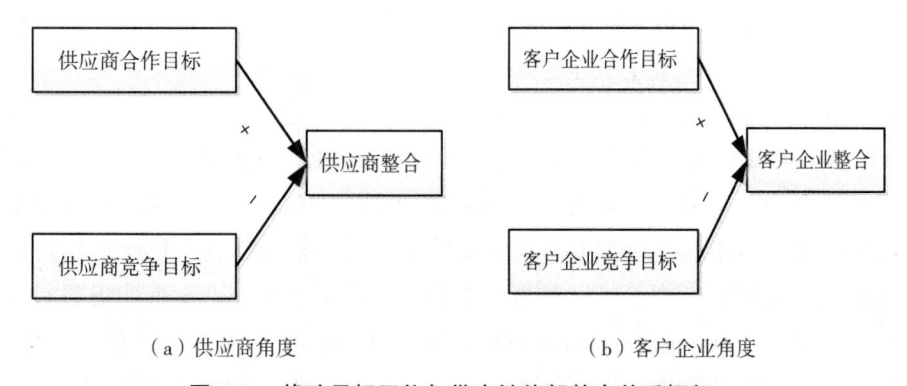

(a)供应商角度　　　　　　　　(b)客户企业角度

图 4-1　战略目标互依与供应链外部整合关系框架

一 供应商角度战略目标互依对供应商整合的影响

供应商整合是指企业与供应商通过建立长期互信互助关系,实现对产品/服务流、财务流、决策流乃至信息流等内容的高效管理,以便低成本、高效率地为客户提供所需产品和服务的供应链整合行为（Wong, Wong & Boon-itt, 2013；张慧颖，徐可和于淏川，2013）。供应商整合是供应链管理中的核心内容，同时也是供应链整合过程中企业与上游企业之间重要的互动模式。

企业与供应商建立战略合作目标，将有助于促进供应商整合。首先，根据合作与竞争理论（Deutsch, 1949a, 1949b），战略合作目标会激发出企业与供应商展开合作的动机，进而有助于双方建立合作的互动行为。供应商整合是一种企业间通力合作、高度联盟的积极的互动行为，企业与供应商建立战略合作目标有益于彼此在资金流、物质流和信息流等方面进行有效管理，实现各类资源流在供应链上的高效运转。其次，根据 Wong 等（1999）的观点，企业与供应商建立战略合作目标，能使彼此针对一系列问题或项目进行开放式沟通，双方利用各类交流媒介，充分表达对相关事项的观点，这将有助于增强企业与供应商之间的互信并促进长期关系的建立，相互信任和长期的来往关系则是企业有效开展供应商整合、提高彼此资源分享水平的重要基础（曾敏刚和吴倩倩，2013；Prajogo & Olhager, 2012）。最后，企业与供应商之间建立的战略合作目标会促进供应商参与，鼓励双方开展建设性争论（Wong, 2002），提高供应商满意度，帮助企业更高效地分享供应商信息，并为此建立起正式的惯例和作业流程。

相反，企业与供应商之间形成的战略竞争目标不利于企业进行供应商整合。首先，合作与竞争理论认为，竞争目标会导致彼此利益冲突，双方相互拆台、互相阻挠，产生竞争型关系，彼此会采取损人利己的策略（Tjosvold, 粟芳和万洁平，2002），阻碍企业与供应商展开合作。其次，战略竞争目标不利于资源交换（Wong, Fang & Tjosvold, 2012），对双方在物质流和技术共享等方面产生消极影响。再次，战略竞争目标促使各自将信息资源据为己有、封锁信息分享渠道，甚至令彼此千方百计阻碍对方目标的实现（Stanne, Johnson & Johnson, 1999；张慧颖，徐可和于淏川，2013）、采取机会主义策略（Wong, Tjosvold & Yu, 2005），最终降低对彼此的互信感，影响整合活动的进行。最后，战略竞争目标阻碍企业与供应商之间长期关系的建立（Wong, Tjosvold & Wong, 1999），不利于供应商整合的开展。基于以上理论分析和文献探讨，本研究提出如下研究假设：

假设1a：企业与供应商的战略合作目标对供应商整合具有显著的正向

影响；

假设 2a：企业与供应商的战略竞争目标对供应商整合具有显著的负向影响。

二 客户企业角度战略目标互依对客户企业整合的影响

客户企业整合（customer integration），又称供应链下游整合（supply chain downstream integration），是指企业深入客户企业中，了解其产品、文化、营销以及组织流程等方面的内容，以开展深度合作、信息共享和平台联动的行为（Baharanchi，2009）。这将有助于企业与客户企业展开基于信息整合、资源互补、组织协调和长期关系建立战略合作伙伴关系，促进信息流、物质流和资金流在企业与客户企业之间的高效运转（Wong, Wong & Boon-itt，2013；张慧颖，徐可和于淏川，2013）。客户企业整合是供应链外部整合中不可或缺的一部分，是企业与客户企业之间重要的互动模式。

企业与客户企业建立战略合作目标，将有助于促进客户企业整合。首先，根据合作与竞争理论的观点（Deutsch，1949a），战略合作目标激发出企业与客户企业相互合作、互相补台的动机，进而促进双方展开有效合作。同时，客户企业整合是一种企业与客户企业之间通力合作、高度联盟的行为，那么双方基于一致的目标追求和利益诉求，将有助于彼此在资金流、物质流和信息流等方面进行有效管理，促进资源流在企业与客户企业之间高效流动，提高供应链管理效率。其次，根据 Wong 等（1999）的观点，双方建立起的战略合作目标能使企业与客户企业进行开放式交流，增强企业之间互信并促进长期关系的建立，便于企业与客户企业进行联络，以发现客户或下游企业所需产品和服务，甚至能够获得为满足新的客户需求所必须的技术支持，进而为企业研发、生产和营销等互动提供各方面的帮助，增进企业与客户企业在各方面的高度整合。最后，根据 Wong（2002）的观点，企业与客户企业建立的战略合作目标，会促进双方产生建设性争论和积极互动，进而会有助于企业分享可供进一步改进产品和服务质量的客户企业信息，提高客户企业整合水平。

相反，企业与客户企业之间的战略竞争目标将不利于客户企业整合。首先，根据合作与竞争理论的观点（Deutsch，1949a），竞争目标会导致企业与客户企业之间发生利益冲突，进而相互拆台、互相阻挠，产生竞争型关系，各自采取损人利己的策略，阻碍企业与客户企业展开有效合作。其次，战略竞争目标阻碍资源交换的进行（Wong，Fang & Tjosvold，2012），对企业与客户企业在物质流和技术共享方面产生消极影响，不利于客户企业整合的展开。再次，竞争目标促使双方将信息资源据为己有、堵塞信息分享渠道，甚至令彼此采取机会主义行为，阻碍对方目标的达成（Johnson，Maruyama，Johnson，Nelson & Skon，198；Stanne，Johnson & Johnson，1999；Wong，Tjosvold & Yu，2005），不利于企业与客户企业进行信息共享的同时，还会降低互信感，损害了企业与客户企业进行各类整合的基础。最后，Wong 等（1999）认为，竞争目标通过对双方开放式交流产生消极影响，阻碍企业与供应商之间长期关系的建立，同理，企业与客户企业之间的战略竞争目标也会不利于双方长期关系的建立。基于以上理论分析和文献探讨，可提出如下假设：

假设 1b：企业与客户企业的战略合作目标对客户企业整合具有显著正向影响；

假设 2b：企业与客户企业的战略竞争目标对客户企业整合具有显著负向影响。

第二节　供应链外部整合与企业创新

作为供应链管理核心内容的重要组成部分，供应链外部整合有助于加强企业在供应链上物流、信息流、资金流、智力流、决策流等内容的高效运转，帮助企业整合到供应链的上下游合作伙伴有价值的资源。在如今鼓励开放式创新的经济新常态背景下，作为供应链外部整合的两个重要组成部分，供应商整合和客户企业整合都将有助于促进企业探索式创新和利用式创新。供应链外部整合与探索式创新/利用式创新的逻辑关系框架如图 4-2（a）和（b）所示。

一　供应商整合对企业创新的影响

探索式创新是大幅度的、"革新"式的创新活动，强调对现有知识基础的突破，目的在于探索新的可能性（李忆和司有和，2009）。企业通过探索式创新研发出全新产品、进入全新的市场、建立全新的分销渠道、服务于新的客户群（Benner & Tushman，2002；He & Wong，2004）。利用式

```
       探索式创新                    探索式创新
        ↗                           ↗
供应商整合  ×               客户企业整合  ×
        ↘                           ↘
       利用式创新                    利用式创新

   （a）供应商角度              （b）客户企业角度
```

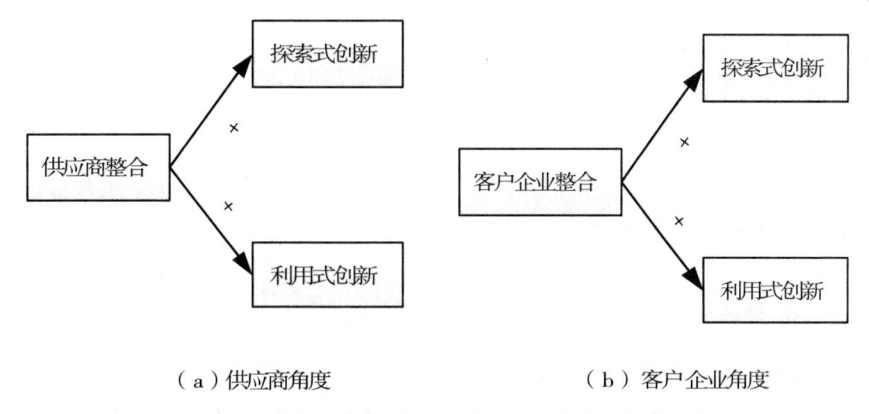

图 4-2　供应链外部整合影响企业创新的逻辑框架

创新是小幅度的、"更新"式的创新活动，其目的在于提炼、整合和再利用企业现有知识基础，具体活动如改进产品质量、降低生产成本、挖掘产品新功能等（Jansen，Van Den Bosch & Volberda，2006）。探索式创新和利用式创新属于"事前"创新范畴，被学界认为是企业的内部过程变量（陈文沛，2013）。

企业通过供应商整合可以增进企业探索式创新和利用式创新。这主要是因为：

首先，供应商整合中的信息整合既有助于企业展开探索式创新，也有助于企业开展利用式创新。供应商整合是企业跨组织边界与供应商进行深度合作、建立高度联盟的过程。根据知识获取理论的观点（Grant & Baden-Fuller，2004），供应商整合有利于企业跨组织边界，与上游企业交换有价值的异质性信息（Tuten & Urban，2001；Gao，Xie & Zhou，2015）。企业获取到的异质性信息不仅有助于企业利用、整合和提炼现有知识基础，提高利用式创新水平，还有助于企业根据有价值的异质性信息，展开突破现有知识基础的探索（Gao，Xie & Zhou，2015），增进探索式创新。例如，企业通过与供应商建立互信和长期关系，有助于其从供应商那里获取到突破企业创新瓶颈的产品研发技术，甚或与供应商一道研发全新技术，实现突破式创新。

其次，供应商整合可以为增强企业探索式创新和利用式创新提供智力支持和物质支持。供应商整合也是企业积极邀请供应商参与企业产品设计、产品功能改进等各项活动中的过程（Wong，Wong & Boon-itt，2013；

张慧颖，徐可和于渼川，2013），能够令企业及时响应外部环境的开放式创新要求，以增进企业创新的一条途径。Luzzini，Amann，Caniato Essig & Ronchi（2015）认为，企业积极邀请供应商参与新产品开发活动，让他们为企业创新或新产品开发建言献策，促进企业进行突破常规的思考，有助于增强企业对新技术的开拓能力和对旧技术的整合能力。同时，有效的供应商整合有助于企业更加高效地从供应商那里获取其研发和生产所需的原材料和半成品，为企业提升产品质量、升级旧产品甚或创造全新产品提供支持，进而增进了企业探索式创新和利用式创新水平。

最后，供应商整合意味着企业与供应商建立起惯例性的作业程序和数据分享平台（Wong，Wong & Boon-itt，2013）。这些措施有助于提高企业与供应商之间的沟通效率，便于企业及时掌握外部环境中的最新技术和供应商物资等方面的信息，为促进企业开展探索式创新和利用式创新提供效率保障。基于以上分析，本书提出研究假设如下：

假设3a：供应商整合对探索式创新有显著的正向影响；

假设4a：供应商整合对利用式创新有显著的正向影响。

二 客户企业整合对企业创新的影响

企业展开客户企业整合有助于促进探索式创新和利用式创新。

首先，客户企业整合可以为企业创新提供信息和知识支持。根据知识获取理论的观点（Grant & Baden-Fuller，2004），客户企业整合有利于企业跨组织边界，与客户企业合作伙伴交换有价值的信息。而企业之间的信息分享能促进企业创新（Gao，Xie & Zhou，2015），增强企业利用或突破现有知识基础的能力。

其次，客户企业整合为企业创新提供人才方面的支持。在客户企业整合过程中，双方建立的良好长期关系，有助于企业与客户企业进行及时的、频繁的和直接的互动（Tuten & Urban，2001），提高有助于企业创新的客户企业参与水平。关于客户参与（customer involvement）的一系列研究成果表明，有效的客户参与能促进企业创新（简兆权，李雷和柳仪，2013）。同理，客户企业参与企业的创新过程中，能为企业在产品设计、功能改进等方面提供人力支持，推动企业通过提高产品或服务的稳定性、寻求到新的产品或新的服务方式，以满足客户需求。

然后，客户企业整合能够帮助企业改进产品和服务质量（Flynn，Huo

& Zhao, 2010), 发现甚至创造出新的市场需求, 加强企业探索式创新和利用式创新。客户企业整合有助于企业了解客户需求, 并获取关于客户对产品的观点、功能偏好、使用经验等方面的最新数据, 便于企业从中识别出创新机会并产生新创意。

最后, 实现企业与客户企业的有效整合, 有助于物流、信息流、资金流等在企业与下游企业之间高效运转, 提高企业创新效率, 进而为企业开展探索式创新和利用式创新提供了效率上的保障。基于以上文献探讨, 本研究提出如下假设：

假设 3b：客户企业整合对探索式创新有显著的正向影响；

假设 4b：客户企业整合对利用式创新有显著的正向影响。

第三节 企业创新与核心能力

无论是从供应商角度还是从客户企业角度, 本书认为, 探索式创新和利用式创新都有助于增强企业核心能力。探索式创新/利用式创新与企业核心能力的关系框架如图 4-3 所示。

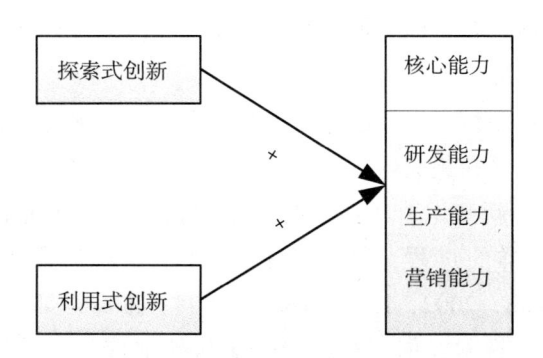

图 4-3 企业创新与核心能力之间的关系框架

核心能力 (core competence), 又称核心竞争力, 是企业为客户提供价值的技术组合, 是多种单一技能的有效整合, 具有价值性、难以模仿性、稀缺性和不可替代性 (Prahalad & Hamel, 1994; Hamel & Prahalad, 1990; 谢洪明, 罗惠玲, 王成和李新春, 2007)。尽管学者们从不同角度对核心能力的维度进行了划分 (谢洪明, 王成和葛志良, 2006), 但研发能力、生产能力和营销能力是大多数的维度划分中, 都会涉及的三个主要内容。研发能力是企业推陈出新、持续改进的能力, 有助于企业创造出具有快速商业化能力的产品。生产能力是企业敏捷制造、按时交付和保证品质的能力。营销能力是企业促销营销、快速响应顾客需求和保障售后服务的能力（陈文沛，2013；谢洪明，王成和葛志良，2006）。已有研究表明，企业创新有助于企业核心能力的形成（谢洪明，罗惠玲，王成和李新春，2007）。企业可通过在流程、知识、技术和关系等方面的努力来构建核心能力。

Clark & Guy（1998）认为，创新能够帮助企业获取和转化资源，并塑造资源差异。有价值的差异性资源有助于企业形成独特能力，令企业在研发、生产和营销等方面的能力得以系统性地提升。一方面，从供应商角度来看，企业与供应商建立合作伙伴关系，有助于企业获取到促进企业创新的技术、原材料和人力等方面的支持，并通过探索式创新和利用式创新，将这些吸收而来的资源转化为企业的独特优势能力；另一方面，从客户企业角度来看，企业与客户企业合作有助于企业在第一时间获取市场需求、偏好及其变化的信息，拓宽分销渠道并加快企业产品传递到客户手中的速度，企业通过在这些方面的努力，提升自身研发、生产、营销及其整合性的能力。有鉴于此，无论是从供应商角度还是客户企业角度，探索式创新和利用式创新都将有助于增强企业核心能力。以下阐述企业通过组织创新增强企业核心能力的具体机理。

第一，探索式创新不仅促进企业研发能力、生产能力、营销能力的单独提升，还能为企业在集成这些能力以创造竞争优势方面提供助推力。探索式创新是企业对新知识、新技术的探索和挖掘，是企业开拓新分销渠道、挖掘新客户群的过程，是企业努力创造全新产品和服务的活动（Benner & Tushman，2002；He & Wong，2004；Jansen, Van Den Bosch & Volberda，2006）。探索式创新有助于企业从外部取得、或从内部创造出脱离已有知识基础的全新知识，塑造竞争优势。首先，对全新知识的探索和全新产品创造的努力，有利于企业掌握独特的核心技术，形成高水平的技术壁垒，令竞争者难以在有限时间内消化和吸收企业积累的技术知识。其次，根据外部环境要求和企业自身情况，企业对生产流程进行根本性革新，有助于其建立起相比同行业中的其他企业更具有竞争能力的生产与运作管理体系，进而提高企业生产效率的同时还能保障产品质量水平。再次，探索式创新也强调将技术创新引入新的产品主导市场当中，要求企业关注新的分销渠道和新的客户群体，有利于企业建立起较为完善的营销体系，留意市场新产品价格的波动，并通过如产品宣传、售后服务、及时响应等各方面的努力，得到市场认可，提升企业营销能力。最后，探索式创新还有助于企业根据其在研发、生产和营销方面的实际情况和努力程度，协调好从产品设计到将产品传递给客户的整个流程的运作活动，实现各项技术和活动的有效契合，使企业在研发、生产和营销方面的整合性优势能力得以提升。

第二，利用式创新强调企业对现有的知识基础或从外界获取的资源进行提炼、整合和再利用，充分挖掘这些现有资源的潜在价值，提高资源利用效率（陈文沛，2013），令企业为满足客户需求，在生产、研发和营销方面进行系统地持续性改进。利用式创新的一些具体策略，如对企业自身成熟技术在其他相关领域的运用、对现有产品设计或产品质量改进的努力、优化现有的产品线、改进现有生产流程、提高分销渠道运行效率等（Jansen，Van Den Bosch & Volberda，2006）。这些举措都将有助于企业提高解决问题的效率和加强其从产品研发到规模化生产有效运转的能力，进而令其在可预测的有限时间范围内，增强企业在研发、生产和营销方面的能力。基于以上分析，本书可从供应商和客户企业两个角度发展如下两个研究假设：

假设5：探索式创新对核心能力有显著的正向影响；

假设6：利用式创新对核心能力有显著的正向影响。

第四节　核心能力与 NPD 绩效

无论是从供应商角度还是从客户企业角度，核心能力都将有助于企业 NPD 绩效的提高，核心能力影响 NPD 绩效的理论框架如图 4-4 所示。

新产品开发过程是知识和信息的处理过程（Clark & Wheelwright，1993），同时也是一项具有创新性、挑战性和高风险性的企业活动（吴家喜和吴贵生，2008），其成败对企业发展的影响深远。企业与供应商合作，将有助于企业获取到新产品开发所需的各类技术及其组合。同时，企业与客户企业合作还将有助于其获取相应的客户需求信息，进而有目的地进行新产品研发。本研究认为，企业通过增强核心能力提高 NPD 绩效的机理可解释如下：

首先，研发层面的核心能力帮助企业的新产品开发团队充分理解和高

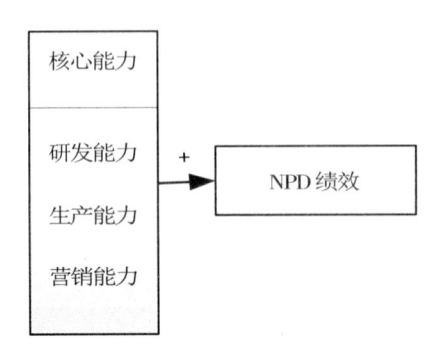

图 4-4　核心能力与 NPD 绩效之间的关系

效处理市场需求信息和技术信息，令企业从客户价值角度出发，持续改进现有产品或开发出具有差异化属性、且商业化能力更强的新产品。从而把握住市场机会，甚至创造出全新的市场机会。新产品的成功研发，是 NPD 绩效得以提高的基础。

其次，生产层面的核心能力有助于企业改善生产效率、减少生产成本和提高柔性生产能力（谢洪明，王成和葛志良，2006）。从而保障了新产品大规模且高效率保质保量生产的可能性。新产品的保质保量生产，是 NPD 绩效得以实现的必要保障。

再次，营销层面的核心能力促进企业制定出适宜的营销战略（谢洪明，王成和葛志良，2006），建立健全售后服务网络。进而及时、准确地把握客户对产品和服务的要求，迅速满足客户需要，提高市场反应速度，实现新产品的商业化，取得 NPD 绩效。成功的营销活动是 NPD 绩效得以改善的最终途径。

最后，NPD 绩效的实现不只是企业在研发、生产或营销的某个环节所做的单独努力，它更是企业协调和整合这些环节的结果的体现。企业的营销活动可以为企业研发活动提供方向，同时又是企业将新产品成功传递到消费者手中的重要途径。企业研发不仅要以客户需求为导向，还要考虑企业自身的生产条件。企业在生产方面的努力，也要围绕新产品特性和消费者需求，保质保量地进行生产。有鉴于此，无论是从供应商角度还是从客户企业角度，本书认为：

假设 7：核心能力对 NPD 绩效有显著的正向影响。

第五节 技术动荡和市场动荡的调节效应

无论是从供应商角度还是从客户企业角度，本书认为，技术动荡都会加强探索式创新对核心能力的正向影响，而市场动荡都会减弱利用式创新对核心能力的正向影响。两个角度下的调节效应理论框架如图 4-5 所示。

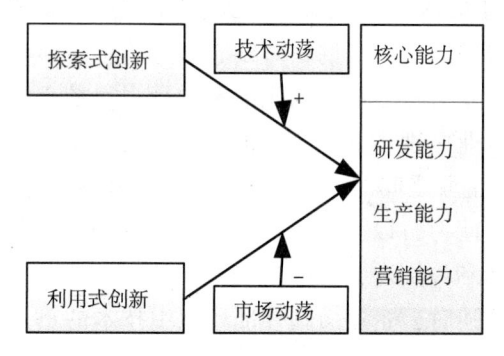

图 4-5 环境动荡的调节效应框架

在已有研究成果中，研究者们大都未对外部环境中的技术动荡和市场动荡产生的调节效应进行深入的分析。如王林等（2014），使用的是单维度的环境动荡量表，并认为环境动荡负向调节探索式创新（而非利用式创新）对 NPD 绩效的影响。而且如 Jansen 等（2006）、李忆和司有和（2008，2009）等，采用的也是单维度环境动荡变量，用以探讨实现企业绩效的调节机制。如 Han 等（1998）、张婧和段艳玲（2010）等，将环境动荡细分为技术动荡和市场动荡的研究也并不多见。尽管技术动荡和市场动荡同属于企业外部环境动荡的范畴，但两者具有一定的区别。第一，技术动荡反映的是企业所处环境中关键技术的革新速度，新技术对企业运营模式的影响，以及企业面临技术环境的动荡时，所采取的技术开发活动等。当身处技术动荡程度较高的环境中时，企业通过探索突破内部已有知识基础的未知知识或技术领域，更有助于其获取差异化竞争优势。因此，笔者将探讨技术动荡对探索式创新的作用过程产生的调节效应。第二，市场动荡反映的是客户需求的变化程度，市场中产品和服务数量的变化情况，以及市场变动的持续性等。当面临市场动荡程度较低的外部环境时，企业只需在比竞争对手更短的时间内，生产出满足市场需求的新产品，便能取得竞争优势。而且，陈文沛（2013）发现，利用式创新产生的积极结果更具有可预测性。因此，本研究将探讨市场动荡对利用式创新、核心能力与 NPD 绩效之间关系所起到的调节作用。

一 技术动荡的调节效应

技术动荡（technological turbulence）是指技术变革速度和技术发展不确定性程度（Lichtenthaler，2009），反映了技术变化对企业运营和技术开发的影响（Han，Kim & Srivastava，1998；谢洪明，2005）。

技术动荡正向调节探索式创新对核心能力的正向影响。即技术动荡程度越高，探索式创新对核心能力的正向影响越强。核心能力的本质是企业核心竞争力，是企业区别于其他企业的技术能力及其组合（Hamel & Prahalad，1990），在企业之间的竞争中表现为企业的独特优势，即在一定的外部环境中，核心能力可以为企业带来独特的竞争优势和独特的价值（王毅，毛义华，陈劲和许庆瑞，1999）。

当技术动荡较强时，企业面临外部环境中技术的迅速更新，技术生命周期缩短（Jansen，Van Den Bosch & Volberda，2006）。在这种情况下，企业只有将足够资源和主要精力主要投放于探索式创新活动中，以开拓未知知识领域、并开发出新的技术解决方案、发展新的分销渠道、研发全新产品，才能使企业在研发、生产和营销等方面的技术水平上，处于领先地位（Prahalad & Hamel，1994），进而提高企业对于技术动荡的应对水平。

当技术动荡较弱时，企业面临的外部技术环境较为稳定。在这种情况下，企业尽管通过投放大量资源到探索式创新活动中，也可能为企业带来全新的知识。但这会使得企业相较于那些顺应时势、通过迅速整合和改善现有知识基础，进而高效创造价值的企业而言，企业的价值实现周期过长，不利于知识的快速产品化和价值化，而且更有可能造成能力刚性（capability-rigidity）（Atuahene-Gima，2005），对利用式创新产生挤出效应（Leonard，1992）。这不利于核心能力的形成或加强。基于以上分析，本书从供应商角度和客户企业角度，提出如下假设：

假设 8：技术动荡正向调节探索式创新对核心能力的正向影响，即与低技术动荡程度相比，在技术动荡程度越高的情况下，探索式创新对核心能力的正向影响越强。

二 市场动荡的调节效应

市场动荡（market dynamism）是指市场环境变化的频率和不稳定性程

度，体现了市场环境的不可预测性（Jansen, Van Den Bosch & Volberda, 2006）。其内容涉及消费者需求、消费品价格、新产品更新等在品类和速度方面的变化程度。它对企业的生产运营会产生重要影响。

市场动荡负向调节利用式创新对核心能力的正向影响，即市场动荡程度越低，利用式创新对核心能力的正向影响越强。高度动荡的市场环境主要体现为，客户偏好的急剧变动、产品和原材料市场价格的不稳定。高度动荡的市场环境使得现有产品和服务被淘汰（Jansen, Van Den Bosch & Volberda, 2006），转而要求企业必须具备提供全新产品或新服务的能力。否则，面对能够快速实现全新客户价值的竞争对手，企业将毫无竞争能力。由于利用式创新仅仅是企业整合、利用现有知识基础的能力，其具体措施如提高产品质量和服务稳定性、关注现有客户基础等，只是对企业现状的改进，而非根本性的革新（Benner & Tushman, 2002; He & Wong, 2004）。因此，在高度的动荡的市场环境中，企业将大量资源投入到利用式创新过程，将不利于核心能力的形成。

比较稳定的市场环境，能为企业研发、生产和营销提供原材料和产品价格较为平稳，客户需求较为稳定的外部环境。在较为稳定的市场环境中，企业通过整合和利用现有知识基础，即可形成满足市场需求的能力（Jansen, Van Den Bosch & Volberda, 2006）。此时，企业之间竞争的主要是产品保质生产和快速供货的时效性。即在技术动荡较弱的情况下，利用式创新更有助于企业核心能力的形成。基于以上分析，无论是从供应商角度和客户企业角度，我们都可以提出如下假设：

假设9：市场动荡负向调节利用式创新对核心能力的正向影响，即与低市场动荡程度相比，在市场动荡程度越高的情况下，利用式创新对核心能力的正向影响越弱。

第六节　链式多重中介关系

根据合作与竞争理论的观点（Deutsch, 1949a），企业与供应商、企业与客户企业之间的战略合作目标和战略竞争目标，会通过作用于企业之间的互动模式，对各自计划达成的结果产生影响（Wong, Tjosvold & Zhang, 2005a; Wong, Tjosvold & Zhang, 2005b）。供应商整合和客户企业整合是企业与供应链上下游合作伙伴之间重要的互动模式（Flynn, Huo

& Zhao, 2010）。同时，探索式创新和利用式创新从两个完全不同而又彼此互补的角度，反映了企业的创新水平，而且结合假设 5 和假设 6 可知，探索式创新/利用式创新又可以被视为供应链外部整合的"互动模式"所影响的结果之一。我们据此可以提出"战略目标互依通过供应链外部整合，影响探索式创新和利用式创新"的中介效应模型。

基于合作与竞争理论，企业与供应商、企业与客户企业之间的战略目标互依会通过供应链外部整合，对企业探索式创新和利用式创新产生影响。供应链外部整合在战略目标互依与探索式创新/利用式创新之间具有中介作用。一方面，企业与供应商、企业与客户企业建立起的战略合作目标有助于企业与供应商和客户企业形成合作性的伙伴关系，彼此高度联盟、深度合作，建立起惯例性的交流平台和数据分享平台，进而帮助企业分享促进探索式创新和利用式创新所需的信息、物力、人力、智力甚或资金方面的支持。同时，企业与上下游企业基于战略合作目标建立起的动态性联盟关系，不仅会促进企业之间有形资产的组合，还能实现各类资源在供应链上的优化重组与高效整合，便于企业利用集体智慧和整合性资源提高自身创新能力（朱祖平和张世磊，2002），促进企业探索式创新和利用式创新。另一方面，企业与供应商、企业与客户企业形成的战略竞争目标，会令企业与供应商和客户企业形成竞争性的关系，彼此攻讦、相互拆台，采取机会主义行为，"阳奉阴违"，甚至倾尽全力阻碍对方目标的实现，这不利于企业获取开展探索式创新和利用式创新的所需资源，阻碍探索式创新和利用式创新的进行。

已有研究表明，探索式创新和利用式创新有助于企业 NPD 绩效的提升（王林，沈坤荣，吴琼和秦伟平，2014）。同时，谢洪明等（2007）认为，核心能力可以作为企业创新提高组织绩效的中介机制。基于此，本书认为，在企业研发、生产和营销方面整合而成的核心能力，也可以用于解释探索式创新和利用式创新提高企业 NPD 绩效的中介机制。探索式创新和利用式创新从知识基础和企业能力等方面，反映了企业内部存在着的两种完全不同、互相矛盾，但又相互补充的不可分割的技术创新过程（王凤彬，陈建勋和杨阳，2012）。探索式创新和利用式创新从企业产品的研发设计、生产运营流程和市场营销等方面，为企业创造差别于其他企业的能力。同时，探索式创新/利用式创新还有助于整合企业在研发、生产和营销方面的优势，经过长时间的实践和知识积累，形成独特的、难以模仿的、能为企业带来价值的整合性优势能力。通过利用式创新和探索式创新形成的企业研发、生产和营销的整合性优势能力，有助于企业可持续地设计和研发出新产品，降低企业生产运营成本，并提高保质保量生产的效率，提高营销水平，加强网络关系，进而更好地满足市场需求，取得企业 NPD 绩效。

综上所述，根据 Taylor 等（2007）关于链式多重中介效应模型的建构思想，对于三重中介模型，第一步需要明确 X 对 M1、M1 对 M2、M2 对 M3、M3 对 Y 的作用关系。第二步需要阐明 M1 在 X 与 M2 之间关系中的中介机理。第三步，需要明晰 M3 在 M2 与 Y 之间的关系中所产生的中介作用。最后，由于已经在第一步中明确了五类变量之间的路径关系，便可以推导出 M1、M2 和 M3 在 X 与 Y 之间关系中所起的链式多重中介作用。因此，结合假设 1a 到 4a、假设 1b 到 4b、以及假设 5、假设 6 和假设 7 的总共 11 个关于变量之间路径关系的研究假设，我们可以推导出"企业与供应商、企业与客户企业之间的战略合作目标分别通过促进供应商整合、客户企业整合，对探索式创新/利用式创新产生正向影响，进而增强企业核心能力，最终提高企业 NPD 绩效"的链式多重中介逻辑关系，以及"企业与供应商、企业与客户企业之间的战略竞争目标分别通过阻碍供应商整合、客户企业整合，对企业探索式创新/利用式创新产生负向影响，进而削弱企业核心能力，最终降低企业 NPD 绩效"的链式多重中介关系。

根据 Wong 等（2005a）的研究成果可知，由于主体之间互动模式的差异，不同角度下变量之间的路径效应可能不同。一方面，企业与供应商之间的战略目标互依，影响的是企业与供应商之间的互动模式，进而对双方结果的达成起到或增进、或阻碍的作用（如 Wong, Tjosvold & Zhang, 2005a；Wong, Tjosvold & Zhang, 2005b；Wong, 2002）。另一方面，企业与客户企业之间的战略目标互依，影响的是企业与客户企业之间的互动模式，进而对双方结果的达成产生影响（如 Wong, Tjosvold & Zhang, 2005a）。本研究选取供应商整合和客户企业整合，分别作为企业与供应商、企业与客户企业之间的互动模式。供应商整合和客户企业整合是供应链外部整合中两种不同而又不可或缺的组成部分（孙晓波和骆温平，2014）。前者强调的是企业与供应商在产品质量、产品设计、供应商运营信息等方面的共享或参与。后者则侧重于反映企业与客户企业在市场信息、消费者偏好等方面的互动（Flynn, Huo & Zhao, 2010；徐可，何桢和王瑞,2015)。因此,由于互动模式的不同,供应商和客户企业两个角度下各个路径的多重中介关系可能存在一定差异。因此,从供应商角度,本书提出如下两个假设:

假设10a:企业与供应商的战略合作目标通过供应商整合到探索式创新/利用式创新再到核心能力的两个路径提高NPD绩效,即供应商整合、探索式创新/利用式创新、核心能力起链式多重中介作用;

假设11a:企业与供应商的战略竞争目标通过供应商整合到探索式创新/利用式创新再到核心能力的两个路径降低NPD绩效,即供应商整合、探索式创新/利用式创新、核心能力起链式多重中介作用。

同理,从客户企业角度,本书可以提出如下两个假设:

假设10b:企业与客户企业的战略合作目标通过客户企业整合到探索式创新/利用式创新再到核心能力的两个路径提高NPD绩效,即客户企业整合、探索式创新/利用式创新、核心能力起链式多重中介作用;

假设11b:企业与客户企业的战略竞争目标通过客户企业整合到探索式创新/利用式创新再到核心能力的两个路径降低NPD绩效,即客户企业整合、探索式创新/利用式创新、核心能力起链式多重中介作用。

第七节 有调节的中介效应关系

一 探索式创新影响NPD绩效有调节的中介模型

本书认为,技术动荡会正向调节探索式创新对NPD绩效产生的间接的正向影响(通过中介变量核心能力),形成有调节的中介效应模型(Preacher, Rucker & Hayes, 2007),本部分变量之间的关系框架如图4-6所示。

核心能力对企业至关重要,它可以令企业在较长的一段时间内保持可持续的竞争优势(Helleloid & Simonin, 1994)。因此,诸多企业希望通过构建核心能力的方式,牢牢树立起其在行业中的稳固地位。探索式创新有助于企业核心能力的形成(陈文沛,2013)。同时,核心能力作为企业长期的知识积累和独特的技术组合,可以促进企业新产品开发的顺利实施。而且,已有研究也表明,核心能力可以为企业带来良好的企业绩效(谢洪明、罗惠玲、王成和李新春,2007;刘亚军和金生,

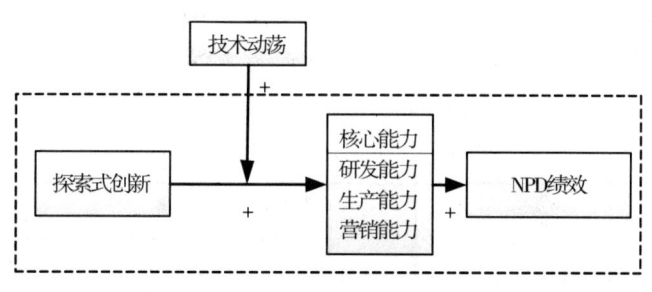

图 4-6 技术动荡作为调节变量的有调节的中介效应模型

2009）。本书认为，企业通过探索式创新构建起的核心能力，更有助于企业抵御由于技术更新换代加快、技术生命周期缩短等外部技术环境变动所带来的各种威胁。这会令企业在剧烈的技术动荡环境中，仍然有能力研发并为市场高效提供具有较强竞争优势的新产品，提高 NPD 绩效。不过，当企业面临较为稳定的技术环境时，企业尽管可以通过长期投放大量人力、物力、财力等资源于探索式创新活动中，进而构建起核心能力。但是，此时相比较于那些只需要很少投入，即可快速取得 NPD 绩效的企业而言，其在时效方面的竞争力显得较为薄弱一些，这不利于 NPD 绩效的快速实现。

根据以上分析，并结合带调节的路径关系假设，我们可以提出满足"探索式创新正向影响核心能力（假设5）"，同时"核心能力正向影响 NPD 绩效（假设7）"，而且"探索式创新与核心能力之间的关系又受到技术动荡正向调节（假设8）"假设的理论模型。我们从这些研究假设中，可以推导出有调节的中介效应模型（Preacher, Rucker & Hayes, 2007；Hayes, 2015；陈晓萍，徐淑英和樊景立，2012）。在这个模型中，探索式创新通过核心能力对 NPD 绩效产生间接的正向影响（中介效应），同时，该间接影响的强度取决于技术动荡的强弱（中介效应被调节）。由于在假设8中，我们预测"技术动荡正向调节探索式创新对核心能力的影响"，因此可以得出如下研究假设：

假设12：技术动荡正向调节核心能力在探索式创新与 NPD 绩效之间的中介作用，即技术动荡越强，则核心能力的中介作用会变得越强。

二 利用式创新影响 NPD 绩效有调节的中介模型

市场动荡负向调节利用式创新对 NPD 绩效间接的正向影响（通过中

介变量核心能力），形成有调节的中介效应模型（Preacher，Rucker & Hayes，2007）。变量之间关系框架如图4-7所示。

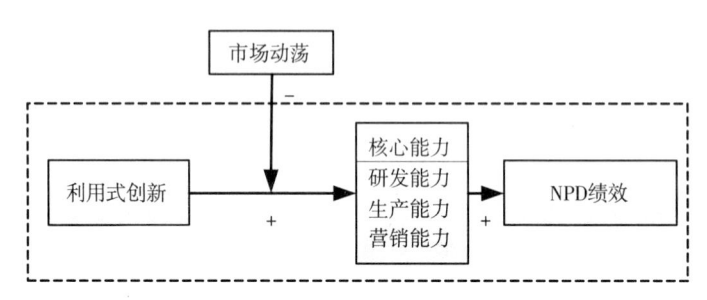

图 4-7 市场动荡作为调节变量的有调节的中介效应模型

市场动荡反映产品生命周期、产品价格、客户需求和偏好等方面的变动和复杂情况（Jansen，Van Den Bosch & Volberda，2006）。市场动荡程度越高，意味着市场在新产品需求方面的变化越剧烈。在这种情况下，企业若仅将资源投入到利用式创新活动当中，对产品研发、生产运作和市场营销仅做功能上的改进，难以形成核心能力，进而难以为市场提供出满足消费者需求的新产品。相反，较弱的市场动荡反映的是市场需求和产品价格较为稳定的特征，企业在这种情况下只需要提炼、整合和利用现有知识基础，即可形成优势能力，以比竞争对手更高效地向市场输入产品，进而可以提高NPD绩效。

结合带调节的路径关系研究假设，可以得出"利用式创新正向影响核心能力"（假设6）、同时"核心能力正向影响NPD绩效"（假设7）、而且"利用式创新与核心能力之间关系又受到市场动荡负向调节"（假设9）的理论模型。从这些研究假设中，我们同样可以推导出有调节的中介效应模型（Preacher，Rucker & Hayes，2007；Hayes，2015；陈晓萍、徐淑英和樊景立，2012）。在这个模型中，利用式创新通过核心能力对NPD绩效产生间接的正向影响（中介效应），同时，该间接影响的强度取决于市场动荡的强弱（中介效应被调节）。由于在以上研究假设中，我们预测"市场动荡负向调节利用式创新对核心能力的影响"，本书据此提出如下研究假设：

假设13：市场动荡负向调节核心能力在利用式创新与NPD绩效之间的中介作用，即市场动荡越强，则核心能力的中介作用会变得越弱。

第八节 待检验假设汇总

本项目旨在从供应链整合视角，探讨战略目标互依对企业创新和NPD绩效的影响及其作用机制。基于合作与竞争理论，结合国内外相关研究成果，并参考供应链整合理论、创新理论和核心能力理论等方面的相关研究成果，从供应商角度、客户企业角度和企业外部环境角度，提出十九个研究假设以供验证。

如表4-1所示，是本项目的研究假设汇总情况。十九个研究假设包括了供应商、客户企业和外部环境三个角度，路径关系、多重中介、调节效应和有调节的中介效应四种关系类型。

表4-1　　　　　　　　　　研究假设汇总

类型		假设	假设内容
供应商角度	路径关系	假设1a	企业与供应商的战略合作目标对供应商整合有显著的正向影响
		假设2a	企业与供应商的战略竞争目标对供应商整合有显著的负向影响
		假设3a	供应商整合对探索式创新有显著的正向影响
		假设4a	供应商整合对利用式创新有显著的正向影响
		假设5	探索式创新对核心能力有显著的正向影响
		假设6	利用式创新对核心能力有显著的正向影响
		假设7	核心能力对NPD绩效有显著的正向影响
	多重中介	假设10a	企业与供应商的战略合作目标通过供应商整合到探索式创新/利用式创新再到核心能力的两个路径提高NPD绩效，即供应商整合、探索式创新/利用式创新、核心能力起链式多重中介作用
		假设11a	企业与供应商的战略竞争目标通过供应商整合到探索式创新/利用式创新再到核心能力的两个路径降低NPD绩效，即供应商整合、探索式创新/利用式创新、核心能力起链式多重中介作用
客户企业角度	路径关系	假设1b	企业与客户企业的战略合作目标对客户企业整合有显著正向影响
		假设2b	企业与客户企业的战略竞争目标对客户企业整合有显著负向影响
		假设3b	客户企业整合对探索式创新有显著的正向影响
		假设4b	客户企业整合对利用式创新有显著的正向影响
		假设5	探索式创新对核心能力有显著的正向影响
		假设6	利用式创新对核心能力有显著的正向影响
		假设7	核心能力对NPD绩效有显著的正向影响

续表

类型		假设	假设内容
客户企业角度	多重中介	假设 10b	企业与客户企业的战略合作目标通过客户企业整合到探索式创新/利用式创新再到核心能力的两个路径提高 NPD 绩效，即客户企业整合、探索式创新/利用式创新、核心能力起链式多重中介作用
		假设 11b	企业与客户企业的战略竞争目标通过客户企业整合到探索式创新/利用式创新再到核心能力的两个路径降低 NPD 绩效，即客户企业整合、探索式创新/利用式创新、核心能力起链式多重中介作用
外部环境角度	简单调节	假设 8	技术动荡正向调节探索式创新对核心能力的正向影响，即与低技术动荡程度相比，在技术动荡程度越高的情况下，探索式创新对核心能力的正向影响越强
		假设 9	市场动荡负向调节利用式创新对核心能力的正向影响，即与低市场动荡程度相比，在市场动荡程度越高的情况下，利用式创新对核心能力的正向影响越弱
	调节中介	假设 12	技术动荡正向调节核心能力在探索式创新与 NPD 绩效之间的中介作用，即技术动荡越强，则核心能力的中介作用会变得越强
		假设 13	市场动荡负向调节核心能力在利用式创新与 NPD 绩效之间的中介作用，即市场动荡越强，则核心能力的中介作用会变得越弱

第五章

探索性实验研究与问卷调研设计

本章首先介绍了实证研究的基本流程。其次，采用实验法探索性地检验战略目标互依与 NPD 绩效之间的因果关系。再次，对样本以及量表的观测变量进行描述性统计分析，报告样本偏差情况和共同方法偏差（common method bias）情况。然后，介绍大规模问卷调研所需量表条目的构成情况，并编制调研问卷。最后，对变量进行探索性因子分析，并报告问卷的信效度分析结果。

第一节 实证研究流程

实证研究流程如图 5-1 所示。首先，笔者将通过语言情境启动的组间实验设计方法，探索性地分析战略目标互依对 NPD 绩效的影响情况，即分析企业与供应商、企业与客户企业之间的战略合作目标和战略竞争目标对 NPD 绩效的影响。然后，在实验研究结果基础上，通过借鉴国内外成熟的变量量表，设计调研问卷，并进行大规模的问卷调研，验证前文发展出的一系列研究假设。最后，根据研究假设的验证情况，得出研究结果和结论，并进行深入分析。

第二节 实验研究

与国外诸多学者一致，Tjosvold，粟芳和万洁平（2002）针对合作与竞争理论进行了实验研究。这表明通过实验法验证战略目标互依的属性及其影响结果，是有依据的，而且是可行的。因此，参考已有相关研究成果，本项目将使用实验法，探讨战略目标互依对 NPD 绩效的影响情况。

战略目标互依影响创新和 NPD 绩效的机制

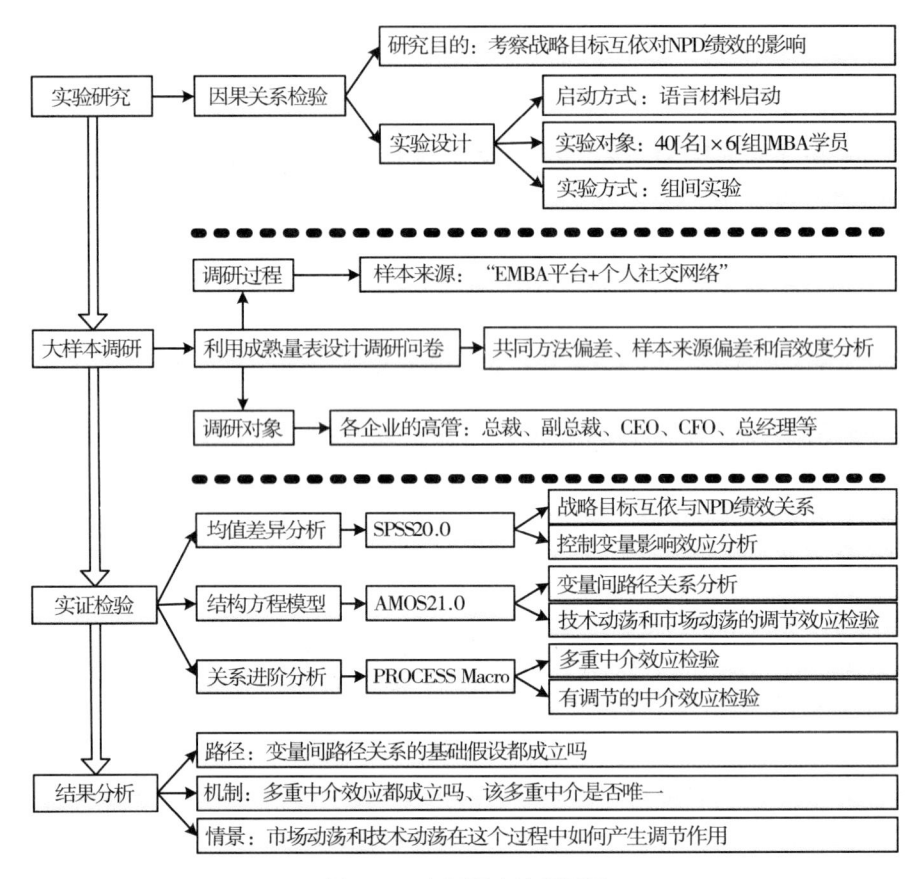

图 5-1 实证研究流程图示

基于 Deutsch（1949a，1949b）提出的合作与竞争理论，合作目标会带来积极结果，竞争目标则带来消极结果。因此，本实验将验证的变量间关系包括：

第一，企业与供应商之间的战略合作目标对 NPD 绩效产生显著的正向影响；

第二，企业与供应商之间的战略竞争目标对 NPD 绩效产生显著的负向影响；

第三，企业与客户企业之间的战略合作目标对 NPD 绩效产生显著的正向影响；

第四，企业与客户企业之间的战略竞争目标对 NPD 绩效产生显著的负向影响。

一 变量的操作性定义

在本实验中,"供应商合作目标"的操作性定义是"语言材料中包含有关企业与供应商在某些领域各自计划达成的结果具有合作性质、或存在意欲实现的利益一致、或彼此希望达到的目标能够诱发合作动机的短文描述"。例如,企业与供应商在提高产品(原材料)质量、缩短供货期、减少原材料(半成品)库存、重视产品研发、提高顾客满意度等方面存在的一致的期望。

"供应商竞争目标"的操作定义是"语言材料中包含有关企业与供应商在某些领域,各自计划达成的结果、或存在意欲实现的利益、或彼此希望达到的目标具有相互冲突和互相对立的描述"。例如,一方希望减少库存而另一方想增加库存、一方重视研发但另一方重视应用、一方重视顾客满意度而另一方不重视。

"客户企业合作目标"的操作性定义是"语言材料中包含有关企业与客户企业在某些领域,各自计划达成的结果具有合作性质、或存在意欲实现的利益一致、或彼此希望达到的目标具有诱发合作动机的描述"。例如,企业与客户企业在提高产品质量、缩短交货期、减少产品库存、重视产品研发、提高顾客满意度等方面存在一致的期望。

"客户企业竞争目标"的操作定义是"语言材料中包含有关企业与客户企业在某些领域,各自计划达成的结果、或存在意欲实现的利益、或彼此希望达到的目标具有相互冲突和互相对立的描述"。例如,一方希望减少产品库存而另一方想增加库存,一方重视新产品研发另一方仅重视应用,一方重视顾客满意度而另一方却不重视等。

已有相关研究成果表明,可以通过询问受试者对于企业在新产品开发时间、成本和收益等方面的表现,综合性地判断 NPD 绩效的取得情况(Ahmad,Mallick & Schroeder,2012;Johnson & Filippini,2013)。因此,本实验将 NPD 绩效操作定义为"要求具有相关经验的受试者阅读完语言启动的实验材料后,预测企业在不同战略目标互依的情境下,开发新产品所耗费时间的缩短情况、新产品开发成本的降低情况以及新产品销售额的增加情况"。

二 实验设计

本研究采用组间实验设计的方式，研究战略目标互依对 NPD 绩效的影响情况。组间实验采用"企业关联情境分开"和"战略目标互依类型分开"相结合的方式进行。企业关联情境包括两类：企业与供应商、企业与客户企业。由于加入了控制组，企业之间的战略目标互依包括三个水平：战略竞争目标组、战略合作目标组、控制组。其中，控制组表示语言材料中不存在企业与供应商、或企业与客户企业之间战略合作目标或战略竞争目标的描述。

每份实验材料只包含其中一种企业关联情境和其中一种战略目标互依类型的结合。在实验操作的过程中，每个受试者只接受一种企业关联情境和一种战略目标互依的实验刺激。由于实验涉及两种企业关联情景和三种战略目标互依类型，组间实验就包括了六个水平的语言情境启动材料。短文材料中，关于企业与供应商之间战略目标互依包含战略合作目标信息的编码为 0（1）、包含无关联目标信息的编码为 0（0）、包含战略竞争目标信息的编码为 0（-1）。短文材料中，关于企业与客户企业之间战略目标互依包含战略合作目标信息的编码为 1（1）、包含无关联目标信息的编码为 1（0）、包含战略竞争目标信息的编码为 1（-1）。因变量 NPD 绩效使用三个陈述项，从不同角度进行测量，属于连续型变量，要求受试者在 Likert5 点量表中进行评分，1 表示"非常不同意"，5 表示"非常同意"，评分值越大表示同意程度越高。

每个受试者在阅读完实验指导语之后，接着需要阅读一篇短文。每个短文分别传递出供应商合作目标、供应商竞争目标、供应商无关联目标、客户企业合作目标、客户企业竞争目标和客户企业无关联目标的信息。接着是受试者对短文中反映的企业之间战略目标互依情况的评价，以考察受试者是否按照研究者的意图理解了该短文。然后对测量 NPD 绩效的三个题项进行评分。

本实验短文材料的设计思想是，让受试者将自己融入到短文的语言情境中，令其站在某虚拟公司正负责新产品"Skytower11.24"系列笔记本电脑开发项目的项目负责人角度，准确理解短文中反映出的企业与供应商、企业与客户企业的战略目标互依情况，然后基于此对测量 NPD 绩效的三个陈述项条目，进行 1 到 5 的 Likert 评分。这三个陈述项条目分别为，新产品开发时间会缩短、新产品开发成本会降低、新产品销售额会增加。实验材料的分配采用随机发放的方式进行，每个实验材料须保证至少有 30 个受试者参与填答。

选取厦门市、石河子市和南宁市自愿参加实验的 MBA 学员作为本实验的受试者。笔者选取 MBA 学员作为研究样本，主要有以下两点考虑。首先，实验法的一个重要原则就是外部控制（随机化）原则，即实验需要对诸如受试者年龄、教育程度、收入水平等可能影响实验结果的变量予以控制（朱滢，2007）。其次，MBA 学员既具有一定的在职管理经历，也具有较为扎实的管理学基础知识，还具有较强的上进心。这些都有助于他们快速融入新产品开发项目负责人这个角色，促进实验的顺利开展，并取得有效的实验结果。

三 实验过程及结果

研究者于 2015 年 5 月上旬，将设计好的情境问卷随机发放给有意愿参加实验的 240 名受试者。为保障情境问卷的回收率和回收质量，在实验前告知了受试者完成答卷后，即赠送一个纪念品作为答谢。实验执行者将 6 组不同的实验材料随机平均发放给这 240 名受试者，每份材料将由 40 名受试者填答。最后回收问卷 240 份且全都有效，受试者中，男性人数为 109 名，约占总人数的 45%。

我们使用 SPSS20.0 软件对实验数据进行处理，使用单因子方差分析及其多重比较法，判别企业与供应商、企业与客户企业之间的战略合作目标（合作目标组）和战略竞争目标（竞争目标组）相比无关联目标（控制组），对 NPD 绩效的影响方向及其显著性。

项目组对收集到的 NPD 绩效数据进行信度分析。结果显示，供应商合作目标、供应商竞争目标、企业与供应商情境无关联目标、客户企业合作目标、客户企业竞争目标、企业与客户企业情境无关联目标对应的 NPD 绩效量表 Cronbach's α 信度系数值依次为 0.798、0.732、0.767、0.849、0.747 和 0.854。

然后，我们对两种企业关联情境下的 NPD 绩效进行方差齐次性检验。结果显示，企业与供应商情境的 Levene 统计值为 2.039（df1 = 2，df2 = 117，p>0.050），企业与客户企业情境的 Levene 统计值为 4.705（df1 = 2，df2 = 117，p<0.050）。方差齐次性检验结果表明，企业与供应商情境下

NPD 绩效的各组数据具有方差齐次性，我们可以选取 Scheffe 多重比较法进行对比分析。企业与客户企业情境下 NPD 绩效的各组数据不具有方差齐次性，本书选取未假定方差齐次的 Dunnett T3 多重比较法进行对比分析。不同情景下 NPD 绩效的单因子方差分析结果如表 5-1 所示，多重比较结果如表 5-2 所示。

如表 5-1，方差分析结果显示，无论是企业与供应商情境，还是企业与客户企业情境，基于战略目标互依比较 NPD 绩效均值差异的方差分析结果都达到了统计显著性。具体而言，如表 5-2 所示的多重比较分析结果，对于企业与供应商情境，合作目标与控制组（无目标关联）对应的 NPD 绩效均值差异是具有统计显著性的，而且均值差大于 0（M=0.700，p<0.001）。竞争目标与控制组（无目标关联）对应的 NPD 绩效均值差小于 0（M=−0.458，p<0.010）。这表明，企业与供应商之间战略合作目标对 NPD 绩效产生显著的正向影响，而企业与供应商之间战略竞争目标对 NPD 绩效产生显著的负向影响。

对于企业与客户企业情景，合作目标与控制组（无目标关联）对应的 NPD 绩效均值差异在 0.050 的显著水平下具有统计显著性，而且均值差大于 0（M=0.467，p<0.050）。竞争目标与控制组（无目标关联）对应的 NPD 绩效均值差小于 0（M=−0.825，p<0.001）。这表明，企业与客户企业之间战略合作目标对 NPD 绩效产生显著的正向影响，企业与客户企业之间战略竞争目标对 NPD 绩效产生显著的负向影响。因此，在本实验中，战略目标互依影响 NPD 绩效四个逻辑关系都得到了实验数据的支持。

表 5-1　　　　　　　　实验研究的单因素方差分析结果

		平方和	df	均方	F	显著性
企业与供应商情境	组间	27.224	2	13.612	33.015	0.000
	组内	48.239	117	0.412		
	总数	75.463	119			
企业与客户企业情境	组间	34.224	2	17.112	32.254	0.000
	组内	62.072	117	0.531		
	总数	96.296	119			

注：已将所有数值四舍五入为小数点后三位，下同

表 5-2　　　　　　　　　实验研究的多重比较结果

因变量	I	J	均值差（I-J）	标准误
企业与供应商情境 NPD 绩效	合作目标组	控制组	0.700***	0.144
	竞争目标组	控制组	-0.458*	0.144
	合作目标组	竞争目标组	1.158***	0.144
企业与客户企业情境 NPD 绩效	合作目标组	控制组	0.467*	0.182
	竞争目标组	控制组	-0.825***	0.157
	合作目标组	竞争目标组	1.292***	0.148

注：*** $p<0.001$，** $p<0.010$，* $p<0.050$，下同

四　实验研究结论

本研究通过实验设计，对收集到的实验数据进行统计分析，发现战略目标互依对 NPD 绩效具有重要影响。具体而言，供应商合作目标和客户企业合作目标有助于 NPD 绩效的提升，而供应商竞争目标和客户企业竞争目标会对 NPD 绩效产生不利影响。

第三节　问卷测量条目的形成

为确保研究所使用量表具有良好的信度和效度，在设计调研问卷时，我们使用了国内外已发展出的成熟量表或测量条目，并结合中国企业的现实情境和研究需要，通过专家咨询和小组讨论的方式，对各个量表进行了适当的调整。研究所有变量均采用 Likert 5 点量表进行评分。

一　战略目标互依

战略目标互依四个变量的测量量表如表 5-3 所示。

表 5-3　　　　　　　战略目标互依四个变量的量表

变量	条目代码	题项
供应商合作目标（SCoop）	SCoop1	本公司的上游供应商与本公司共进退
	SCoop2	本公司的上游供应商和本公司追求的目标一致
	SCoop3	本公司的目标与上游供应商的目标相匹配
	SCoop4	本公司与上游供应商的合作是基于同一个目标的

续表

变量	条目代码	题项
供应商竞争目标（SComp）	SComp1	本公司的上游供应商采取利于其自身而对本公司有害的行动
	SComp2	本公司的上游供应商和本公司之间是一种对立的输赢关系
	SComp3	本公司的上游供应商倾向于表现出它比本公司更有优势
	SComp4	本公司的上游供应商的目标与本公司的目标相互冲突
	SComp5	本公司的上游供应商优先完成它们自己的事情而非本公司的
客户企业合作目标（CCoop）	CCoop1	本公司的下游客户企业与本公司共进退
	CCoop2	本公司的下游客户企业和本公司追求的目标一致
	CCoop3	本公司的目标与下游客户企业的目标相匹配
	CCoop4	本公司与下游客户企业的合作是基于同一个目标的
客户企业竞争目标（CComp）	CComp1	本公司的下游客户企业采取利于其自身而对本公司有害的行动
	CComp2	本公司的下游客户企业和本公司之间是一种对立的输赢关系
	CComp3	本公司的下游客户企业倾向于表现出它们比本公司更有优势
	CComp4	本公司的下游客户企业的目标与本公司的目标相互冲突
	CComp5	本公司的下游客户企业优先完成它们自己的事情而非本公司的

在本项目中，战略目标互依包括四个变量，即供应商合作目标、供应商竞争目标、客户企业合作目标和客户企业竞争目标。我们采用 Wong，Tjosvold & Yu（2005）发展出的竞争目标量表和合作目标量表测量这四个独立的变量。该研究显示，4 题项合作目标量表 Cronbach α 值为 0.720，5 题项竞争目标量表 Cronbach α 值为 0.820。该量表是学者们基于中国文化背景，在 Tjosvold 等（1983）已有研究成果基础上，发展出的测量工具，在 Wong 等（2005a，2005b）、Wong 等（2010）、Wang（2012）、Wong 等（2012）的研究中被多次使用。已有研究结果表明，这些量表具有良好的信效度。

二 供应链外部整合

供应商整合和客户企业整合两个变量的测量量表如表 5-4 所示。

表 5-4　　　　　　　　供应链外部整合两个变量的量表

变量	条目代码	题项
供应商整合（Stgra）	Stgra1	本公司与上游供应商积极探讨产品的质量和设计
	Stgra2	本公司努力与上游供应商建立长期的合作关系
	Stgra3	本公司与上游供应商相互信任且依赖，不会损害对方的利益
	Stgra4	本公司有相应程序和方法获得上游供应商的运营信息

续表

变量	条目代码	题项
客户企业整合（Ctgra）	Ctgra1	本公司有正式的惯例和标准的作业程序与下游客户企业联络以发现其所需产品和服务
	Ctgra2	本公司与下游客户企业积极互动以改进产品和服务质量
	Ctgra3	本公司努力与下游客户企业建立长期的合作关系
	Ctgra4	本公司与下游客户企业积极分享知识、信息等相关数据平台

到目前为止，并没有受学术界普遍认可的供应商整合量表和客户企业整合量表。Morash & Clinton（1998）、Narasimhan & Kim（2002）发展出了供应商整合量表和客户企业整合量表，Flynn 等（2010）在此基础上，通过整合、删减和再增添题项的方式，又重新发展出测量供应商整合和客户企业整合的量表。徐可（2013）以及徐可等（2015）在这些研究成果基础上，结合中国情境，分别发展出供应商整合 4 题项和 3 题项量表、客户企业整合 4 题项和 3 题项量表。而且结果表明，这些量表都具有良好的信效度。我们在徐可等（2015）发展出的两个 3 题项测量量表基础上，通过专家咨询和小组讨论，发现企业与供应商、企业与客户企业的高度联盟和深度合作离不开相互信任和信息资源的共享，这也与 Flynn 等（2010）的观点较为一致。有鉴于此，项目小组进一步参考了徐可（2013）发展出的测量量表，最终形成如表 5-4 所示的测量供应商整合和客户企业整合这两个变量的问卷题项。

三 探索式创新/利用式创新

目前为止，学界用于测量探索式创新/利用式创新的量表较多。如 Kollmann & Stöckmann（2014）、Lubatkin 等（2006）、Jansen 等（2006）均发展出了相应的量表，但并没有大家一致认可的测量工具。本研究所要使用的测量探索式创新/利用式创新的量表须满足三个基本条件：第一，条目评价对象必须是企业整体，即本研究对企业创新的考察，属于战略层面的内容。第二，量表填答者是企业高层管理者（如总裁、CEO、CFO 等）。其三，测量内容反映的是企业创新过程，而非创新结果。有鉴于此，笔者通过梳理国内外文献，发现 Lubatkin 等（2006）发展出的 12 题项企业创新量表（包含 6 题项探索式创新量表和 6 题项利用式创新量表）能够满足本研究需要。该研究显示，探索式创新、利用式创新量表

Cronbach α 值分别为 0.860、0.770，具有较强的信度。探索式创新/利用式创新量表的测量条目如表 5-5 所示。

表 5-5　　　　　　　　　探索式创新/利用式创新量表

变量	条目代码	题项
探索式创新（Explor）	Explor1	本公司一贯突破常规来思考新颖的前沿技术
	Explor2	本公司成功的基础是其对新技术的开拓能力
	Explor3	本公司一贯寻求创造出创新性的产品和服务
	Explor4	本公司积极寻求创新的方式来满足客户的需求
	Explor5	本公司果敢地寻求进入新的细分市场
	Explor6	本公司积极地关注新的客户群体
利用式创新（Exploi）	Exploi1	本公司致力于提高质量和降低成本
	Exploi2	本公司不断地提高产品和服务的稳定性
	Exploi3	本公司不断地提高内部运作的自动化程度
	Exploi4	本公司不断地关注现有下游客户企业的满意程度
	Exploi5	本公司不断地调整产品和服务来满足现有的客户
	Exploi6	本公司更加地关注现有的客户基础

四　核心能力

核心能力包含研发能力、生产能力和营销能力三个维度，所使用的量表来源于谢洪明等（2007）的研究。该量表在陈文沛（2013）的研究中使用过，包括研发能力 5 题项、生产能力 3 题项和营销能力 4 题项三个子量表，对应的 Cronbach α 值依次为 0.733、0.827 和 0.851。该研究结果表明，量表具有良好的信效度。核心能力量表如表 5-6 所示。

表 5-6　　　　　　　　　　核心能力量表

维度	条目代码	题项
研发能力（ReseC）	ReseC1	本公司新产品/服务的开发能力很强
	ReseC2	本公司生产出的产品/提供的服务具有独特性或差异性
	ReseC3	同主要竞争者相比，本公司把新产品/服务快速商业化的能力更强
	ReseC4	本公司持续改进产品/服务的创新能力很强
	ReseC5	本公司的产品/服务提高了其他品牌的进入障碍

续表

维度	条目代码	题项
生产能力 （ManuC）	ManuC1	同主要竞争者相比，本公司如期交货/提供服务的能力更强
	ManuC2	同主要竞争者相比，本公司的产品/服务品质更稳定
	ManuC3	本公司同时生产不同产品/提供不同服务的能力比同行更强
营销能力 （MarkC）	MarkC1	本公司拥有完善的营销和售后服务网络
	MarkC2	本公司能够对产品的市场价格波动做出迅速的反应
	MarkC3	本公司营销部门有强而有效的促销能力
	MarkC4	经过营销，本公司产品很快就会受到市场的广泛认同

五 NPD 绩效

NPD 绩效测量条目如表 5-7 所示。学界一般认为，在条件允许的情况下，结合客观指标和主观指标测量绩效的方式最具有效性（Song & Montoya-Weiss, 2001）。但在随机的大样本问卷调研中，该方案的可操作性很差。通过文献梳理，我们发现 Luca & Atuahene-Gima（2007）基于 Atuahene-Gima 等（2005）的研究成果发展出来的 5 题项量表适合本研究需要。该量表从市场份额、销售额、资产回报率、投资回报率和盈利率五个方面，评价企业 NPD 绩效目标的达成情况。Luca & Atuahene-Gima（2007）研究显示，该量表 Cronbach α 值为 0.940，表明量表具有良好的信度。

表 5-7 NPD 绩效量表

测量对象	条目代码	测量内容
过去几年， 企业在新产 品开发 方面：	NPDP1	已经达成预期市场份额
	NPDP2	已经达成预期销售额
	NPDP3	已经达成预期资产回报率
	NPDP4	已经达成预期投资回报率
	NPDP5	已经达成预期盈利率

六 环境动荡

本项目选取技术动荡和市场动荡两个变量，作为外部环境角度探索式创新和利用式创新影响核心能力的调节变量。首先，技术动荡反映技术变化对企业运营和技术开发的影响，学者们大都通过对已有量表进行修订的方式，发展出技术动荡测量量表（如张婧和段艳玲，2010 等）。我们选取 Han 等（1998）开发出的 4 题项量表中载荷因子最高的 3 个条目，作为本研究的测量量表。该量表在谢洪明（2005）、彭说龙等（2005）的研究中使用过。Han 等（1998）研究结果显示，量表 Cronbach α 值为 0.760，这表明该量表具有良好的信度。其次，市场动荡体现市场环境变化的不可预测性，Jansen 等（2009）的市场动荡量表可以满足研究要求，其 Cronbach α 值为 0.910。变量的测量条目如表 5-8 所示。

表 5-8　　　　　　　　　　　　　环境动荡量表

变量	条目代码	题项
技术动荡（TechT）	TechT1	在本公司所处的产业环境中，关键技术更新很快
	TechT2	当引进新技术时，本公司必须快速调整运营模式
	TechT3	本公司常自行开发新技术以回应产业技术的变化
市场动荡（MarkT）	MarkT1	公司面临的市场环境变化剧烈
	MarkT2	公司客户经常要求新的产品和服务
	MarkT3	市场持续在变
	MarkT4	市场在一年内总有很多的变化
	MarkT5	市场中将要提供的产品和服务的数量变化频繁

七　企业统计特征变量

已有研究在探讨战略层面变量之间关系时，大都会考虑企业层面的统计特征变量对统计分析结果可能产生的影响，以及相关变量在各个统计特征变量上的均值差异情况（徐可，2013；Jansen，2005）。企业成立年限、企业规模、企业所有制类型等都可能影响企业创新及绩效（Jansen，2005；张婧和段艳玲，2010）。同时，它们也是反映企业基本统计特征的重要变量。因此，结合本研究需要，有必要选取企业成立年限、企业员工规模、企业所有制和企业所属行业四个要素，作为企业层面的统计特征变量。企业所有制包括国有及其控股企业、私营企业和外资企业三类；企业所属行业包括制造业和服务业两类。在调研过程中，项目组让受试者填答了具体的企业成立年数和企业员工人数。但为更加科学地、细致地考察处于不同成立年限、不同员工规模的企业在供应链外部整合、探索式创新/利用式创新、核心能力和 NPD 绩效几个方面的差异性，笔者使用

SPSS20.0 将这两个连续的数值型特征变量进行可视离散化（visual bining），[①] 形成递增的定序型数据，即企业成立年限包括 3—15 年、16—45 年、46 年及其以上三个阶段，企业员工规模包括 30—500 人、501—1000 人、1000 人及其以上三个区间。

第四节 分析方法与问卷数据收集

本项目所需要的企业样本数据来源于问卷调研的大样本抽样调查，然后使用社会学统计软件包，对数据进行深入分析。

一 统计分析方法

根据研究目的和研究需要，我们选取具有科学性和适合性的统计分析方法，将有助于提高实证分析结果的准确性和可靠性。本研究选取的统计分析方法主要包括，描述性统计分析、均值差异分析、Cronbach's α 信度分析、探索性因子分析（exploratory factor analysis）、验证性因子分析（confirmatory factor analysis）、Spearman 相关性分析、结构方程模型分析（structure equation modeling）、非参数百分位自助抽样检验法（percential bootstrap CI method）、多元层级回归分析（hierarchical regression analysis）、多群组分析（multiple-group analysis）。

（一）描述性统计分析

描述性统计分析主要被用于对各个变量的样本数据总体情况进行描述和分析，有助于研究者对样本数据的基本特征有初步的认知。通过描述性统计分析，一方面，可以得出观测指标的最大值、最小值、偏度、峰度、均值和标准差等；另一方面，也有助于研究者根据需要，分析出定类型变量的样本量、百分比、累计百分比、企业统计特征情况。

（二）均值差异分析

独立样本 T 检验、方差分析等均值差异分析方法，有助于研究者了解定类型控制变量（如企业成立年限）对理论模型中其他变量的影响情况。

（三）Cronbach's α 信度分析

Cronbach's α 信度分析一直以来都是管理学领域中，基于 Likert 计分

[①] 可视离散化用于为定量变量（或尺度变量）创建分类变量（或定性变量），从而实现连续变量的离散化。

量表发展出的最常用的变量信度检验方法（Cronbach，1951）。信度是指对某一事物进行测量的结果的一致性、稳定性及可靠性程度（陈晓萍，徐淑英和樊景立，2012）。Cronbach's α 正常取值介于 0 和 1 之间，取值越靠近 1，表明量表信度越好，越靠近 0，则表明量表信度越差。Cronbach（1951）认为，Cronbach's α 值大于 0.700 就表明量表信度水平较高，值介于 0.350 到 0.700 之间表示量表信度尚可，Cronbach's α 值小于 0.350 则表示该量表应该作废。尽管部分学者认为信度标准越高越好，但 Clark & Watson（1995）认为，量表信度系数取值过高，反而会削弱其内容效度。

（四）探索性因子分析和验证性因子分析

探索性因子分析和验证性因子分析是检验量表效度的两种因子分析方法。探索性因子分析的目的在于探索性地考察量表的因子结构，以开发出建构效度良好的测量工具。验证性因子分析的目的则是在已有确定了的因子结构结果的基础之上，通过构建量表测量模型，以判别其与实际数据的契合程度，进而帮助研究者判断量表结构的有效性（吴明隆，2010）。学界一般认为，若研究目的是为开发量表，或量表缺乏理论预期，则研究者须使用探索性因子分析手段检验量表的结构效度，直至量表效度良好为止，再对形成的测量量表采用验证性因子分析法，检验量表结构效度。如果当量表来源已具备良好的理论基础时（如成熟量表），研究者既可以直接对数据采用基于结构方程测量模型的验证性因子分析手段，也可以选择性地使用探索性因子分析方法，来判断量表的结构效度情况。根据 Mathieu & Farr（1991）、Wong，Tjosvold & Yu（2005）、Wong 等（2005b）等采用的验证性因子分析方式，本研究主要通过验证性因子分析方法，考察问卷设计的结构效度。

（五）Spearman 相关性分析

Spearman 相关性分析有助于研究者初步判断变量（包括分类型变量）之间的相关程度。两变量间的线性相关程度包括正相关、负相关和无线性相关三个类型。

（六）结构方程模型分析

结构方程模型分析是一种检验观测变量与潜变量、潜变量与潜变量之间逻辑关系的统计分析方法。它具有这几个优点：第一，可准确估计测量误差、剔除随机测量误差，并提高系统测量准确度。第二，能通过测量模型直接验证观测变量与潜变量之间的逻辑关系及其结构效度。第三，可同时测量含多个因变量以及中介效应的路径关系。第四，满足高阶因子分析的需要（陈晓萍，徐淑英和樊景立，2012）。本研究将使用结构方程模型，用以分析问卷结构效度，考察研究设计中的共同方法偏差效应，检验变量之间路径关系和调节效应。

1. 结构方程模型拟合指标的选取

本研究选取渐进残差均方和平方根（RMSEA），作为结构方程模型绝对适配度指数。选取非规准适配指数（TLI）和比较适配指数（CFI），作为模型的增值适配度指数。选取卡方自由度比（X^2/df）和 Akaike 信息效标（AIC），作为模型的简约适配度指数（吴明隆，2010；温忠麟，侯杰泰和马什赫伯特，2004）。

RMSEA 作为结构方程模型的绝对适配度指数，其正常值介于 0 到 1 之间，取值越小越好，值小于 0.050 表明适配良好，取值 0.050 到 0.080 之间表明适配合理。TLI 和 CFI 作为模型的增值适配度指数，两个指标正常取值介于 0 到 1 之间，在 0.900 及其以上，表明增值适配效果良好。X^2/df 和 AIC 作为模型的简约适配度指数，X^2/df 取值介于 1 到 3 之间表示模型适配简约，小于 1 表示过度适配，取值大于 5 则表明模型需要修正，同时，理论模型 AIC 值应小于独立模型和饱和模型的 AIC 取值（吴明隆，2010；温忠麟，侯杰泰和马什赫伯特，2004）。

2. 基于结构方程模型的数据打包策略

为降低由于待估参数过多和信息冗余导致的错误识别、不可识别或过度识别等问题带来的影响（Mathieu & Farr，1991），本研究借鉴 Mathieu 等（1993）、Little 等（2002）学者的方法，将各个潜变量对应的显变量打包成三个测量条目。数据打包法的使用，不仅能够使模型更加简捷，还可以纠正数据分布形态，使原本分布偏态的数据更接近于多元正态分布，提高模型拟合和识别的稳定性及其有效性（Little, Cunningham, Shahar & Widaman, 2002）。

我们所使用数据打包法的具体步骤是：第一步，利用 SPSS20.0，对各个变量的题项对应数据进行未旋转的探索性因子分析，并将因子载荷值从大到小进行排序。第二步，计算因子载荷值最高和最低的条目对应值的均值，计算因子载荷值次高和次低对应值的条目的均值，重复这个过程直至偶数项测量条目全部用于了均值计算，若原始条目数为奇数，则将因子载荷值处于中位数的条目直接转入下一轮计算过程中，然后将计算出的均值序列作为该变量的新测量条目。第三步，对上一步得到的新测量条目做未旋转的探索性因子分析，重复第二步的过程，直至该变量的测量条目缩减为三个为止（Mathieu & Farr，1991；Wong，Tjosvold & Yu，2005；吴艳和温忠麟，2011）。

（七）非参数百分位自助抽样检验法

非参数百分位自助抽样检验法可用于检验链式多重中介效应和有调节的中介效应（Hayes，2015；Hayes，2013），用以判断自变量对因变量产生影响的链式多重中介情况，并评价调节变量对相应变量中介效应的调节作用情况。

非参数百分位自助抽样检验原理可以归纳为：首先，基于样本数据进行有限次数（如2000次）放回式的自助随机抽样（bootstrapping sample），以重组成多组规模相同的样本数据。其次，对自助抽样形成的多组样本逐组计算出链式多重中介效应值/有调节的中介效应值。最后，将求得的多个序列效应值取平均值，作为效应值的点估计值，在一定置信区间范围内（如95%显著性水平）检验其显著性，若该区间不包含0，则表明该统计检验达到了统计显著性（陈瑞，郑毓煌和刘文静，2013）。

（八）多元层级回归分析

多元层级回归分析通过建立多个回归模型进行比较，分析加入一个/组变量前后，解释方差的变化量，从而明确该个/组变量对于因变量的影响效果。本研究使用多元层级回归分析法，考察变量之间有调节的中介效应，并检验供应商整合和客户企业整合影响探索式和利用式两类创新的程度差异性。

（九）多群组分析

多群组分析是一种利用结构方程模型，对变量之间理论关系进行跨组比较，以检验该模型是否具有普遍适应性的一种统计分析方法。

本研究拟采用该统计分析方法，考察变量之间基本理论关系（路径关系、调节效应关系）在企业特征变量不同取值水平上的适应性。

二 数据收集

（一）问卷调研方法

问卷调研法被认为是在诸多研究领域中，使用较为普遍的数据收集方法。在保证量表信度和效度良好的情况下，该方法有助于研究者快速、大量且低成本地收集到高质量的研究数据（陈晓萍，徐淑英和樊景立，

2012)。有鉴于此，本研究借鉴国内外成熟的量表或已使用过的测量条目，结合研究需要和中国企业实际情况，采用专家咨询和小组讨论的方式，对测量条目进行适当调整和改进。

对于成熟的英文量表，我们邀请了一位在战略管理研究领域中，精通中英双语的专家教授将其翻译成中文量表，并由参与此项目的三名博士研究生和一名硕士研究生进行小组讨论后，初步确定中文量表。然后再将此中文量表交给另一位精通中英双语的组织管理研究领域的专家学者回译成英文版。如此循环往复，直至两份英文版量表没有本质差别为止。

对于所有成熟量表，项目小组通过咨询 EMBA 学员，了解了企业实际情况后，对测量条目的表述形式进行适当调整。并结合专家意见，以最终确定用于正式调研的中文量表。

用于调研的测量量表使用 Likert 5 点量表，对问卷填答者的同意程度进行划分。数字 1 到 5 代表了问卷测项的陈述内容与企业现实状况的一致性程度。数字越大，表示填答者认为题项描述的情形与其企业现状的一致程度越高。"1"表示"非常不同意"，"2"表示"不同意"，"3"表示"一般"，"4"表示"同意"，"5"表示"非常同意"。

由于企业核心能力的构建和 NPD 绩效的实现需要一定的时间积累，而且战略目标互依和供应链外部整合两个变量的测量包含了企业与供应商、企业与客户企业的关联性评价。因此，受试企业须满足三个基本条件：第一，企业成立年限须在 3 年及以上；第二，企业拥有自身独立的服务（特殊形式的产品）或产品；第三，受试企业须有明确的上游关系（供应商）和下游关系（客户企业）。

（二）问卷调查途径

中国尚处于发展中国家阶段，属于新兴经济体国家。在这样的现实情况下，受研究者主观能力和外部客观环境限制，使用问卷调研法收集企业战略层面的数据较为困难。借助合适的渠道和利用便利的关系开展调研则显得尤为重要（Calantone, Schmidt & Song, 1996）。

有鉴于此，为了提高问卷回收率，并保证问卷填答的有效性，我们主要通过两种途径发放和回收调查问卷：第一，对地处厦门市、北京市和武汉市的几所著名高校的 EMBA 学员进行调研，并在调研过程中排除了来自同一企业的重复性数据。第二，通过项目小组成员的个人社会关系网络，滚雪球式地发放调研问卷（如亲戚、朋友、老师、同学等）。

(三) 问卷调查过程

问卷自首次发放到最终回收完毕，历经了从 2015 年 6 月到 9 月共四个月的时间。问卷调研对象是：既有上游供应商也有下游客户企业的服务型企业和制造型企业。问卷填答者是企业高层管理，如公司总裁、副总裁、总经理、CEO、CFO、副总经理、总裁秘书等。我们通过第一种渠道发放问卷 300 份，回收了 235 份，剔除不合格问卷后，剩余有效问卷 142 份。通过第二种渠道发放问卷 200 份，回收 113 份，有效问卷 91 份。总计有效问卷 233 份，问卷回收率约为 70%，问卷合格率约为 67%。

被本项目剔除的问卷主要存在这几个问题：企业统计特征变量信息缺失（企业规模、成立年限、所属行业、企业所有制）、填答前后明显矛盾、规律性填答（如所有测量条目评分一致、问卷某一变量对应测量条目的评分几乎完全相同、"Z"型评分分布等）、对某个变量测量条目的未填答比率高于 1/3 等。

(四) 样本特征

由于样本企业覆盖区域主要集中在厦门、深圳、武汉、北京、贵阳、济南等地区，因此样本来源地涵盖了经济欠发达区、经济较发达区和经济发达区。样本分布特征如表 5-9 所示。

样本企业以制造型企业（如电子设备、服装、机械制造等行业）为主，占总样本的 80.7%，服务型企业（如承担产品设计、工程管理、营销等功能的生产性服务型企业，以及仓储、广告等行业）占比 19.3%。在企业所有制方面，私营企业占总样本的 57.1%，外资企业和国有及其控股企业分别占比 12% 和 30.9%。在企业成立年限方面，以成立 3—15 年的样本企业居多，占总样本的 44.6%，16—45 年的样本企业占比 36.1%，46 年及其以上的占比 19.3%。在企业员工人数（即企业规模）方面，以 30—500 人的样本企业居多，占总样本 55.8%，500—1000 人的占比 14.2%，至少有 1000 人的样本企业占比 30%。

表 5-9 样本描述性分析

样本构造		数量	比率	样本构造		数量	比率
企业所有制	国有及控股企业	72	30.9%	企业成立年限	3—15 年	104	44.6%
	私营企业	133	57.1%		16—45 年	84	36.1%
	外资企业	28	12.0%		≥45 年	45	19.3%

续表

样本构造		数量	比率	样本构造		数量	比率
企业所属行业	制造业	188	80.7%	企业员工规模	30—500人	130	55.8%
					501—1000人	33	14.2%
	服务业	45	19.3%		≥1000人	70	30.0%

三 样本缺失值与描述性统计

均值是开展数据统计分析的重要基础，处理不当可能会对后续的统计分析造成严重影响。考虑到如线性插值法、序列均值法、期望值最大化法、临近点均值等缺失值填补方法都会不同程度地改变变量均值，本研究将对233个样本数据中仍存在的三个缺失值，使用其对应的变量测量条目均值进行填补。例如，对于含四个测量条目的变量，若某个样本填答的其中三个测量条目的值分别是3、5、4，那么另外一个缺失值应由这三个数值的均值4来替换。

样本数据的描述性统计分析结果见附录二的附表1。分析结果包括了所有测量条目的极小值、极大值、均值、标准差、偏度（skewness）和峰度（kurtosis）几个指标值。测量条目的最小标准差是0.653，最大标准差是1.276。最大偏度系数绝对值是0.899（远小于临界值3），最小值是0.010。最大峰度系数绝对值是1.457（远小于临界值10），最小值是0.011。描述性统计分析结果表明，本研究样本数据基本满足进一步统计分析的需要（张文彤，2004；吴明隆，2010）。

四 样本来源偏差与共同方法偏差

（一）样本来源偏差检验

由于数据收集渠道不统一，有必要对不同来源的数据进行样本偏差检验，以判断样本收集渠道差异是否会对研究结果造成重大影响。样本数据主要来源于两个途径，即EMBA平台和项目成员个人关系网络，分别包括142个样本数据和91个样本数据。如表5-10所示，结果显示，12个变量在两种渠道上的均值差异均不具有统计显著性（p>0.050）。这表明，本项目所收集到的样本数据的渠道偏差效应不会对统计分析结果造成严重影响，可予以忽略。

表 5-10　　　　　　　　　样本来源的渠道差异检验

变量	Levene 方差检验 F 值	显著性	均值方程的 T 检验 T 值	显著性	均值差值	标准误差值	95%置信区间 下限	上限
供应商合作目标	0.255	0.614	-0.460	0.646	-0.043	0.094	-0.230	0.143
供应商竞争目标	0.062	0.804	-0.757	0.450	-0.079	0.104	-0.284	0.126
客户企业合作目标	0.213	0.645	-1.182	0.239	-0.115	0.098	-0.308	0.077
客户企业竞争目标	0.927	0.337	-1.328	0.185	-0.138	0.104	-0.343	0.067
供应商整合	0.403	0.526	0.449	0.654	0.034	0.076	-0.116	0.185
客户企业整合	1.190	0.276	0.053	0.958	0.004	0.081	-0.155	0.163
探索式创新	0.022	0.883	-0.326	0.745	-0.027	0.084	-0.194	0.139
利用式创新	0.761	0.384	0.446	0.656	0.030	0.068	-0.104	0.164
核心能力	0.067	0.796	0.088	0.930	0.007	0.075	-0.142	0.155
NPD 绩效	0.104	0.747	-0.940	0.348	-0.094	0.100	-0.290	0.103
技术动荡	0.373	0.542	0.310	0.757	0.032	0.102	-0.170	0.233
市场动荡	4.273	0.040	0.357	0.722	0.031	0.087	-0.140	0.202

注：T 检验为双侧检验

（二）共同方法偏差的控制与检验

由于本项目收集的数据是通过让同一被试在同一时间点填答所有变量对应题项的方式获取的，可能存在共同方法偏差（common method variance）效应，有必要对其进行控制和检验（Podsakoff, MacKenzie, Lee & Podsakoff, 2003）。一般而言，共同方法偏差效应的控制可以从两方面进行，即程序控制和统计控制。

我们在程序控制方面做了如下工作：第一，项目组对语句表达相似的测量条目进行了修改，以降低语义表述的模糊性。第二，对语义相近的条目在问卷中的排列顺序上进行了调整。第三，保障问卷发放途径和受试面尽可能广。第四，问卷采用匿名且保密的方式填答，以减弱受试者对于自己隐私可能被泄露的评价防范心理（evaluation apprehension）[①]（Podsakoff, MacKenzie, Lee & Podsakoff, 2003）。第五，打乱各个变量对应量表在问卷中的出现顺序，使其差别于本研究理论模型中变量间的"前因→多重中

[①] 在受试者填答问卷或提供汇报和评价前，研究者向其承诺，本项目保护受试者隐私，甚或向受试者强调其对问卷的填答无对错之分，将有助于使被试按照更加客观的情况，评价问卷测量条目，获取更加客观的数据（Podsakoff, MacKenzie, Lee & Podsakoff, 2003）。

介→后果"逻辑顺序（Ye, Marinova & Singh, 2007）。此外，本研究构建的理论模型包含了多重中介效应和调节效应，变量之间关系较为复杂。根据 Podsakoff 等（2003）的观点，建构的较为复杂的理论模型，其模型本身会有助于防止受试者受到反映变量之间关系的认知图式（cognitive map）①的引导来理解并填答测量项目，进而减弱共同方法偏差效应对统计分析结果的影响。

在统计控制方面，学界一般认为，首先应对共同方法偏差的影响进行检测，然后再根据影响强弱，在统计分析过程中采取适宜的控制手段。但是，到目前为止，并没有一套非常理想的共同方法偏差效应检测和统计控制方法（熊红星，张璟，叶宝娟，郑雪和孙配贞，2012）。较为可行的方案是，结合多种方法进行检测。尽管 Harman 单因子检测方法的有效性备受质疑，但该方法仍是诸多研究者用以初步判断共同方法偏差效应的常用手段。同时我们还采用了控制未测单一方法潜因子法（controlling for effects of an unmeasured latent method factor）检验共同方法偏差问题。在具体的研究设计过程中，我们并不确定哪些方法因子会导致共同方法偏差问题。控制未测单一方法潜因子法是一种不需要事先识别方法偏差具体来源的有效检验手段（Anderson & Williams, 1992）。该方法通过在基准模型基础上，增加一个方法潜因子后，对比方法潜因子模型与理论模型的结构方程模型拟合情况，考察加入潜因子后的模型拟合效果是否显著地优于理论模型。如果模型之间的对比未达到统计显著性，则可判定本项目理论模型并不存在对统计分析结果造成严重影响的共同方法偏差效应。

有鉴于此，本研究主要使用控制未测单一方法潜因子法，并结合 Harman 单因子未旋转主成分分析法和单因子结构方程模型法，判断研究设计的共同方法偏差情况。检验共同方法偏差的统计分析结果如表 5-11 所示。

表 5-11　　　　　　　　共同方法偏差的结构方程检验

模型	χ^2	df	χ^2/df	CFI	TLI	RMSEA	AIC
本研究 12 因子基准模型	1150.689	750	1.534	0.923	0.911	0.048	1456.689

---

① 反映变量之间逻辑关联的、非呈现的思路图。思路图越复杂，越有助于增加受试者明晰变量之间关系的难度，进而减弱共同方法偏差效应（Chang, Van Witteloostuijn & Eden, 2010）。

续表

模型	χ²	df	χ²/df	CFI	TLI	RMSEA	AIC
Harman 单因子模型	2818.013	819	3.441	0.615	0.595	0.103	2986.013
含方法因子的 13 因子模型	1149.362	749	1.535	0.923	0.911	0.048	1457.362

注：所有潜变量对应测量条目已参考 Mathieu & Farr（1991）的方法打包成三个，下同

首先，笔者对样本数据的所有测量条目进行未旋转的主成分分析。结果发现，该统计分析提取了多个特征值大于 1 的因子，而且首个因子的方差解释比例为 27.665%，小于 40% 的临界值（陈武，李董平，鲍振宙，闫昱文和周宗奎，2015）。统计分析结果并未出现"只有一个因子或者首个因子方差解释率占绝大多数"的情况（Livingstone, Nelson & Barr, 1997）。我们可以据此初步判定，研究中的共同方法偏差效应并不明显。

其次，如表 5-11 所示，从 Harman 单因子模型的拟合结果来看，如 CFI、TLI、RMSEA、χ²/df 指标取值均显示该模型不可接受。这同样表明本研究并不存在严重的共同方法偏差效应。

最后，控制未测单一方法潜因子检验结果如表 5-11 的"含方法因子的 13 因子模型"所示。笔者在本研究 12 因子基准模型基础上，加入了共同方法偏差潜因子后，与基准模型相比，含方法潜因子模型的卡方变化量 $\Delta\chi^2/\Delta df = 1.327$（小于 3.840）未达到显著性，且 CFI、TLI 以及 RMSEA 的变化值也都小于 0.020（Feldman & Weitz, 1988）。因此，我们认为，理论模型并没有因加入方法潜因子[①]而得到显著改善。这进一步表明，我们的研究设计并不存在会对结果造成严重影响的共同方法偏差效应问题。

综上（一）、（二）两部分的分析可知，本项目的研究设计不存在对统计分析结果造成严重影响的样本渠道偏差问题和共同方法偏差效应。

第五节 量表的探索性因子分析

本项目借用 SPSS20.0 并采取主成分分析法以及方差最大化正交旋转法，对各个变量进行探索性因子分析，以验证各个测量条目在相应变量上

[①] 在基于理论模型建构的结构方程模型基础之上，加入一个潜变量，作为研究方法潜因子。

的因子载荷情况。一般情况下，进行探索性因子分析的样本量，须至少是最大题项数变量对应条目数量的5倍（陈晓萍，徐淑英和樊景立，2012）。同时，样本量也不能过少（Maccallum, Widaman, Zhang & Sehee, 1999；孙晓军和周宗奎，2005）。一般认为，在满足上述条件的情况下，只需要100个样本就可以进行探索性因子分析（Gorsuch, 1983）。在本研究中，变量最大题项数是12个（即核心能力变量量表）。因此，笔者从233个样本中，随机抽取100个样本数据进行探索性因子分析，即可满足进行探索性因子分析的基本要求。

一 探索性因子分析结果

表5-12是各个变量的KMO检验和巴特勒特球形度检验结果。

表5-12　　各个变量的KMO检验和巴特勒特球形度检验结果

变量（Variable）	KMO检验		巴特勒特球形度检验	
	KMO值	近似卡方值	df	Sig.
供应商合作目标	0.794	130.786	6	0.000
供应商竞争目标	0.705	156.006	10	0.000
客户企业合作目标	0.725	114.114	6	0.000
客户企业竞争目标	0.753	116.265	10	0.000
供应商整合	0.715	64.741	6	0.000
客户企业整合	0.753	110.960	6	0.000
探索式创新	0.700	214.037	15	0.000
利用式创新	0.792	163.520	15	0.000
核心能力	0.873	469.743	66	0.000
NPD绩效	0.861	363.872	10	0.000
技术动荡	0.706	106.772	3	0.000
市场动荡	0.777	193.825	10	0.000

注：n=100

探索性因子分析得以实现的前提是，KMO（kaiser-meyer-olkin）检验和巴特勒特球形度检验（bartlett test of sphericity）必须满足一定临界值要求。KMO指标值须在0.700以上，且巴特勒特球形度检验的χ^2取值要达到统计显著性。如表 5-12 所示，结果显示，各个变量的 KMO 取值均在 0.700 以上，且对应的巴特勒特球形度检验都达到统计显著性（p<0.010）。因此，我们可以对各个变量进行探索性因子分析（Hair, Black, Babin Anderson & Tatham, 2006）。探索性因子分析结果见表 5-13。

(一) 战略目标互依各个变量的探索性因子分析结果

对于四类战略目标互依变量，本项目基于 Wong, Tjosvold & Yu (2005)、Wong 等（2005a）相关研究，将不同类别目标互依视为独立变量，以对各变量逐个进行探索性因子分析。探索性因子分析结果如表 5-13 所示。

供应商合作目标探索性因子分析结果显示，4 个题项共提取了一个因子，解释的累积总方差比例达到 64.729%，旋转后成分矩阵中各题项的因子载荷量最大为 0.834，最小为 0.763。

供应商竞争目标探索性因子分析结果显示，5 个题项仅提取的一个因子解释的累积总方差比例达到 52.858%，旋转后成分矩阵中各题项的因子载荷量最大为 0.816，最小为 0.582。

客户企业合作目标探索性因子分析结果显示，4 个题项只提取了一个因子，解释的累积总方差比例达到 61.003%，旋转后成分矩阵中各题项的因子载荷量最大为 0.826，最小为 0.721。

客户企业竞争目标探索性因子分析结果显示，5 个题项只提取了一个因子，解释的累积总方差比例达到 50.231%，旋转后成分矩阵中各题项的因子载荷量最大为 0.817，最小为 0.578。

(二) 供应商整合/客户企业整合探索性因子分析结果

对于供应商整合和客户企业整合两个变量，由于本项目根据整合方向，需要从企业与供应商、企业与客户企业两个视角展开探讨，有必要将供应商整合和客户企业整合视为两个独立变量，以逐个进行探索性因子分析。探索性因子分析结果如表 5-13 所示。供应商整合探索性因子分析结果显示，4 个题项仅提取了一个因子，解释的累积总方差比例达到 52.100%，旋转后成分矩阵中各题项的因子载荷量最大为 0.798，最小为 0.613。客户企业整合探索性因子分析结果显示，4 个题项只提取了一个因子，解释的累积总方差比例达到 60.633%，旋转后题项的因子载荷量最大为 0.819，最小为 0.671。

表 5-13　　　　　　　各变量量表探索性因子分析结果

变量	条目编号	因子载荷	累积方差解释比例	变量	条目编号	因子载荷	累积方差解释比例
供应商合作目标	SCoop1	0.819	64.729%	利用式创新	Exploi1	0.744	50.000%
	SCoop2	0.801			Exploi2	0.792	
	SCoop3	0.763			Exploi3	0.695	
	SCoop4	0.834			Exploi4	0.731	
供应商竞争目标	SComp1	0.676	52.858%		Exploi5	0.595	
	SComp2	0.758			Exploi6	0.666	
	SComp3	0.779		核心能力	ReseC1	0.790	62.717%
	SComp4	0.582			ReseC2	0.828	
	SComp5	0.816			ReseC3	0.692	
客户企业合作目标	CCoop1	0.776	61.003%		ReseC4	0.711	
	CCoop2	0.798			ReseC5	0.686	
	CCoop3	0.826			ManuC1	0.841	
	CCoop4	0.721			ManuC2	0.797	
客户企业竞争目标	CComp1	0.578	50.231%		ManuC3	0.631	
	CComp2	0.730			MarkC1	0.684	
	CComp3	0.817			MarkC2	0.646	
	CComp4	0.606			MarkC3	0.722	
	CComp5	0.781			MarkC4	0.574	
供应商整合	Stgra1	0.766	52.100%	NPD 绩效	NPDP1	0.846	75.558%
	Stgra2	0.613			NPDP2	0.856	
	Stgra3	0.798			NPDP3	0.885	
	Stgra4	0.697			NPDP4	0.845	
客户企业整合	Ctgra1	0.810	60.633%		NPDP5	0.912	
	Ctgra2	0.805		技术动荡	TechT1	0.888	73.738%
	Ctgra3	0.671			TechT2	0.849	
	Ctgra4	0.819			TechT3	0.838	
探索式创新	Explor1	0.778	52.567%	市场动荡	MarkT1	0.704	59.057%
	Explor2	0.735			MarkT2	0.694	
	Explor3	0.768			MarkT3	0.774	
	Explor4	0.646			MarkT4	0.861	
	Explor5	0.719			MarkT5	0.797	
	Explor6	0.695					

注：n=100

(三) 探索式创新/利用式创新探索性因子分析结果

根据研究需要，笔者将探索式创新和利用式创新视为两个独立的变量，对其逐个地进行探索性因子分析。如表5-13所示，探索式创新探索性因子分析结果显示，6个题项提取了一个因子，解释的累积总方差比例达到52.567%，旋转后成分矩阵中各题项的因子载荷量最大为0.778，最小为0.646。

利用式创新探索性因子分析结果显示，6个题项提取了一个因子，解释的累积总方差比例达到50.000%，旋转后成分矩阵中各题项的因子载荷量最大为0.792，最小为0.595。

(四) 核心能力探索性因子分析结果

核心能力包括研发能力、生产能力和营销能力三个维度，三个维度属于聚合型维度。核心能力探索性因子分析结果如表5-13所示。结果显示，共提取的三个因子累积解释总方差比例达到了62.717%，旋转后题项的成分矩阵中因子载荷值最大为0.841，最小为0.574。

(五) NPD绩效探索性因子分析

NPD绩效探索性因子分析结果如表5-13所示，5个条目提取了一个因子，解释的累积总方差比例达到75.558%，旋转后成分矩阵中各题项的因子载荷量最大为0.912，最小为0.845。

(六) 技术动荡/市场动荡探索性因子分析

技术动荡的探索性因子分析结果如表5-13所示，技术动荡的3个测量条目共提取了一个因子，解释的累积总方差比例达到73.738%，旋转后成分矩阵中各题项的因子载荷量最大为0.888，最小为0.838。

市场动荡的探索性因子分析结果显示，5个测量条目只提取了一个因子，解释的累积总方差比例达到59.057%，旋转后成分矩阵中各题项的因子载荷量最大为0.861，最小为0.694。

二 探索性因子分析小结

尽管对于成熟量表无须进行探索性因子分析（陈晓萍，徐淑英和樊景立，2012），本研究仍按照一般要求（Maccallum, Widaman, Zhang & Sehee, 1999；孙晓军和周宗奎，2005），从获取到的233个样本数据中随机抽取100个样本，对各个变量对应的量表进行了分析。探索性因子分析结果显示，所有测量条目在对应的各个因子上的载荷值都大于 0.400，而且解释的累积总方差都在 50% 及其以上，甚至大部分量表达到了 60% 以上。可据此认为，探索性因子分析结果基本满足研究要求（Ford, Mac Callum & Tait, 1986），可以继续进行后续的统计分析。

第六节 量表信度检验

信度检验是对量表内部一致性的评估方法，学者们基本使用 Cronbach's α 指标值进行判断。笔者使用 SPSS 20.0 通过分析各个量表的 Cronbach's α 指标取值，以及对应的校正的项总计相关性取值（corrected item-total correlation，CITC），考察量表内部一致性情况。Cronbach's α 信度分析结果如表 5-14 所示。

表 5-14   量表信度检验结果（n=100）

变量	条目编号	CITC	Cronbach's α	变量	条目编号	CITC	Cronbach's α
供应商合作目标	SCoop1	0.655	0.816	利用式创新	Exploi1	0.585	0.794
	SCoop2	0.634			Exploi2	0.650	
	SCoop3	0.583			Exploi3	0.540	
	SCoop4	0.680			Exploi4	0.581	
供应商竞争目标	SComp1	0.502	0.776		Exploi5	0.442	
	SComp2	0.583			Exploi6	0.502	
	SComp3	0.610		核心能力	ReseC1	0.604	0.878
	SComp4	0.403			ReseC2	0.577	
	SComp5	0.658			ReseC3	0.705	
客户企业合作目标	CCoop1	0.590	0.785		ReseC4	0.624	
	CCoop2	0.614			ReseC5	0.555	
	CCoop3	0.650			ManuC1	0.539	
	CCoop4	0.521			ManuC2	0.636	
客户企业竞争目标	CComp1	0.400	0.749		ManuC3	0.513	
	CComp2	0.547			MarkC1	0.426	
	CComp3	0.650			MarkC2	0.552	
	CComp4	0.412			MarkC3	0.506	
	CComp5	0.597			MarkC4	0.621	

续表

变量	条目编号	CITC	Cronbach's α	变量	条目编号	CITC	Cronbach's α
供应商整合	Stgra1	0.512	0.683	NDP绩效	NPDP1	0.760	0.919
	Stgra2	0.400			NPDP2	0.772	
	Stgra3	0.559			NPDP3	0.814	
	Stgra4	0.448			NPDP4	0.759	
客户企业整合	Ctgra1	0.626	0.782		NPDP5	0.853	
	Ctgra2	0.622		技术动荡	TechT1	0.728	0.822
	Ctgra3	0.470			TechT2	0.660	
	Ctgra4	0.638			TechT3	0.642	
探索式创新	Explor1	0.648	0.818	市场动荡	MarkT1	0.534	0.824
	Explor2	0.584			MarkT2	0.535	
	Explor3	0.638			MarkT3	0.622	
	Explor4	0.502			MarkT4	0.742	
	Explor5	0.584			MarkT5	0.668	
	Explor6	0.542					

信度分析结果显示,除供应商整合量表外(Cronbach's α值为0.683),其他量表的信度系数 Cronbach's α 值均在0.700以上,且最大取值为0.919。各个测量条目与对应变量的 CITC 取值大都在0.500以上。因此,尽管按照问卷开发标准的话,CITC 低于0.500的测量条目应予以删除,但考虑到研究所使用量表均来自成熟问卷,具有较强的理论基础支持,而且所使用量表 CITC 大都在0.500以上,量表信度系数 Cronbach's α 值几乎都在0.700以上,可以认为本研究使用的成熟量表具有较好的内部一致性,不需要再对量表做调整。

第七节 量表效度检验

一 调研问卷的效度判断

问卷调研中的效度反映了测量量表测出所需测量构念的准确性。一般认为,量表效度包括内容效度、效标关联度和结构效度三个方面的内容(陈晓萍,徐淑英和樊景立,2012)。

首先,本研究所采用的测量条目均来自于国内外成熟量表,而且项目小组综合采取了专家咨询、小组讨论和回译（back-translation）等有效手段，对量表在语句表述形式等方面进行了适当调整。因此，可以认为本项目所使用的问卷具有良好的内容效度。

其次，对于效标关联度，由于本研究对问卷测量条目所采用的是管理学领域惯用的 Likert 5 点量表进行直接测量，并无可供参考的效标准则，无法予以检验，但这并不会影响后续的实证分析（陈晓萍，徐淑英和樊景立，2012）。

最后，在问卷结构效度方面，尽管从本章 5.5 节的探索性因子分析结果来看，各条目对因子的载荷值、提取因子的解释率尚可。从本章 5.6 的 Cronbach's α 信度分析结果也可得知，各个量表具有较好的内部一致性。但是，陈晓萍等（2012）、刘军（2008）等认为，需要对整合成的新问卷进行验证性因子分析。因此，本研究采用 Mathieu & Farr（1991）、Wong, Tjosvold & Yu（2005）、Wong 等（2005b）等研究使用的验证性因子分析法，对整个问卷的结构效度进行检验和分析。

二 问卷的结构效度检验

为验证包括所有变量在内的问卷结构效度（Wong, Tjosvold & Chen, 2010；Wang, 2012；Wong, Fang & Tjosvold, 2012），本研究基于打包（data parcelling）后的 233 个样本数据，使用 AMOS21.0 建立测量模型，进行问卷的结构效度检验。巢模型分析结果如表 5-15 所示。

（一）巢模型的因子合并方案

如表 5-15 所示，按照一般方法（Wang, 2012），本研究建立 12 因子基准模型（模型中，核心能力是二阶因子变量）。因子合并的依据主要包括：第一，处于同一逻辑点上的变量合并，包括：核心能力三个维度合成一个维度、供应商合作目标合并供应商竞争目标、客户企业合作目标合并客户企业竞争目标、供应商整合合并客户企业整合、探索式创新合并利用式创新、市场动荡合并技术动荡、四类战略目标互依变量的合并，即对应表 5-15 中的 M1、M2、M3、M4、M5、M6 和 M18。第二，理论框架中自变量与因变量的合并，包括 M9、M10、M11 和 M12。第三，名词表述存在相近形式的多变量间合并，包括 M7、M8、M14、M15 和 M19。第四，已有研究成果中表明存在较强相关或因果关系的多变量间合并，包括 M13、M16 和 M17。第五，按照结构方程模型验证性因子分析要求，问卷验证性因子分析中必须包含的因子模型，还包括饱和模型（saturated model）MS、本研究基准模型 M0、单因子模型 M20 以及独立模型（independence model）M21（吴明隆，2010）。

（二）巢模型之间的比较

从表 5-15 中不难发现，首先，M0、M1、M4 和 M7 四个测量模型的各项结构方程拟合指标取值几乎都优于其他所有模型。其他模型在 χ^2/df、CFI、TLI 和 RMSEA 几个指标上的取值，均存在着不满足临界值的情况，如 M5、M6 和 M8 在 TLI 上的取值低于了 0.900 的标准。

其次，M0 和 M1 的区别在于核心能力的测量，即含核心能力二阶因子的模型（M0）与含核心能力单因子的模型（M1）的对比。在前文的探索性因子分析中，结果显示，核心能力变量测量条目提取的三个成分中条目对因子的最低载荷值达到了 0.574，核心能力信度分析结果显示，Cronbach's α 值为 0.878，变量具有较高的内部一致性。而且已有研究认为，核心能力是高阶因子多维度变量（陈文沛，2013；谢洪明，罗惠玲，王成和李新春，2007）。本研究对 M0 和 M1 进行了比较，结果显示，尽管单因子核心能力的因子模型 M1 在 χ^2/df、CFI、TLI 和 RMSEA 四个指标上的取值，并没有明显劣于本研究基准模型 M0，然而其在 AIC 指标上的取值却远高于 M0。更重要的是，M1 相比 M0 的卡方自由度变化值为 $\Delta\chi^2/\Delta df$ =（1164.857-1150.689）/（753-750）= 4.723，大于 3.840，这表明，M1 的单因子核心能力模型并不如原模型 M0 拟合得更好。因此，本项目基准模型 M0 优于 M1。

最后，同理，M4、M7 相比 M0，在 $\Delta\chi^2/\Delta df$ 方面的计算取值分别为 3.994 和 4.792，都大于 3.840，表明基准模型 M0 优于 M4 和 M7。

综上检验，本研究 12 因子基准模型 M0 具有良好的结构效度。

表 5-15　　　　　　　　　问卷结构效度分析结果

巢模型	χ^2	df	χ^2/df	CFI	TLI	RMSEA	AIC
饱和模型（MS）	0.000	0	—	1.000	—	—	1806.000
12 因子基准模型（M0）	1150.689	750	1.534	0.923	0.911	0.048	1456.689
核心能力三维度合并（M1）	1164.857	753	1.547	0.921	0.909	0.049	1646.857
供应商合作目标合并供应商竞争目标（M2）	1596.962	761	2.099	0.839	0.818	0.069	1880.962

续表

巢模型	χ^2	df	χ^2/df	CFI	TLI	RMSEA	AIC
客户企业合作目标合并客户企业竞争目标（M3）	1606.019	761	2.110	0.837	0.816	0.069	2522.066
供应商整合合并客户企业整合（M4）	1194.618	761	1.570	0.916	0.905	0.050	1478.618
探索式、利用式创新（M5）	1267.841	761	1.666	0.902	0.889	0.054	1551.841
市场动荡合并技术动荡（M6）	1260.189	761	1.656	0.904	0.891	0.053	1544.189
供应商合作目标合并供应商整合（M7）	1203.397	761	1.581	0.915	0.904	0.050	1487.397
客户企业合作目标合并客户企业整合（M8）	1237.324	761	1.626	0.908	0.896	0.052	1521.324
供应商合作目标合并NPD绩效（M9）	1374.415	761	1.806	0.822	0.866	0.059	1658.415
供应商竞争目标合并NPD绩效（M10）	1414.019	761	1.858	0.874	0.858	0.061	1698.019
客户企业合作目标合并NPD绩效（M11）	1335.829	761	1.755	0.889	0.875	0.057	1619.829
客户企业竞争目标合并NPD绩效（M12）	1589.482	761	2.089	0.840	0.843	0.069	1873.482
核心能力合并NPD绩效（M13）	1333.040	761	1.752	0.890	0.875	0.057	1617.040
供应商合作目标和竞争目标合并供应商整合（M14）	1663.747	771	2.158	0.828	0.808	0.071	1927.747
客户企业合作目标和竞争目标合并客户企业整合（M15）	1671.188	771	2.168	0.826	0.806	0.071	1935.188
探索式创新、利用式创新合并核心能力（M16）	1294.711	771	1.679	0.899	0.887	0.054	1558.711
探索式创新、利用式创新合并NPD绩效（M17）	1507.192	771	1.955	0.858	0.842	0.064	1771.192
八因子模型一（M18）	2042.532	780	2.619	0.757	0.731	0.084	2288.532
八因子模型二（M19）	1333.843	780	1.710	0.893	0.882	0.055	1579.843
单因子模型（M20）	2818.013	819	3.441	0.615	0.595	0.103	2986.013
独立模型（M21）	6048.531	861	7.025	0.000	0.000	0.161	6132.531

注：n=233，下同；M18合并了四类目标互依；M19合并两类合作目标和供应链外部整合

总的来说，本章主要包括两个部分的内容。首先，通过设计小实验的方式，对理论框架的前提假设（战略目标互依对NPD绩效具有显著的影

响)进行探索性验证。然后,我们对大规模调研所需要的问卷进行研究设计。最后,确定用于测量各变量的条目。

具体而言,本章首先介绍了实证研究的基本流程,接着进行探索性的实验研究设计。然后对调研问卷进行了设计,介绍了量表来源,详细介绍了本项目需要用到的统计分析方法以及必要的数据处理手段。最后,就数据收集过程、结果、样本特征、问卷信度和效度进行了详细的探讨。

结果表明:第一,探索性的实验研究支持了本项目理论框架赖以成立的前提假设。第二,通过大规模问卷调研收集到的样本数据满足研究需要和要求。第三,本研究问卷设计满足信度和效度要求。

第六章

假设检验与结果讨论

本章在第五章调研量表信效度检验基础之上，主要对本研究理论框架涉及的供应商角度、客户企业角度和企业外部环境角度的研究假设，进行统计分析和实证检验。内容主要包括：对变量进行描述性统计分析和相关性检验，考察控制变量的影响效应，对基于供应商、客户企业和外部环境三个角度提出的研究假设进行实证检验，最后对研究结果进行了讨论。

第一节 变量描述性统计分析

对于企业统计特征变量，企业成立年限（year）属于定序变量，"1"代表"3—15年"，"2"代表"16—45年"，"3"代表"46年及其以上"。企业员工规模（size）属于定序变量，"1"代表"30—500人"，"2"代表"501—1000人"，"3"代表"1000人及其以上"。企业所有制（ownership）属于定类变量，"1"代表"国有及其控股企业"，"2"代表"私营企业"，"3"代表"外资企业"。企业所属行业（industry）属于定类变量，"1"代表"制造业"，"2"表示"服务业"。

表6-1是所有变量的均值、标准差和变量之间相关系数的描述性统计分析结果。由于十六个变量既涉及连续型变量，又包括了定类定序变量，笔者选取Spearman双侧检验法对变量间的相关性进行统计分析。

相关性检验和描述性分析结果显示，第一，在研究假设的各个路径上，相邻两个变量之间均存在着显著的相关关系，即供应商角度的战略目标互依与供应商整合，客户企业角度的战略目标互依与客户企业整合，供应链外部整合与两类创新，两类创新与核心能力，核心能力与NPD绩效之间均具有显著的相关关系（$p<0.050$）。第二，关于竞争目标与各变量的相关程度和显著性情况，统计分析结果与Wong等（2005b）、Wang

（2012）、Wong 等（1999）等研究显示的统计分析结果相似，即竞争目标与如探索式创新、NPD 绩效等部分变量的相关关系不具有统计显著性（$p>0.050$）。第三，两类外部环境变量技术动荡和市场动荡与两类创新、核心能力和 NPD 绩效，都具有显著的相关关系，而且统计显著性程度较为一致（$p<0.010$）。

表 6-1　　变量描述性统计与相关系数矩阵

变量	1 SCoop	2 SComp	3 CCoop	4 CComp	5 Stgra	6 Ctgra	7 Explor	8 Exploi
1	1							
2	−0.063	1						
3	0.666**	0.070	1					
4	−0.018	0.779**	0.071	1				
5	0.644**	−0.234**	0.510**	−0.203**	1			
6	0.450**	−0.247**	0.489**	−0.143*	0.539**	1		
7	0.667**	−0.117	0.594**	−0.071	0.578**	0.467**	1	
8	0.468**	−0.222**	0.511**	−0.218**	0.518**	0.511**	0.536**	1
9	0.658**	−0.141*	0.674**	−0.126	0.635**	0.530**	0.809**	0.675**
10	0.571**	0.036	0.635**	−0.023	0.464**	0.432**	0.614**	0.497**
11	0.468**	0.036	0.512**	0.073	0.428**	0.301**	0.665**	0.423**
12	0.367**	−0.055	0.355**	−0.012	0.315**	0.291**	0.438**	0.455**
13	−0.146*	0.201**	−0.101	0.171**	−0.141*	−0.170**	−0.097	−0.120
14	−0.262**	−0.013	−0.259**	−0.004	−0.167**	−0.155*	−0.132*	−0.143*
15	0.404**	0.042	0.342**	0.065	0.233**	0.265**	0.348**	0.204**
16	−0.301**	−0.199**	−0.256**	−0.230**	−0.195**	−0.063	−0.296**	−0.085
M	3.700	2.688	3.730	2.719	3.888	3.995	3.777	4.082
SD	0.702	0.774	0.727	0.776	0.568	0.599	0.627	0.506

变量	9 CoreC	10 NPDP	11 TechT	12 MarkT	13 Year	14 Size	15 Owner	16 Indus
9	1							
10	0.687**	1						
11	0.606**	0.464**	1					
12	0.408**	0.208**	0.495**	1				
13	−0.200**	−0.114	0.035	0.053	1			
14	−0.238**	−0.273**	−0.036	0.011	0.590**	1		

续表

变量	9 CoreC	10 NPDP	11 TechT	12 MarkT	13 Year	14 Size	15 Owner	16 Indus
15	0.444**	0.357**	0.252**	0.136*	−0.453**	−0.417**	1	
16	−0.277**	−0.246**	−0.286**	−0.146*	−0.199**	−0.153*	−0.097	1
M	3.818	3.585	3.860	3.887	NA	NA	NA	NA
SD	0.560	0.742	0.760	0.608	NA	NA	NA	NA

注：Spearman 双侧检验，**$p<0.010$，*$p<0.050$；M 均值，SD 标准差；1 供应商合作目标、2 供应商竞争目标、3 客户企业合作目标、4 客户企业竞争目标、5 供应商整合、6 客户企业整合、7 探索式创新、8 利用式创新、9 核心能力、10 NPD 绩效、11 技术动荡、12 市场动荡、13 企业成立年限、14 企业员工规模、15 企业所有制、16 企业所属行业

此外，如表 6-1 所示，在变量均值和标准差的表现方面，第一，供应商竞争目标和客户企业竞争目标均值都很小，分别为 2.688 和 2.719。这表明，样本企业的高管受试者总体上倾向于认为，其所在企业与上下游企业之间的竞争性目标互依性较弱。这与供应链上企业之间关系的现实情况较为一致。第二，均值统计结果显示，利用式创新的均值最大（4.082），样本企业的利用式创新水平总体上偏高，这表明样本企业大都倾向于使用基于提炼、整合和加强现有知识基础的组织创新范式。第三，在所有变量中，标准差最小值为 0.506，这表明本项目获取的样本数据具有足够的变异性。第四，对于本研究理论模型涉及的主要变量在企业统计特征变量上的均值差异情况，本书将在第二小节中进行深入分析。

第二节 控制变量的影响分析

本章将分析企业成立年限、员工规模、所有制和企业所属行业，对供应商整合、客户企业整合、探索式创新、利用式创新、核心能力和 NPD 绩效的影响。为此，首先，在进行方差分析之前，有必要先对数据进行 Levene 统计量的方差齐次检验。其次，笔者将使用单因子方差分析法（one-way ANOVA）考察三分类变量企业成立年限、企业员工规模和企业所有制产生的影响。再次，如果方差齐次，而且单因子方差分析结果达到统计显著性，则表明我们可以采用 Scheffe 多重比较法，以更细致地考察控制变量对各主要变量的影响情况。然后，如果方差不齐次，而且单因子

方差分析结果达到了统计显著性，则表明适合采用 Dunnett T3 多重比较法，进一步考察控制变量对各主要变量的影响情况。最后，对于二分类变量"企业所属行业"产生的影响，我们拟采用独立样本 T 检验进行考察。

一 企业成立年限的影响

方差齐次检验和单因子方差分析结果如表 6-2 所示。方差齐次检验结果显示，供应商整合、客户企业整合和利用式创新在企业成立年限变量上的均值分布具有方差齐次性（p>0.050）。探索式创新、核心能力和 NPD 绩效在企业成立年限变量上的均值分布不具有方差齐次性（p<0.050）。同时，单因子方差分析结果还显示，企业成立年限对几个主要变量都产生显著性影响（p<0.050）。

接下来，本书对方差检验结果为齐次的变量进行 Scheffe 多重比较，对方差检验结果为非齐次的变量进行 Dunnett T3 多重比较，比较结果如表 6-3 所示。

表 6-2　企业成立年限产生影响的方差齐次检验及方差分析结果

变量	方差齐次检验 Levene 统计值	显著性	单因子方差分析 F 值	显著性
供应商整合	2.953	0.054	7.955	0.000
客户企业整合	2.301	0.102	7.837	0.001
探索式创新	7.566	0.001	8.982	0.000
利用式创新	2.473	0.087	5.026	0.007
核心能力	5.914	0.003	19.452	0.000
NPD 绩效	11.473	0.000	28.029	0.000

表 6-3　企业成立年限产生影响的方差分析多重比较结果

多重比较法	因变量	企业成立年限（I）	企业成立年限（J）	均值差（I-J）	显著性
Scheffe 法	供应商整合	'3—15 年'	'16—45 年'	-0.066	0.716
		'3—15 年'	'46 年及其以上'	0.328	0.004
		'16—45 年'	'46 年及其以上'	0.394	0.001
	客户企业整合	'3—15 年'	'16—45 年'	-0.079	0.653
		'3—15 年'	'46 年及其以上'	0.337	0.006
		'16—45 年'	'46 年及其以上'	0.416	0.001
	利用式创新	'3—15 年'	'16—45 年'	-0.057	0.737
		'3—15 年'	'46 年及其以上'	0.228	0.038
		'16—45 年'	'46 年及其以上'	0.285	0.009

续表

多重比较法	因变量	企业成立年限（I）	企业成立年限（J）	均值差（I-J）	显著性
Dunnett T3 法	探索式创新	'3—15 年'	'16—45 年'	-0.207	0.042
		'3—15 年'	'46 年及其以上'	0.264	0.081
		'16—45 年'	'46 年及其以上'	0.471	0.000
	核心能力	'3—15 年'	'16—45 年'	-0.114	0.291
		'3—15 年'	'46 年及其以上'	0.472	0.000
		'16—45 年'	'46 年及其以上'	0.586	0.000
	新产品开发绩效	'3—15 年'	'16—45 年'	-0.383	0.000
		'3—15 年'	'46 年及其以上'	0.537	0.000
		'16—45 年'	'46 年及其以上'	0.920	0.000

如表 6-3 所示，方差分析多重比较结果显示，供应商整合、客户企业整合、探索式创新、利用式创新、核心能力和 NPD 绩效，在企业成立年限的"3—15 年"与"46 年及其以上""16—45 年"阶段与"46 年及其以上"阶段的均值差异，都达到了统计显著性性（P<0.050），而且均值差异为正数（I-J>0）。探索式创新和 NPD 绩效，在"3—15 年"阶段与"16—45 年"阶段的均值差异，达到了统计显著性（P<0.050），而且均值差异为负数（I-J<0）。不过尽管供应商整合、客户企业整合、利用式创新和核心能力四个变量在"3—15 年"阶段与"16—45 年"阶段的均值差异也为负数（I-J<0），但统计检验结果显示，这种差异并不具有统计显著性（P>0.050）。

总而言之，对于项目组收集到的 233 个样本，单因子方差分析结果显示，各主要变量在企业成立时间处于 16—45 年时间段的均值，要高于 3—15 年和 46 年及其以上两个时间段对应的均值。这表明，企业的供应商整合、客户企业整合、探索式创新、利用式创新、核心能力和 NPD 绩效，在企业成立年限过短或过长两种时间段上的表现，都不如在 16—45 年时间段的表现好。

二 企业员工规模的影响

如表 6-4 所示，方差齐次检验结果显示，供应商整合、探索式创新、利用式创新和 NPD 绩效在企业员工规模变量上的均值分布具有方差齐次性（p>0.050），客户企业整合和核心能力在企业员工规模变量上的均值分布不具有方差齐次性（p<0.050）。同时，单因子方差分析结果显示，企业员工规模对几个变量都产生显著性影响（p<0.050）。基于此，对方差检验结果为齐次的变量进行 Scheffe 多重比较，并对方差检验结果为非齐次的变量进行 Dunnett T3 多重比较，比较结果如表 6-5 所示。

表 6-4　企业员工规模产生影响的方差齐次检验及方差分析结果

变量	方差齐次检验 Levene 统计值	显著性	单因子方差分析 F 值	显著性
供应商整合	1.922	0.149	5.848	0.003
客户企业整合	3.633	0.028	10.543	0.000
探索式创新	1.796	0.168	3.854	0.023
利用式创新	2.802	0.063	6.796	0.001
核心能力	6.154	0.002	14.849	0.000
NPD 绩效	0.665	0.515	9.618	0.000

表 6-5　企业员工规模产生影响的方差分析多重比较结果

多重比较法	因变量	企业员工规模（I）	企业员工规模（J）	均值差（I-J）	显著性
Scheffe 法	供应商整合	'30—500 人'	'501—1000 人'	-0.088	0.721
		'30—500 人'	'1000 人及其以上'	0.246	0.013
		'501—1000 人'	'1000 人及其以上'	0.334	0.019
	探索式创新	'30—500 人'	'501—1000 人'	-0.110	0.661
		'30—500 人'	'1000 人及其以上'	0.210	0.076
		'501—1000 人'	'1000 人及其以上'	0.320	0.052
	利用式创新	'30—500 人'	'501—1000 人'	-0.136	0.371
		'30—500 人'	'1000 人及其以上'	0.213	0.016
		'501—1000 人'	'1000 人及其以上'	0.348	0.004
	新产品开发绩效	'30—500 人'	'501—1000 人'	0.123	0.677
		'30—500 人'	'1000 人及其以上'	0.464	0.000
		'501—1000 人'	'1000 人及其以上'	0.341	0.081

续表

多重比较法	因变量	企业员工规模（I）	企业员工规模（J）	均值差（I-J）	显著性
Dunnett T3 法	客户企业整合	'30—500 人'	'501—1000 人'	-0.253	0.014
		'30—500 人'	'1000 人及其以上'	0.278	0.011
		'501—1000 人'	'1000 人及其以上'	0.531	0.000
	核心能力	'30—500 人'	'501—1000 人'	-0.151	0.186
		'30—500 人'	'1000 人及其以上'	0.367	0.000
		'501—1000 人'	'1000 人及其以上'	0.518	0.000

如表6-5所示，单因子方差分析的多重比较结果显示，供应商整合、客户企业整合、利用式创新和核心能力在企业"30—500人"与"1000人及其以上"规模、"501—1000人"的员工规模与"1000人及其以上"规模的均值差异都达到统计显著性（P<0.050），而且均值差异为正数（I-J>0）。供应商整合、探索式创新、利用式创新和核心能力在企业"30—500人"与"501—1000人"规模的均值差异未达到统计显著性（P>0.050），而且均值差异为负数（I-J<0），但客户企业整合在这两组间的均值差异达到了统计显著性（P<0.050），均值差异为负数（I-J=-0.253）。NPD绩效仅在"30—500人"的员工规模与"1000人及其以上"规模的均值差异上达到统计显著性（P<0.001），且均值差异为正数（I-J=0.464）。探索式创新在"30—500人"与"1000人及其以上"规模、"501—1000人"的员工规模与"1000人及其以上"规模的均值差异上具有弱显著性（P<0.100），而且均值差异为正数（I-J>0）。

总而言之，对于本研究收集到的233个样本而言，单因子方差分析结果表明，除NPD绩效外，其他变量在501—1000人的员工规模区间段的均值要高于30—500人、1000人及其以上两个区间段。这表明，企业的供应商整合、客户企业整合、探索式创新、利用式创新和核心能力在员工人数过多和过少情况下的提升和增进效果不如501—1000人规模的好。随着员工规模逐渐增大，NPD绩效均值越来越小。这表明，对于本项目的样本而言，规模越大的企业在NPD绩效水平上的表现越不好。

三 企业所有制的影响

方差齐次检验和单因子方差分析结果如表 6-6 所示。方差齐次检验结果显示，客户企业整合、利用式创新和 NPD 绩效在企业所有制变量上的均值分布具有方差齐次性（p>0.050）。供应商整合、探索式创新和核心能力在企业所有制变量上的均值分布不具有方差齐次性（p<0.050）。同时，单因子方差分析结果显示，企业所有制对几个变量都产生显著性影响（p<0.050）。笔者同样对方差检验结果为齐次的变量进行 Scheffe 多重比较，对方差检验结果为非齐次的变量进行 Dunnett T3 多重比较。多重比较结果如表 6-7 所示。

表 6-6 企业所有制产生影响的方差齐次检验及方差分析结果

变量	方差齐次检验 Levene 统计值	显著性	单因子方差分析 F 值	显著性
供应商整合	3.281	0.039	11.441	0.000
客户企业整合	2.920	0.056	9.072	0.000
探索式创新	5.591	0.004	20.014	0.000
利用式创新	2.968	0.053	6.813	0.001
核心能力	8.367	0.000	39.755	0.000
NPD 绩效	2.124	0.122	15.950	0.000

表 6-7 企业所有制产生影响的方差分析多重比较结果

多重比较法	因变量	企业所有制（I）	企业所有制（J）	均值差（I-J）	显著性
Scheffe 法	客户企业整合	国有及其控股企业	私营企业	-0.328	0.001
		国有及其控股企业	外资企业	-0.422	0.005
		私营企业	外资企业	-0.094	0.738
	利用式创新	国有及其控股企业	私营企业	-0.264	0.001
		国有及其控股企业	外资企业	-0.220	0.137
		私营企业	外资企业	0.044	0.911
	新产品开发绩效	国有及其控股企业	私营企业	-0.521	0.000
		国有及其控股企业	外资企业	-0.680	0.000
		私营企业	外资企业	-0.159	0.548

续表

多重比较法	因变量	企业所有制（I）	企业所有制（J）	均值差（I-J）	显著性
Dunnett T3 法	供应商整合	国有及其控股企业	私营企业	-0.378	0.000
		国有及其控股企业	外资企业	-0.311	0.016
		私营企业	外资企业	0.067	0.852
	探索式创新	国有及其控股企业	私营企业	-0.516	0.000
		国有及其控股企业	外资企业	-0.548	0.000
		私营企业	外资企业	-0.032	0.974
	核心能力	国有及其控股企业	私营企业	-0.613	0.000
		国有及其控股企业	外资企业	-0.614	0.000
		私营企业	外资企业	-0.001	1.000

如表 6-7 所示，单因子方差分析的多重比较结果显示，供应商整合、客户企业整合、探索式创新、利用式创新、核心能力和 NPD 绩效几个变量在"国有及其控股企业"所有制与"私营企业"所有制、"国有及其控股企业"所有制与"外资企业"所有制、"私营企业"所有制与"外资企业"所有制之间的均值差异几乎全部为负值（I-J<0）。在"国有及其控股企业"所有制与"私营企业"所有制、"国有及其控股企业"所有制与"外资企业"所有制的均值差异方面，除利用式创新外，其他变量的均值差异都达到了统计显著性（$P<0.050$）；但是所有变量在"私营企业"所有制与"外资企业"所有制之间的均值差异并没有达到统计显著性（$P>0.050$）。

单因子方差分析结果表明，对于项目组收集到的 233 个样本而言，相比私营所有制和外资所有制的企业，国有及其控股型所有制的企业在供应商整合、客户企业整合、探索式创新/利用式创新、核心能力和 NPD 绩效方面的表现并不理想。但尽管私营企业在这些方面的水平也不如外资企业良好，它们之间的差异却并不具有统计显著性。

四 企业所属行业的影响

企业所属行业是一个包括制造业和服务业在内的二分类变量，可以使用独立样本 T 检验法，分析供应商整合、客户企业整合、探索式创新、利用式创新、核心能力和 NPD 绩效在企业所属行业上的均值差异情况。

如表 6-8 所示，Levene 方差齐次检验结果显示，各个变量在两类行业间具有方差齐次性。相对应的，在方差齐次前提下进行的 T 检验结果表明，供应商整合、探索式创新、核心能力和 NPD 绩效在制造业与服务业之间的均值差异具有统计显著性（P<0.050），而且均值差异为正数。但客户企业整合和利用式创新在不同行业间的均值差异并不具有统计显著性（P>0.050）。

表 6-8　各变量在企业所属行业上均值差异的独立样本 T 检验

变量	均值分布情况			Levene 检验		T 检验		
	行业	均值	标准差	F 值	显著性	均值差值	T 值	显著性
供应商整合	制造业	3.935	0.554	0.006	0.937	0.240	2.581	0.010
	服务业	3.694	0.591					
客户企业整合	制造业	4.001	0.609	0.334	0.564	0.035	0.348	0.728
	服务业	3.967	0.563					
探索式创新	制造业	3.851	0.630	0.414	0.520	0.384	3.797	0.000
	服务业	3.467	0.517					
利用式创新	制造业	4.087	0.502	0.200	0.655	0.024	0.285	0.776
	服务业	4.063	0.524					
核心能力	制造业	3.879	0.567	0.499	0.481	0.316	3.485	0.001
	服务业	3.563	0.454					
NPD 绩效	制造业	3.668	0.720	0.001	0.973	0.433	3.602	0.000
	服务业	3.236	0.736					

注：制造业样本量为 188，服务业样本量为 45；双侧检验

独立样本 T 检验结果表明，对于项目组收集到的 233 个样本而言，制造型企业更倾向于采取供应商整合和探索式创新手段，比服务型企业的核心能力更强，而且其 NPD 绩效优于服务型企业。不过，制造型企业和服务型企业对客户企业整合和利用式创新的重视程度并不具有明显区别。

五　本节小结

综合以上均值差异检验结果，我们不难发现，四类企业统计特征变量大都会对本研究的链式多重中介变量"供应商整合/客户企业整合、探索式创新/利用式创新、核心能力"，以及结果变量 NPD 绩效产生显著的影响。因此，在后续的假设检验过程中，须对这些变量产生的影响效应进行

统计控制。

第三节 供应商角度变量之间关系的检验

接下来主要通过两种方式检验供应商角度变量之间关系的研究假设。一是通过结构方程模型分析，系统性地检验各变量之间的路径关系以及调节效应研究假设。二是在第一步变量之间路径关系得到验证的基础上，通过 Process Macro 的非参数百分位自助抽样法，检验供应商整合、企业创新和核心能力在供应商角度战略目标互依与 NPD 绩效之间关系中，所起的链式多重中介效应，并进行深入对比分析。

一 带调节的变量之间关系的结构方程模型分析

（一）理论模型在 AMOS21.0 中的实现

基于供应商角度的理论框架，我们将通过建立结构方程模型的方式，系统地考察变量之间的路径关系以及调节效应关系。该模型除了主要验证供应商合作目标、供应商竞争目标、供应商整合、探索式创新、利用式创新、核心能力、NPD 绩效、技术动荡和市场动荡之间的路径关系和调节效应关系外，还涉及对企业成立年限、员工规模、所有制和企业所属行业四个统计特征变量影响效应的控制，以及对技术动荡与探索式创新、市场动荡与利用式创新两个交互项的处理。

1. 本项目理论模型在结构方程模型中的简化处理

由于本部分共涉及 19 个潜变量，其中还包括了高阶三维度因子潜变量核心能力，共计可观测的显变量数是 57 个。借鉴 Mathieu & Farr（1991）介绍的数据打包方法，本书将各个潜变量对应的显变量打包成三个测量条目，并参考吴艳和温忠麟（2011）介绍的方法，将核心能力的三个维度分别打包成单题项维度。通过对每个维度的测量条目求均值的方式，替代成该维度的观测指标值。通过这些步骤，本部分用于结构方程模型的显变量数量从 57 个减少成了 34 个。同时，按照一般要求，笔者对单题项维度的显变量方差值设置成 0，与其对应的潜变量载荷系数设置成 1。

2. 结构方程模型中控制变量的处理

在 AMOS 建模分析中，对于控制变量的处理主要有：

第一，将具有定序递增性质且解释有意义的两个三分类变量，企业成立年限（year）（1＝"3—15 年"，2＝"16—45 年"，3＝"≥46 年"）和企业员工规模（size）（1＝"30—500 人"，2＝"501—1000 人"，3＝"≥1000 人"），直接纳入结构方程模型中进行分析。

第二，本书把具有定类性质的三分类变量企业所有制生成虚拟变量后，纳入结构方程模型进行分析。具体而言，我们将外资企业作为虚拟变量的比较基准，"1，0，0"代表国有企业与外资企业的对比（AMOS 中命名为"所有制 1"），"0，1，0"代表私营企业与外资企业的对比（AMOS 中命名为"所有制 2"）。

第三，企业所属行业（industry；1 代表制造业、2 代表服务业）是定类性质的二分类变量，直接纳入模型中进行分析。

第四，本书参考了 Cortina，Chen & Dunlap（2001）的研究报告，将所有控制变量显变量方差值设置成 0，并把与其对应的潜变量的载荷系数设置成 1。

3. 结构方程模型中调节效应的处理

对于调节效应在 AMOS 建模分析中的处理，本研究主要参考了 Cortina 等（2001）的研究报告。该方法被 Song 等（2005）认为是通过结构方程模型检验调节效应的有效途径。交互项显变量值的计算方法是，基于 233 个样本数据，笔者首先使用 SPSS20.0 对探索式创新、利用式创新、技术动荡和市场动荡的四个变量的取值进行标准化处理，然后通过计算探索式创新与技术动荡、利用式创新与市场动荡的两个乘积计算得来。

另外，"探索式创新×技术动荡""利用式创新×市场动荡"两个交互项显变量方差值 δ_1、δ_2，及其与潜变量之间的载荷系数 λ_1、λ_2 由以下公式计算得来：

$$\lambda_i = \sqrt{(\alpha_{i1} \times \alpha_{i2} + r_i^2)/(1 + r_i^2)}；\delta_i = \omega_i(1 - \lambda_i^2)\ (i=1,2)$$

其中，α_{ij}（j=1，2）值为四个变量的信度系数 Cronbach's α 的数值，r_i 值为两个交互项涉及的 Pearson 相关性系数值，ω_i 值为交互项的描述统计方差值。最终计算得出 λ_1、λ_2、δ_1、δ_2 值依次为 0.864、0.809、0.757、0.555。本研究通过上述步骤，建立了如图 6-1 所示的结构方程模型实现图。

为使文中呈现的模型图更加简明，我们把体现前因变量之间相关性的连接线忽略掉。而且无论是潜变量还是显变量，对应残差的载荷系数都由统计软件系统默认设置为 1，但本书没有在此图中进行明示。另外，除图

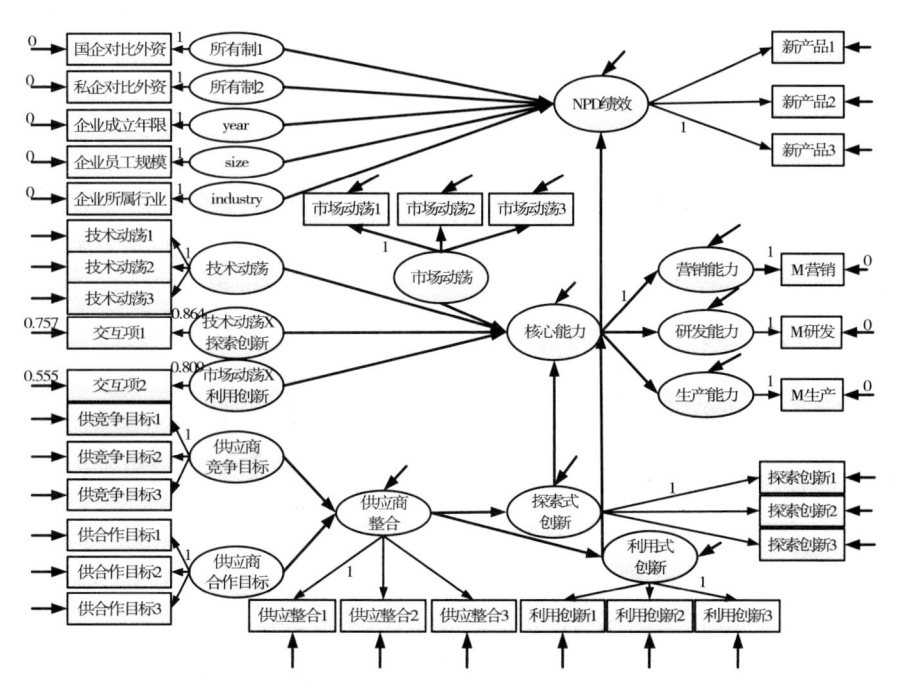

图 6-1 供应商角度战略目标互依影响 NPD 绩效的 AMOS 模型图

中已给出的观测指标残差值外,其他指标值由统计分析工具运算得出。基于本研究建立的 AMOS 结构方程实现图,相应的结构方程模型统计分析结果如表 6-9 所示。

(二) 基于结构方程模型的路径分析和调节效应分析

表 6-9 是供应商角度的战略目标互依、供应商整合、探索式创新/利用式创新、核心能力、NPD 绩效、技术动荡和市场动荡的结构方程模型路径分析和调节效应分析结果。样本数据与建构的概念模型之间的模型拟合结果显示,$\chi^2 = 795.954$,df = 463,$\chi^2/df = 1.719$(小于 3.000),CFI = 0.919(大于 0.900),TLI = 0.901(大于 0.900),RMSEA = 0.056(小于 0.080),AIC = 1059.954(小于饱和模型的 1190.000 和独立模型的 4718.662)。AMOS 结构方程拟合结果表明,样本数据能够较好支持本研究供应商角度的路径和调节效应理论模型。

1. 基于结构方程模型的路径分析结果

如表 6-9 所示,供应商角度战略目标互依影响 NPD 绩效的结构方程模型检验的路径分析结果显示,供应商合作目标对供应商整合具有显著的正向影响，标准化路径系数值是 0.913（p<0.001），供应商竞争目标对供应商整合具有显著的负向影响，标准化路径系数值是-0.153（p<0.050）。供应商整合对探索式创新具有显著的正向影响，标准化路径系数值是 0.847（p<0.001），而且供应商整合对利用式创新也具有显著的正向影响，标准化路径系数值是 0.708（p<0.001）。探索式创新对核心能力具有显著的正向影响，标准化路径系数值是 0.627（p<0.001），同时利用式创新对核心能力也具有显著的正向影响，标准化路径系数值是 0.292（p<0.001），而且影响程度弱低于探索式创新的影响；核心能力显著正向影响 NPD 绩效，标准化路径系数值是 0.720（p<0.001）。

结构方程模型分析结果表明，假设 1a、假设 2a、假设 3a、假设 4a 得到了样本数据的支持，而且假设 5、假设 6 和假设 7 从供应商角度也得到了样本数据支持。

2. 基于结构方程模型的调节效应分析结果

如表 6-9 所示，调节效应的结构方程模型统计检验结果显示，探索式创新与技术动荡的交互项对核心能力具有显著的正向影响，其标准化路径系数值是 0.437（p<0.001）。利用式创新与市场动荡的交互项对核心能力具有显著的负向影响，其标准化路径系数值是-0.232（p<0.010）。这表明，技术动荡显著地加强了探索式创新对核心能力的正向影响，同时市场动荡显著地减弱了利用式创新对核心能力的正向影响。

因此，本研究的假设 8 和假设 9，都从供应商角度得到了样本数据的支持。

表 6-9　供应商角度战略目标互依影响企业创新和 NPD 绩效的结果

关系类型	路径		标准化路径/载荷系数	显著性概率	检验结果
路径假设	供应商合作目标	→供应商整合	0.913	0.000	显著
	供应商竞争目标	→供应商整合	-0.153	0.012	显著
	供应商整合	→探索式创新	0.847	0.000	显著
	供应商整合	→利用式创新	0.708	0.000	显著
	探索式创新	→核心能力	0.627	0.000	显著
	利用式创新	→核心能力	0.292	0.000	显著
	核心能力	→NPD 绩效	0.720	0.000	显著

续表

关系类型	路径		标准化路径/载荷系数	显著性概率	检验结果
调节效应假设	技术动荡	→核心能力	0.572	0.000	—
	市场动荡	→核心能力	−0.298	0.002	—
	探索式创新×技术动荡	→核心能力	0.437	0.000	显著
	利用式创新×市场动荡	→核心能力	−0.232	0.003	显著
控制变量影响效应	企业成立年限	→NPD绩效	0.034	0.637	—
	企业员工规模	→NPD绩效	−0.211	0.002	—
	所有制1（国企对比外资）	→NPD绩效	−0.021	0.821	—
	所有制1（国企对比外资）	→NPD绩效	−0.169	0.035	—
	企业所属行业	→NPD绩效	−0.088	0.113	—
因子载荷	供应商合作目标	→供合作目标1	0.708	0.000	—
		→供合作目标2	0.695	0.000	—
		→供合作目标3	0.821	0.000	—
	供应商竞争目标	→供竞争目标1	0.657	0.000	—
		→供竞争目标2	0.843	0.000	—
		→供竞争目标3	0.822	0.000	—
	供应商整合	→供应整合1	0.692	0.000	—
		→供应整合2	0.562	0.000	—
		→供应整合3	0.447	0.000	—
	探索式创新	→探索创新1	0.798	0.000	—
		→探索创新2	0.753	0.000	—
		→探索创新3	0.748	0.000	—
	利用式创新	→利用创新1	0.745	0.000	—
		→利用创新2	0.763	0.000	—
		→利用创新3	0.746	0.000	—
	核心能力	→营销能力	0.876	0.000	—
		→生产能力	0.792	0.000	—
		→研发能力	0.825	0.000	—
	NPD绩效	→新产品1	0.859	0.000	—
		→新产品2	0.900	0.000	—
		→新产品3	0.808	0.000	—

续表

关系类型	路径		标准化路径/载荷系数	显著性概率	检验结果
因子载荷	技术动荡	→技术动荡1	0.747	0.000	—
		→技术动荡2	0.731	0.000	—
		→技术动荡3	0.757	0.000	—
	市场动荡	→市场动荡1	0.714	0.000	—
		→市场动荡2	0.660	0.000	—
		→市场动荡3	0.818	0.000	—

$\chi^2 = 795.954$，$df = 463$，$\chi^2/df = 1.719$，$CFI = 0.919$，$TLI = 0.901$，$RMSEA = 0.056$，$AIC = 1059.954$

二 链式多重中介效应检验

(一) 链式多重中介效应的分析原理

传统的结构方程模型分析有助于研究者通过路径分析，系统性地考察多个潜变量之间的路径关系（吴明隆，2010）。而且，传统的结构方程模型分析结合 Sobel 检验，还能帮助研究者计算出三个变量之间简单中介的效应值（仅含一个中介变量），并判断出该中介效应的显著性。然而，Sobel 检验对相关的参数有严格的正态分布要求，这使得 Sobel 检验方法容易犯第一类错误（拒真）。同时，面临序列性多个中介变量存在的情况，一般的中介效应检验方法尚无法实现对其统计显著性的判别。在无先验信息的情况下，学者们普遍推荐使用自助抽样法检验中介效应。而且，Hayes（2013）发展出了链式多重中介效应值的计算方法，并能实现对多重中介效应统计显著性的检验。

学界对多重中介效应的各类检验方法进行了对比，如因果关系的逐步回归、变量系数的乘积检验，以及非参数百分位的自助抽样检验法。相关研究结果表明，偏差纠正（bias corrected）的非参数百分位的自助抽样法是最好的检验方法（Hayes，2015；陈瑞、郑毓煌和刘文静，2013）。因此，本研究拟选取偏差纠正的非参数百分位的自助抽样法，考察变量之间关系的链式多重中介效应。

链式多重中介效应是一种被中介的中介效应，对于这类中介效应，其偏差纠正的非参数百分位的自助抽样检验步骤可以归纳为四步：第一步，基于 m 个样本的样本容量有放回地随机抽取 m 个样本 n 次（一般要求 n

取值在 1000 以上，本研究选取 Boot n=2000）。第二步，对抽取的 n 组 m 样本规模大小的数据逐组计算出 n 个链式多重中介效应值（如：含三个序列性中介变量的链式多重中介模型，则须将四个具有统计显著性的序列性因果效应值相乘）。第三步，取这 n 个链式多重中介效应值的均值作为链式多重中介效应的点估计值。第四步，将第二步得到的 n 个链式多重中介效应值按大小排序，得出一个序列，取该序列 2.5% 和 97.5% 的两个百分位数的多重中介效应值，用以估计置信水平为 95% 的链式多重中介效应置信区间。若该区间不包括 0，则表明链式多重中介效应达到统计显著性（Hayes，2015；陈瑞，郑毓煌和刘文静，2013）。

本研究在 SPSS20.0 中使用 PROCESS Macro 统计分析工具，选取偏差纠正的非参数百分位自助抽样法，实现对链式多重中介变量（供应商整合、探索式创新/利用式创新、核心能力）在战略目标互依与 NPD 绩效之间关系中所起链式多重中介作用的检验。

（二）共线性诊断

Spearman 相关性分析结果显示，各个路径上的相邻两变量之间具有较强的相关性。因此，在正式分析链式多重中介效应之前，必须要对供应商角度四条路径涉及的相关变量进行共线性诊断。本研究选取容差（tolerance）、方差膨胀因子（variance inflation factor，VIF）和条件指数（condition index），作为检验各个自变量多重共线性的判别指标。容差的取值介于 0 到 1 之间，取值越大表示多重共线性程度越弱。VIF 取值一般大于 1，取值越小表示共线性程度越弱。学界一般认为，VIF 值大于 10 则表示变量之间存在着严重的多重共线性问题，条件指数大于 30 则表明变量间存在着严重的多重共线性问题。供应商角度四条路径对应的共线性诊断结果如表 6-10 所示。

供应商角度各个变量的多重共线性诊断结果显示，各个路径在容差和 VIF 两个指标上的取值都处于拒绝共线性存在的取值范围内。然而，探索式创新和利用式创新的条件指数指标在 23 以上，很接近于 30，且四个路径中的核心能力条件指数已经大于 30。可据此认为，供应商角度的四条路径对应的变量之间都存在着较为严重的多重共线性问题。有鉴于此，为控制多重共线性对链式多重中介效应分析的影响，有必要对供应商合作目标、供应商竞争目标、供应商整合、探索式创新、利用式创新、核心能力和 NPD 绩效七个变量进行了标准化处理。

表 6-10　　　　　供应商角度四条路径的多重共线性诊断结果

路径	自变量和多重中介变量	条件指数	容差	VIF
路径 1a	供应商合作目标 ↓	16.691	0.461	2.168
	供应商整合 ↓	19.440	0.544	1.837
	探索式创新 ↓	24.626	0.347	2.879
	核心能力	31.710	0.344	2.903
路径 2a	供应商合作目标 ↓	15.964	0.490	2.040
	供应商整合 ↓	22.465	0.520	1.921
	利用式创新 ↓	24.575	0.538	1.858
	核心能力	30.819	0.416	2.404
路径 3a	供应商竞争目标 ↓	7.938	0.956	1.046
	供应商整合 ↓	18.824	0.627	1.594
	探索式创新 ↓	24.355	0.369	2.707
	核心能力	31.601	0.354	2.827
路径 4a	供应商竞争目标 ↓	7.965	0.937	1.068
	供应商整合 ↓	22.420	0.629	1.590
	利用式创新 ↓	23.108	0.528	1.894
	核心能力	31.153	0.485	2.060

因变量：NPD 绩效

(三) 链式多重中介效应的分析结果

在自助抽样法的统计分析过程中，必须将企业成立年限、企业员工规模、企业所有制和企业所属行业等控制变量，以协变量（covariates）的形式纳入链式多重中介效应的统计分析中，控制其对 NPD 绩效产生的影响效应。针对供应商角度假设中存在的四条路径的链式多重中介效应，检验结果如表 6-11 所示。

1. 路径 1a 对应的链式多重中介效应检验结果

如表 6-11 所示，对于供应商合作目标依序通过供应商整合、探索式创新、核心能力对 NPD 绩效产生影响的路径 1a，本研究模型的链式多重中介效应值为 0.043，链式多重中介效应的置信区间（0.018，0.087）不包含 0，达到统计显著性。供应商合作目标对 NPD 绩效产生正向影响的直接效应的置信区间（-0.041，0.253）包含 0，表明直接效应不具有统计显著性。总间接效应值为 0.301，且对应的置信区间（0.169，0.453）不包含 0，总间接效应具有统计显著性。因此，假设 10a 中含探索式创新路径的链式多重中介效应得到了样本数据的支持，而且路径 1a 的链式多重中介效应占总间接效应的 14.286%。由于直接效应不显著，因此，该多重中介效应占比 14.286% 也是路径 1a 占总效应的比重。

表 6-11　　供应商角度各路径的链式多重中介效应检验

效应类型	效应指标	路径 1a	路径 2a	路径 3a	路径 4a
总间接效应	Boot 效应值	0.301	0.267	-0.092	-0.094
	Boot 标准误	0.073	0.068	0.047	0.046
	Boot LLCI	0.169	0.143	-0.180	-0.180
	Boot ULCI	0.453	0.411	0.004	0.002
直接效应	Boot 效应值	0.106	0.140	0.050	0.052
	Boot 标准误	0.074	0.072	0.051	0.052
	Boot LLCI	-0.041	-0.003	-0.051	-0.051
	Boot ULCI	0.253	0.282	0.152	0.155
本研究链式多重中介效应	Boot 效应值	0.043	0.066	-0.034	-0.034
	Boot 标准误	0.017	0.020	0.012	0.013
	Boot LLCI	0.018	0.034	-0.066	-0.068
	Boot ULCI	0.087	0.117	-0.016	-0.016

注：Boot n=2000；Boot 95% 置信水平；(LLCI, ULCI) Boot 置信区间；企业成立年限、企业员工规模、企业所有制和企业所属行业的影响已控制。

此外，该路径链式多重中介效应的统计分析结果还显示，"供应商合作目标→供应商整合→核心能力→NPD 绩效""供应商合作目标→探索式创新→核心能力→NPD 绩效"两个路径的链式多重中介效应也具有统计显著性，链式多重中介效应值依次为 0.048 和 0.130，对应的 Boot 95% 置信区间分别为 (0.015, 0.099) 和 (0.068, 0.221)。

2. 路径 2a 对应的链式多重中介效应检验结果

如表 6-11 所示，对于供应商合作目标依序通过供应商整合、利用式创新、核心能力对 NPD 绩效产生影响的路径 2a，本研究模型中的链式多重中介效应值为 0.066，链式多重中介效应的置信区间 (0.034, 0.117) 不包含 0，达到统计显著性。但是，供应商合作目标对 NPD 绩效产生正向影响的直接效应置信区间 (-0.003, 0.282) 包含 0，表明直接效应不具有统计显著性。总间接效应值为 0.267，且对应的置信区间 (0.143,

0.411）不包含0，总间接效应具有统计显著性。因此，假设10a中含利用式创新路径的链式多重中介效应得到样本数据的支持，路径2a的链式多重中介效应占总间接效应的24.719%，而且由于直接效应不显著，该多重中介效应占比24.719%也是路径2a占总效应的比重。

此外，路径2a链式多重中介效应的统计分析结果还显示，"供应商合作目标→利用式创新→核心能力→NPD绩效""供应商合作目标→核心能力→NPD绩效"两个路径的链式多重中介效应也具有统计显著性，两个路径的链式多重中介效应值依次为0.056和0.134，对应的Boot 95%置信区间分别为（0.009，0.128）和（0.061，0.242）。

综上所述，对于假设10a的检验而言，我们发现供应商整合、探索式创新/利用式创新、核心能力在供应商合作目标与NPD绩效之间的关系中，具有显著的链式多重中介作用。同时，供应商合作目标对NPD绩效的直接作用没有达到统计显著性。而且统计分析结果还表明，除本研究发展出的假设10a中的两个路径之外，还存在另外四条有效的影响路径。这四条路径分别是："供应商合作目标→供应商整合→核心能力→NPD绩效""供应商合作目标→探索式创新→核心能力→NPD绩效""供应商合作目标→利用式创新→核心能力→NPD绩效""供应商合作目标→核心能力→NPD绩效"。

3. 路径3a对应的链式多重中介效应检验结果

如表6-11所示，对于供应商竞争目标依序通过供应商整合、探索式创新、核心能力，对NPD绩效产生影响的路径3a，研究模型的链式多重中介效应值为-0.034，链式多重中介效应的置信区间（-0.066，-0.016）不包含0，达到了统计显著性。同时，供应商竞争目标对NPD绩效产生负向影响的直接效应置信区间（-0.051，0.152）包含0。这表明，供应商竞争目标影响NPD绩效的直接效应不具有统计显著性。总间接效应值为-0.092，且对应的置信区间（-0.180，0.004）包含0，表明总间接效应也不具有统计显著性。因此，假设11a中含探索式创新路径的链式多重中介效应得到样本数据的支持。

此外，关于该路径链式多重中介效应的统计分析结果还显示，路径"供应商竞争目标→供应商整合→核心能力→NPD绩效"的链式多重中介效应也具有统计显著性，其链式多重中介效应值为-0.020，对应的Boot 95%置信区间为（-0.051，-0.006），不包含0，达到了统计显著性。而且由于直接效应和总间接效应都不具有显著性,所以路径 3a 的链式多重中介效应占总间接效应的 62.963%,该多重中介效应占比也是路径 3a 占总效应的比重。

4. 路径 4a 对应的链式多重中介效应检验结果

如表 6-11 所示,对于供应商竞争目标依序通过供应商整合、利用式创新、核心能力,对 NPD 绩效产生影响的路径 4a,本研究模型的链式多重中介效应值为 -0.034,链式多重中介效应的置信区间 (-0.068, -0.016) 不包含 0,达到了统计显著性。同时,供应商竞争目标对 NPD 绩效产生负向影响的直接效应置信区间 (-0.051, 0.155) 包含 0。这表明直接效应不具有统计显著性。总间接效应值为 -0.094,且对应的置信区间 (-0.180, 0.002) 包含 0,总间接效应也不具有统计显著性。可据此判断假设 11a 中含利用式创新对应路径的链式多重中介效应得到了样本数据的支持。

此外,路径 4a 链式多重中介效应的统计分析结果还显示,"供应商竞争目标→供应商整合→核心能力→NPD 绩效""供应商竞争目标→利用式创新→核心能力→NPD 绩效"两个路径的链式多重中介效应也具有统计显著性,两个路径的链式多重中介效应值都是 -0.033,对应的 Boot 95% 置信区间依次为 (-0.072, -0.012) 和 (-0.080, -0.001)。由于直接效应和总间接效应都不显著,所以路径 4a 的链式多重中介效应占总间接效应的 34.000%,该多重中介效应占比也是路径 4a 占总效应的比重。

综上所述,对于假设 11a 的假设检验而言,我们不难发现,供应商整合、探索式创新/利用式创新、核心能力在供应商竞争目标与 NPD 绩效之间,同样也具有显著的链式多重中介作用。供应商竞争目标对 NPD 绩效的直接作用同样也没有达到统计显著性。而且,统计分析结果还表明,除本研究发展出的假设 11a 中的两个路径之外,也还存在另外两条有效路径,这两条路径分别是"供应商竞争目标→供应商整合→核心能力→NPD 绩效""供应商竞争目标→利用式创新→核心能力→NPD 绩效"。

总而言之,供应商角度链式多重中介效应统计分析的结果支持了本项目假设 10a 和假设 11a 四条路径关系的研究假设。首先,供应商角度的战略目标互依对 NPD 绩效的直接影响效应并不具有统计显著性。其次,本研究构建的供应商角度战略合作目标对 NPD 绩效产生正向影响的链式多重中介效应值 ($\beta = 0.043$、$\beta = 0.066$),都要大于战略竞争目标对 NPD 绩效产生负向影响的链式多重中介效应值（β=-0.034）。然后，对于供应商合作目标产生的积极影响而言，含有利用式创新变量的路径的链式多重中介效应值（β=0.066）要大于对应含探索式创新变量的相关路径的链式多重中介效应值（β=0.043），而供应商竞争目标产生消极影响的链式多重中介效应几乎一致（β=-0.034）。最后，除本研究假设的四条路径外，供应商角度的战略目标互依对NPD绩效产生影响的路径还有另外六条路径，其中，供应商合作目标产生正向影响的作用路径还有四条，竞争目标产生负向影响的作用路径还有两条。

这表明，尽管供应商整合、两类创新和核心能力在供应商角度的战略目标互依与NPD绩效之间具有链式多重中介作用，但产生影响的路径却并不单一。影响路径及其直接效应情况归纳如图6-2（a）和图6-2（b）所示。其中，全部通过实线箭头连接的路径代表本项目研究假设中四个路径的链式多重中介关系。

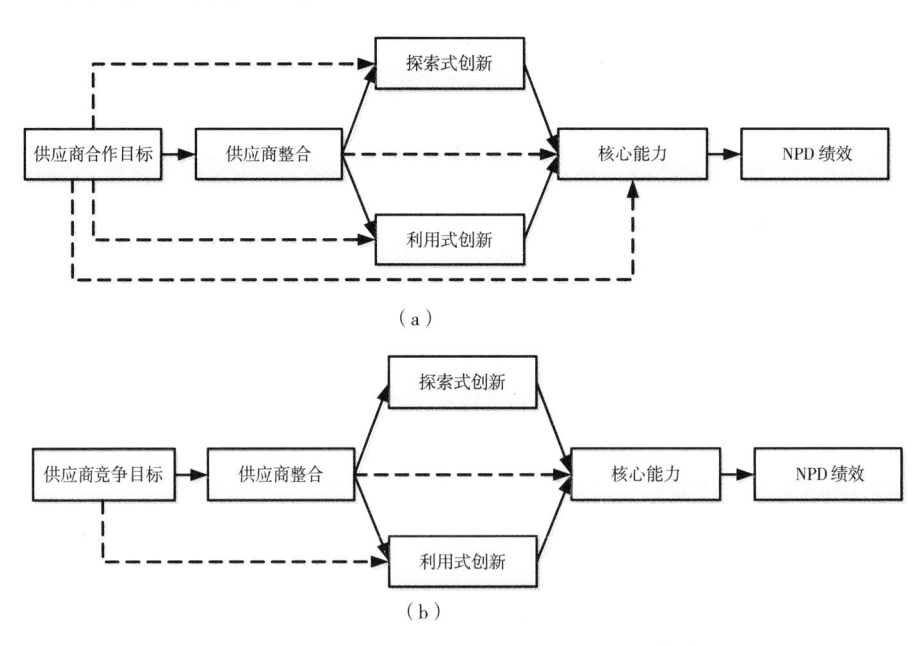

图6-2 企业与供应商之间战略目标互依影响NPD绩效的路径汇总

第四节 客户企业角度变量之间关系的检验

本节首先利用结构方程模型，验证客户企业角度的变量之间路径关系和调节效应关系。接着使用非参数百分位自助抽样法，检验客户企业整合、探索式创新/利用式创新、核心能力，在客户企业角度战略目标互依与 NPD 绩效之间的关系中，所起到的链式多重中介作用。

一 带调节的变量之间关系的结构方程模型分析

基于客户企业角度的逻辑框架，笔者通过建立结构方程模型的方式，系统地考察变量之间的路径关系和调节效应关系。该模型主要验证客户企业合作目标、客户企业竞争目标、客户企业整合、探索式创新、利用式创新、核心能力、NPD 绩效、技术动荡和市场动荡之间的理论关系。

（一）本部分理论模型在结构方程模型中分析的实现

在结构方程模型中，对各个变量的处理方法与供应商角度的结构方程模型一致，形成如图 6-3 所示的 AMOS 实现模型图。同样，为使文中呈现的模型图更加简明，我们把体现前因变量之间相关性的连接线忽略。而且无论是潜变量还是显变量，对应残差的载荷系数都由统计软件系统默认为 1，但我们没有在此图中进行明示。另外，除图中已给出的观测指标残差值外，其他指标值由统计分析工具运算得出。本部分理论模型的结构方程模型拟合结果见表 6-12。

（二）结构方程模型分析结果

如表 6-12 所示，是关于客户企业角度战略目标互依、客户企业整合、探索式创新、利用式创新、核心能力、NPD 绩效、技术动荡和市场动荡之间关系的结构方程模型路径分析和调节效应分析结果。样本数据与结构方程模型的拟合结果为：$\chi^2 = 811.717$，$df = 463$，$\chi^2/df = 1.753$（小于 3.000），CFI = 0.914（大于 0.900），TLI = 0.900（在 0.900 及其以上），RMSEA = 0.057（小于 0.080），AIC = 1075.717（小于饱和模型的 1190.000 和独立模型的 4706.698）。AMOS 结构方程拟合结果表明，样本数据能够较好支持本研究客户企业角度的变量之间的逻辑关系。

1. 基于结构方程模型的路径分析

如表 6-12 所示，路径的结构方程模型检验结果显示，客户企业合作目标对客户企业整合具有显著的正向影响，标准化路径系数值是 0.873（$p<0.001$）。客户企业竞争目标对客户企业整合具有显著的负向影响，标

准化路径系数值是-0.224（p<0.001）。客户企业整合对探索式创新具有显著的正向影响，标准化路径系数值是0.811（p<0.001），而且客户企业整合对利用式创新具有显著的正向影响，标准化路径系数值是0.791（p<0.001）。探索式创新对核心能力具有显著的正向影响，标准化路径系数值是0.627（p<0.001），同时利用式创新对核心能力也具有显著的正向影响，标准化路径系数值是0.217（p<0.001），影响程度弱于探索式创新。核心能力对NPD绩效具有显著的正向影响，标准化路径系数值是0.742（p<0.001）。

路径检验结果表明，研究假设1b、假设2b、假设3b、假设4b得到了样本数据的支持，而且假设5、假设6和假设7从客户企业角度，也得到了样本数的支持。

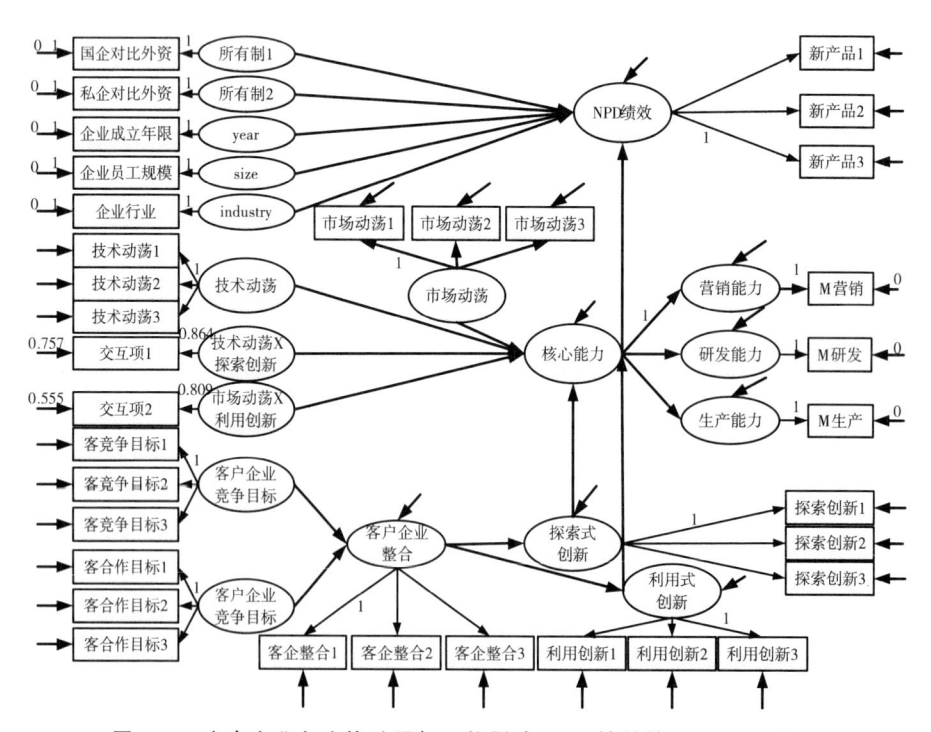

图6-3 客户企业角度战略目标互依影响NPD绩效的AMOS结构图

2. 基于结构方程模型的调节效应分析

如表6-12所示，调节效应的结构方程模型检验结果显示，探索式创新与技术动荡的交互项对核心能力具有显著的正向影响，其标准化路径系数值是 0.549（p<0.001）。利用式创新与市场动荡的交互项对核心能力具有显著的负向影响，其标准化路径系数值是-0.306（p<0.001）。这表明，技术动荡显著地加强了探索式创新对核心能力的正向影响，而市场动荡显著地减弱了利用式创新对核心能力的正向影响。因此，假设8和假设9从客户企业角度也都得到了样本数据的支持。

二　链式多重中介效应检验

与供应商角度的链式多重中介效应检验原理和数据处理方法一致，本部分在SPSS20.0中使用PROCESS Macro统计工具，选取偏差纠正的非参数百分位自助抽样法，实现对客户企业角度变量之间链式多重中介关系的统计检验。

（一）共线性诊断

在前文中，Spearman相关性分析结果显示，路径效应上的变量之间具有较强的相关性。因此，在正式分析链式多重中介效应之前，有必要对客户企业角度四条路径所涉及的变量进行共线性诊断。我们选取容差、VIF和条件指数，作为检验自变量多重共线性的判别指标。三个指标的判别标准已在前面介绍，不在此累述。客户企业角度四条路径对应的共线性诊断结果如表6-13所示。

客户企业角度的多重共线性诊断结果显示，各个路径在容差和VIF两个指标上的取值都在共线性可承受的范围内（容差都远大于0.100，VIF远小于10）。然而，四个路径中的核心能力条件指数已经大于30。因此，可以认为客户企业角度的四条路径对应的变量之间存在着较为严重的多重共线性问题。有鉴于此，在进行链式多重中介效应检验之前，必须对客户企业合作目标、客户企业竞争目标、客户企业整合、探索式创新、利用式创新、核心能力和NPD绩效七个变量进行标准化处理。

（二）路径的链式多重中介效应分析结果

与供应商角度链式多重中介效应检验中控制变量的处理方式一致，本节也将四个控制变量，以协变量的形式纳入各个链式多重中介效应模型的统计分析中，以控制其对NPD绩效产生的影响效应。链式多重中介效应检验结果如表6-14。

表 6-12　客户企业角度战略目标互依影响企业创新和 NPD 绩效的结果

关系类型	路径		标准化路径/载荷系数	显著性概率	检验结果
路径假设	客户企业合作目标	→客户企业整合	0.873	0.000	显著
	客户企业竞争目标	→客户企业整合	-0.224	0.001	显著
	客户企业整合	→探索式创新	0.811	0.000	显著
	客户企业整合	→利用式创新	0.791	0.000	显著
	探索式创新	→核心能力	0.627	0.000	显著
	利用式创新	→核心能力	0.217	0.000	显著
	核心能力	→NPD 绩效	0.742	0.000	显著
调节效应假设	技术动荡	→核心能力	0.721	0.000	—
	市场动荡	→核心能力	-0.335	0.000	—
	探索式创新×技术动荡	→核心能力	0.549	0.000	显著
	利用式创新×市场动荡	→核心能力	-0.306	0.000	显著
控制变量影响效应	企业成立年限	→NPD 绩效	0.030	0.676	—
	企业员工规模	→NPD 绩效	-0.208	0.002	—
	所有制 1（国企对比外资）	→NPD 绩效	-0.005	0.960	—
	所有制 1（国企对比外资）	→NPD 绩效	-0.167	0.035	—
	企业所属行业	→NPD 绩效	-0.083	0.129	—
因子载荷	客户企业合作目标	→顾合作目标 1	0.761	0.000	—
		→顾合作目标 2	0.766	0.000	—
		→顾合作目标 3	0.758	0.000	—
	客户企业竞争目标	→顾竞争目标 1	0.628	0.000	—
		→顾竞争目标 2	0.859	0.000	—
		→顾竞争目标 3	0.759	0.000	—
	客户企业整合	→客户企业整合 1	0.586	0.000	—
		→客户企业整合 2	0.612	0.000	—
		→客户企业整合 3	0.571	0.000	—
	探索式创新	→探索创新 1	0.792	0.000	—
		→探索创新 2	0.730	0.000	—
		→探索创新 3	0.749	0.000	—
	利用式创新	→利用创新 1	0.746	0.000	—
		→利用创新 2	0.758	0.000	—
		→利用创新 3	0.744	0.000	—

续表

关系类型	路径		标准化路径/载荷系数	显著性概率	检验结果
因子载荷	核心能力	→营销能力	0.870	0.000	—
		→生产能力	0.792	0.000	—
		→研发能力	0.827	0.000	—
	NPD 绩效	→新产品 1	0.859	0.000	—
		→新产品 2	0.900	0.000	—
		→新产品 3	0.809	0.000	—
	技术动荡	→技术动荡 1	0.744	0.000	—
		→技术动荡 2	0.735	0.000	—
		→技术动荡 3	0.741	0.000	—
	市场动荡	→市场动荡 1	0.728	0.000	—
		→市场动荡 2	0.661	0.000	—
		→市场动荡 3	0.804	0.000	—

$\chi^2 = 811.717$, $df = 463$, $\chi^2/df = 1.753$, $CFI = 0.914$, $TLI = 0.900$, $RMSEA = 0.057$, $AIC = 1075.717$

表 6-13　客户企业角度四条路径的多重共线性诊断结果

路径	自变量和多重中介变量		条件指数	容差	VIF
路径 1b	客户企业合作目标	↓	16.092	0.533	1.876
	客户企业整合	↓	18.450	0.650	1.537
	探索式创新	↓	22.122	0.376	2.658
	核心能力		32.859	0.305	3.280
路径 2b	客户企业合作目标	↓	15.700	0.543	1.841
	客户企业整合	↓	21.555	0.610	1.639
	利用式创新	↓	23.685	0.527	1.898
	核心能力		30.393	0.411	2.434
路径 3b	客户企业竞争目标	↓	8.133	0.973	1.027
	客户企业整合	↓	17.817	0.691	1.448
	探索式创新	↓	22.971	0.380	2.635
	核心能力		32.566	0.331	3.022

续表

路径	自变量和多重中介变量	条件指数	容差	VIF
路径 4b	客户企业竞争目标 ↓	8.085	0.953	1.049
	客户企业整合 ↓	21.659	0.648	1.543
	利用式创新 ↓	23.093	0.511	1.957
	核心能力	30.868	0.507	1.973

表 6-14　客户企业角度各路径对应的链式多重中介效应检验结果

效应类型	效应指标	路径 1b	路径 2b	路径 3b	路径 4b
总间接效应	Boot 效应值	0.316	0.298	−0.106	−0.108
	Boot 标准误	0.055	0.051	0.052	0.052
	Boot LLCI	0.218	0.203	−0.210	−0.212
	Boot ULCI	0.436	0.409	−0.009	−0.009
直接效应	Boot 效应值	0.154	0.172	−0.009	−0.007
	Boot 标准误	0.066	0.066	0.051	0.051
	Boot LLCI	0.024	0.043	−0.109	−0.108
	Boot ULCI	0.284	0.302	0.091	0.094
本研究链式多重中介效应	Boot 效应值	0.022	0.041	−0.015	−0.020
	Boot 标准误	0.011	0.013	0.007	0.009
	Boot LLCI	0.007	0.021	−0.034	−0.042
	Boot ULCI	0.053	0.077	−0.004	−0.006

注：Boot n=2000；Boot 95% 置信水平；（LLCI, ULCI) Boot 置信区间；企业成立年限、企业员工规模、企业所有制和企业所属行业的影响已控制

1. 路径 1b 对应的链式多重中介效应分析

如表 6-14 所示，对于客户企业合作目标依序通过客户企业整合、探索式创新、核心能力对 NPD 绩效产生影响的路径 1b，本项目研究模型的链式多重中介效应值为 0.022，链式多重中介效应的置信区间（0.007，0.053）不包含 0，结果达到统计显著性。

客户企业合作目标对 NPD 绩效产生正向影响的直接效应值为 0.154，置信区间（0.024，0.284）不包含 0。这表明客户企业合作目标影响 NPD 绩效的直接效应也具有统计显著性。

总间接效应值为 0.316，且对应的置信区间（0.218，0.436）不包含

0，总间接效应具有统计显著性。我们据此可计算出：路径 1b 链式多重中介效应占总间接效应的 6.962%，占总效应的 4.681%。

因此，假设 10b 中含探索式创新路径的链式多重中介效应得到了样本数据的支持。而且结果表明，对于路径 1b 而言，客户企业合作目标对 NPD 绩效的正向影响除了会通过依序正向作用于客户企业整合、探索式创新和核心能力来间接地实现外，企业之间战略合作目标还会对 NPD 绩效产生直接影响。

此外，该路径链式多重中介效应的统计分析结果还显示，"客户企业合作目标→客户企业整合→核心能力→NPD 绩效""客户企业合作目标→探索式创新→核心能力→NPD 绩效""客户企业合作目标→核心能力→NPD 绩效"三个路径的链式多重中介效应也都具有统计显著性，三个路径的链式多重中介效应值依次为 0.035、0.081 和 0.073，对应的 Boot 95% 置信区间依序是（0.001，0.086）（0.034，0.152）和（0.035，0.133）。

2. 路径 2b 对应的链式多重中介效应分析

如表 6-14 所示，对于客户企业合作目标依序通过客户企业整合、利用式创新、核心能力对 NPD 绩效产生影响的路径 2b，本项目研究模型的链式多重中介效应值为 0.041，该链式多重中介效应对应的置信区间（0.021，0.077）不包含 0，达到了统计显著性。

客户企业合作目标对 NPD 绩效产生正向影响的直接效应值为 0.172，其对应的置信区间（0.043，0.302）不包含 0，这表明直接效应也具有统计显著性。

总间接效应值为 0.298，且对应的置信区间（0.203，0.409）不包含 0，总间接效应具有统计显著性。据此，我们可以计算出，路径 2b 对应的链式多重中介效应占总间接效应的 13.758%，占总效应的 8.723%。

因此，假设 10b 中含利用式创新路径的链式多重中介效应得到了样本数据的支持。同时，统计分析结果还表明，对于路径 2b 而言，客户企业合作目标既可以通过客户企业整合到利用式创新再到核心能力，间接影响 NPD 绩效，还可以对 NPD 绩效产生直接的影响效应。

此外，该路径链式多重中介效应的统计分析结果还显示，"客户企业合作目标→客户企业整合→核心能力→NPD 绩效""客户企业合作目标→利用式创新→核心能力→NPD 绩效""客户企业合作目标→核心能力→

NPD 绩效"三个路径的链式多重中介效应也都具有统计显著性，三个路径的链式多重中介效应值依次为 0.035、0.061 和 0.142，它们对应的 Boot 95% 置信区间分别为（0.004，0.091）（0.027，0.119）和（0.078，0.223）。

综上所述，对于假设 10b 的检验而言，我们的研究发现，客户企业整合、探索式创新/利用式创新、核心能力在客户企业合作目标与 NPD 绩效之间的关系中，产生显著的链式多重中介效应。同时，客户企业合作目标对 NPD 绩效的直接作用也具有统计显著性。而且我们的统计分析结果还表明，除本研究发展出的假设中 10b 对应的两个路径之外，还存在另外四条有效路径。这四条路径分别是"客户企业合作目标→客户企业整合→核心能力→NPD 绩效""客户企业合作目标→探索式创新→核心能力→NPD 绩效""客户企业合作目标→利用式创新→核心能力→NPD 绩效""客户企业合作目标→核心能力→NPD 绩效"。

3. 路径 3b 对应的链式多重中介效应分析

如表 6-14 所示，对于客户企业竞争目标依序通过客户企业整合、探索式创新、核心能力对 NPD 绩效产生影响的路径 3b，本项目研究模型的链式多重中介效应值为 -0.015，链式多重中介效应的置信区间（-0.034，-0.004）不包含 0，达到了统计显著性。

客户企业竞争目标对 NPD 绩效产生负向影响的直接效应值对应的置信区间（-0.109，0.091）包含 0，表明直接效应不具有统计显著性。

总间接效应值为 -0.106，且对应的置信区间（-0.210，-0.009）不包含 0，总间接效应具有统计显著性。据此，我们可以计算出，路径 3b 链式多重中介效应占总间接效应的 14.151%。而且由于直接效应不显著，那么该多重中介效应占比 14.151% 也是路径 3b 占总效应的比重。

因此，假设 11b 中含探索式创新路径的链式多重中介效应得到了样本数据的支持。统计分析结果表明，对于路径 3b 而言，客户企业竞争目标对 NPD 绩效的负向影响，可以通过依序负向作用于客户企业整合、探索式创新和核心能力来实现。

此外，该路径链式多重中介效应的统计分析结果还显示，"客户企业竞争目标→客户企业整合→NPD 绩效""客户企业竞争目标→客户企业整合→核心能力→NPD 绩效""客户企业竞争目标→核心能力→NPD 绩效"三个路径的链式多重中介效应也都具有统计显著性，三个路径的链式多重中介效应值依次为-0.017、-0.014和-0.035，它们对应的Boot 95%置信区间分别为（-0.210，-0.009）（-0.041，-0.004）和（-0.092，-0.002）。

4. 路径4b对应的链式多重中介效应分析

如表6-14所示，对于客户企业竞争目标依序通过客户企业整合、利用式创新、核心能力对NPD绩效产生影响的路径4b，本项目研究模型的链式多重中介效应值为-0.020，链式多重中介效应的置信区间（-0.042，-0.006）不包含0，达到统计显著性。

客户企业竞争目标对NPD绩效产生负向影响的直接效应置信区间（-0.108，0.094）包含0，表明直接效应不具有统计显著性。

总间接效应值为-0.108，且对应的置信区间（-0.212，-0.009）不包含0，总间接效应具有统计显著性。路径4b链式多重中介效应占总间接效应的18.519%。而且由于直接效应不显著，所以该链式多重中介效应占比18.519%也是路径4b占总效应的比重。

因此，假设11b中含利用式创新路径的链式多重中介效应得到了样本数据的支持。而且统计分析结果还表明，对于路径4b而言，客户企业竞争目标对NPD绩效的负向影响可以通过依序负向作用于客户企业整合、利用式创新和核心能力来实现。

此外，该路径链式多重中介效应的统计分析结果还显示，"客户企业竞争目标→客户企业整合→NPD绩效" "客户企业竞争目标→客户企业整合→核心能力→NPD绩效" "客户企业竞争目标→利用式创新→核心能力→NPD绩效" 三个路径对应的链式多重中介效应也具有统计显著性，三个路径的链式多重中介效应值依次为-0.019、-0.019和-0.046，对应的Boot 95%置信区间分别为（-0.055，-0.002）（-0.049，-0.005）和（-0.091，-0.016）。

对于假设11b的检验而言，我们发现，客户企业整合、探索式创新/利用式创新、核心能力在客户企业竞争目标与NPD绩效之间，同样也具有显著的链式多重中介作用，但客户企业竞争目标对NPD绩效的直接作用却没有达到统计显著性。我们的统计分析结果还表明，除本研究发展出的假设11a中对应的两个路径之外，也还存在在另外四条有效路径，这四条路径分别是"客户企业竞争目标→客户企业整合→NPD绩效" "客户企业竞争目标→利用式创新→核心能力→NPD绩效" "客户企业竞争目标→客户企业整合→核心能力→NPD 绩效""客户企业竞争目标→核心能力→NPD 绩效"。

  综上所述,关于客户企业角度的链式多重中介效应统计分析结果,支持了本项目研究假设 10b 和假设 11b 中对应的四条路径关系。首先,客户企业合作目标对 NPD 绩效具有显著且正向的直接影响效应,但客户企业竞争目标对 NPD 绩效的直接影响并不具有统计显著性。其次,本研究构建的合作目标对 NPD 绩效产生正向影响的链式多重中介效应值($\beta = 0.022$、$\beta = 0.041$),都要大于竞争目标对 NPD 绩效产生负向影响的链式多重中介效应值($\beta = -0.015$、$\beta = -0.020$)。再次,对于合作目标产生的积极影响而言,含有利用式创新的路径的链式多重中介效应值($\beta = 0.041$)要大于带探索式创新的路径对应的链式多重中介效应值($\beta = 0.022$),而竞争目标产生消极影响的链式多重中介效应具有几乎一致的效应值(都约为 -0.020)。最后,除本研究假设的四条路径外,客户企业角度的战略目标互依对 NPD 绩效产生影响的路径还有另外八条,具体而言,客户企业合作目标产生积极影响的作用路径和客户企业竞争目标产生消极影响的作用路径各自还有四条因果链。

  这表明,尽管客户企业整合、探索式创新/利用式创新和核心能力在客户企业角度的战略目标互依与 NPD 绩效之间,具有显著的链式多重中介效应,但产生影响的路径却并不单一。影响路径及其直接效应归纳如图 6-4 (a) 和 (b) 所示。其中,全部通过实线箭头连接的路径代表本研究提出的四个路径的链式多重中介关系。

第五节 外部环境角度有调节的中介效应检验

  从结构方程模型分析结果可知,无论是从供应商角度,还是从客户企业角度,探索式创新对核心能力都具有显著的正向影响,核心能力对 NPD 绩效都具有显著的正向影响。与此同时,第一阶段两变量(探索式创新与核心能力)之间关系还受到技术动荡显著的正向调节。利用式创新对核心能力具有显著的正向影响,核心能力对 NPD 绩效具有显著的正向影响,与此同时,第一阶段两变量(利用式创新与核心能力)之间关系还受到市场动荡显著的负向调节。

(a)

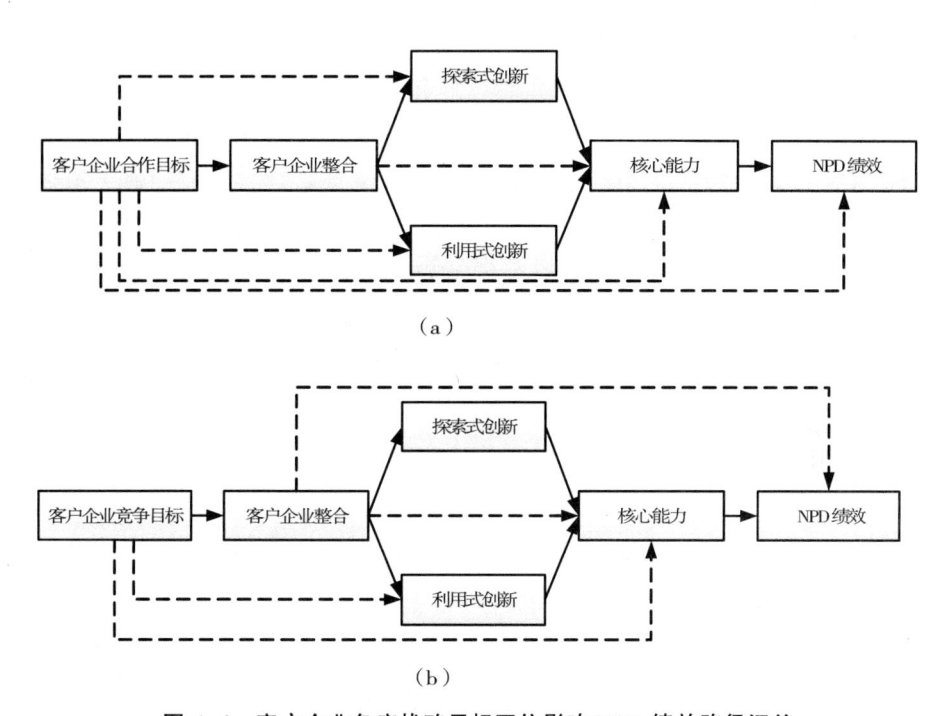

(b)

图 6-4 客户企业角度战略目标互依影响 NPD 绩效路径汇总

数据来源：本研究链式多重中介效应分析结果

这表明，在探索式创新和利用式创新影响 NPD 绩效的过程中，可能形成两个有调节的中介模型（Preacher, Rucker & Hayes, 2007; Hayes, 2015; 陈晓萍，徐淑英和樊景立，2012）。一是探索式创新通过核心能力对 NPD 绩效产生间接的正向影响（中介效应），同时该间接影响的强度和方向决定于技术动荡的强弱（中介效应被调节）。二是利用式创新通过核心能力对 NPD 绩效产生间接的正向影响（中介效应），同时该间接影响的强度和方向决定于市场动荡的强弱（中介效应被调节）。

一 有调节的中介效应的检验的实现

本部分通过在 SPSS20.0 中使用 PROCESS Macro 工具，对变量之间有调节的中介效应关系进行偏差纠正的非参数百分位自助抽样检验。同时，尽管温忠麟和叶宝娟（2014）认为，有调节的中介效应的逐步检验会增加统计分析犯第一类错误（拒真）的概率。但是，我们仍采用了温忠麟等（2006）提供的逐步检验手段，为分步考察有调节的中介效应显著性的同时,还可以将其与非参数百分位自助抽样检验的结果进行对比。由于变量之间涉及调节效应关系,为减弱多重共线性的影响,须将除控制变量以外的所有变量标准化[①]后,再进行统计分析。

本研究采用温忠麟等(2006)提供的逐步分析原理,并结合温忠麟和叶宝娟(2014)关于第一阶段路径受调节变量影响,形成的有调节的中介效应的判断准则,对有调节的中介模型进行逐步检验。温忠麟和叶宝娟(2014)认为,来源于前半路径调节效应形成的有调节中介效应,只需要依次考察前半路径调节效应的显著性情况和后半路径直接效应的显著性情况,即可判断统计显著性。当两者都达到了统计显著性,则表明有调节的中介关系成立。

逐步检验的统计分析结果如表6-15所示。第一步,做 NPD 绩效对探索式创新(利用式创新)、技术动荡(市场动荡)和"探索式创新×技术动荡"(利用式创新×市场动荡)的回归统计分析。结果显示,技术动荡显著地正向调节了探索式创新与 NPD 绩效之间的直接效应关系(β = 0.156,$p<0.010$),但市场动荡对利用式创新与 NPD 绩效之间的直接效应关系并不具有显著的调节效应(β = -0.079,$p>0.050$)。第二步,做核心能力对探索式创新(利用式创新)、技术动荡(市场动荡)和"探索式创新×技术动荡"(利用式创新×市场动荡)的回归。结果显示,技术动荡显著地调节探索式创新与核心能力之间的关系(β = 0.135,$p<0.010$),市场动荡对利用式创新与核心能力之间关系的调节效应具有弱显著性(β = -0.086,p = 0.054)。第三步,根据第一步直接效应被调节的显著性情况,我们对调节变量为技术动荡的有调节的中介模型(显著调节直接效应),执行 NPD 绩效对探索式创新、技术动荡、"探索式创新×技术动荡"、核心能力和"核心能力×技术动荡"的回归。结果显示,核心能力对 NPD 绩效具有显著的正向影响(β = 0.434,$p<0.001$)。我们对调节变量为市场动荡的有调节的中介模型(对直接效应的调节作用不显著)[②],执行 NPD 绩效对利用式创新、市场动荡、核心能力和"核心能力×市场动

[①] SPSS20.0 默认的标准化法是 z-score 法,标准化后的数据=(原数据-均值)/标准差。

[②] 根据温忠麟和叶宝娟(2014)关于"有调节的中介模型分析步骤",第三步的检验与第一步直接效应是否受到调节的检验结果相关。如果调节变量对直接效应的调节效应达到了统计显著性,第三步的回归方程中应该包括自变量与调节变量的交互项,否则不需要。

荡"的回归。结果显示,核心能力对 NPD 绩效具有显著的正向影响（β = 0.660, p<0.001）。

根据有调节的中介逐步分析结果,可以初步判定,技术动荡正向调节核心能力在探索式创新与 NPD 绩效之间的中介作用。但对于有调节的中介二（市场动荡作为调节变量的有调节的中介模型）,由于前半路径的调节效应具有弱显著性（p = 0.054）,加之逐步检验法本就有着增加犯第一类统计错误（拒真）的风险。我们尚无法根据逐步检验的准则,精确判定市场动荡对核心能力在利用式创新与 NPD 绩效之间中介作用的调节效应显著性（温忠麟和叶宝娟,2014）。

有鉴于此,为更加直观、精确地考察有调节的中介关系,笔者将使用偏差纠正的非参数百分位自助抽样法,进一步对两个环境变量影响核心能力中介效应的调节效应进行统计检验。在统计分析过程中,我们将企业成立年限、企业所有制、企业所属行业和企业员工规模作为协变量,纳入统计模型中进行分析,以控制其对 NPD 绩效产生的影响效应,分析结果如表 6-16 所示。

表 6-15　　　　　　　　有调节的中介模型逐步分析结果

	(a) 有调节的中介一：调节变量为技术动荡			
变量	因变量：	第一步	第二步	第三步
		NPD 绩效	核心能力	NPD 绩效
控制变量：	企业成立年限	0.007	-0.057	0.035
	企业员工规模	-0.233***	-0.041	-0.210**
	国企对比外资	-0.122	-0.182**	-0.040
	私营对比外资	-0.154	-0.006	-0.152*
	企业所属行业	-0.122*	-0.024	-0.112*
自变量：	探索式创新	0.597***	0.673***	0.322***
调节变量：	技术动荡	-0.010	0.127*	-0.082
中介变量：	核心能力			0.434***
交互项1：	探索式创新×技术动荡	0.156**	0.135**	0.216*
交互项2：	核心能力×技术动荡			-0.147
	F	20.953	61.405	23.228
	R^2	0.428	0.687	0.511

续表

(b) 有调节的中介二：调节变量为市场动荡

变量 因变量：		第一步 NPD绩效	第二步 核心能力	第三步 NPD绩效
控制变量：	企业成立年限	0.036	-0.009	0.046
	企业员工规模	-0.198*	0.006	-0.205**
	国企对比外资	-0.261**	-0.359***	-0.028
	私营对比外资	-0.163	-0.014	-0.156*
	企业所属行业	-0.239***	-0.175***	-0.121*
自变量：	利用式创新	0.367***	0.525***	0.030
调节变量：	市场动荡	-0.061	0.071	-0.111*
中介变量：	核心能力			0.660***
交互项1：	利用式创新×市场动荡	-0.079	-0.086#	
交互项2：	核心能力×市场动荡			0.011
	F	13.455	43.163	24.168
	R^2	0.325	0.607	0.494

注：#p≈0.050；*p<0.050；**p<0.010；***p<0.001

二 有调节的中介效应分析结果

有调节的中介效应非参数百分位自助抽样检验结果如表6-16所示，根据Bootstrap法检验中介效应[①]的要求（温忠麟和叶宝娟，2014），可以选取调节变量均值低于1个标准差（MEAN-1SD）、均值（MEAN）以及均值高于1个标准差（MEAN+1SD），区分出三种技术动荡程度。

表6-16　　　　　　　有调节的中介效应Bootstrap检验

(a) 有调节的中介一：调节变量为技术动荡

	技术动荡	Boot间接效应	Boot标准误	Boot置信区间
效应规模	MEAN-1SD	0.304	0.079	(0.174, 0.510)
	MEAN	0.343	0.087	(0.193, 0.549)
	MEAN+1SD	0.383	0.100	(0.211, 0.603)
效应指数		0.040	0.024	(0.011, 0.103)

---

① Edward & Lambert（2007）提出，使用Bootstrap法检验变量之间中介效应的差异，以判断中介效应是否随调节变量变化而变化，即检验在调节变量的不同取值上的中介效应之差是否显著。

续表

(b) 有调节的中介二：调节变量为市场动荡

	市场动荡	Boot 间接效应	Boot 标准误	Boot 置信区间
效应规模	MEAN−1SD	0.383	0.053	(0.279, 0.494)
	MEAN	0.340	0.048	(0.252, 0.435)
	MEAN+1SD	0.296	0.060	(0.190, 0.421)
效应指数		−0.044	0.031	(−0.112, 0.010)

注：Boot n=2000；Boot 95%置信水平；(LLCI, ULCI) Boot 置信区间；企业成立年限、企业员工规模、企业所有制和企业所属行业的影响已控制；MEAN 技术动荡/市场动荡均值

如表6-16所示，有调节的中介模型的非参数百分位自助抽样检验结果显示：

第一，对于自变量为探索式创新，调节变量为技术动荡的有调节的中介模型，随着技术动荡变量取值的不断增大，核心能力所起的间接效应越来越强（0.304、0.343、0.383）。而且三种技术动荡程度下效应值95%置信水平的置信区间全都不包含0，达到了统计显著性（Hayes，2015）。有调节的中介效应指数（index of moderated mediation）为0.040，其对应的非参数百分位自助抽样检验的置信区间为（0.011，0.103）不包含0。这表明，核心能力在探索式创新与NPD绩效之间的中介作用，受到技术动荡显著的正向调节，即随着技术动荡程度的逐渐加深，核心能力的中介作用会越来越强。

第二，对于自变量为利用式创新，调节变量为市场动荡的有调节的中介模型，随着市场动荡变量取值的不断增大，核心能力的间接效应越来越弱（0.383、0.340、0.296），而且三种程度下95%置信水平的置信区间全都不包含0，达到统计显著性（Hayes，2015）。有调节的中介效应指数为−0.044，但非参数百分位自助抽样检验的置信区间为（−0.112，0.010）包含0。这表明，尽管核心能力在利用式创新与NPD绩效之间的中介作用受市场动荡负向调节，但未达到统计显著性。

综上可知，假设12得到了样本数据的支持，但是假设13却没有得到样本数据支持。

第六节 假设检验汇总与结果讨论

一 检验结果

本研究使用多种统计分析方法,在控制企业成立年限、企业员工规模、企业所有制和企业所属行业产生的影响效应的前提下,从供应商角度和客户企业角度,定性地探讨了战略目标互依对企业创新和 NPD 绩效的影响及其作用机制,并对理论模型进行了定量的实证检验。同时,还从企业外部环境角度,探讨了企业创新影响 NPD 绩效的调节效应及其有调节的中介作用情况。

假设检验结果汇总如表 6-17 显示。汇总结果显示,在所有研究假设中,除了假设 13 外,剩余的研究假设都得到了样本数据的支持。对于受支持和未受支持的研究假设,本书接下来将结合已有研究成果,进行深入分析和探讨。

表 6-17 研究假设检验结果汇总

假设序号	假设内容	检验结果
假设 1a	供应商合作目标对供应商整合有显著的正向影响	支持
假设 2a	供应商竞争目标对供应商整合有显著的负向影响	支持
假设 3a	供应商整合对探索式创新有显著的正向影响	支持
假设 4a	供应商整合对利用式创新有显著的正向影响	支持
假设 1b	客户企业合作目标对客户企业整合有显著的正向影响	支持
假设 2b	客户企业竞争目标对客户企业整合有显著的负向影响	支持
假设 3b	客户企业整合对探索式创新有显著的正向影响	支持
假设 4b	客户企业整合对利用式创新有显著的正向影响	支持
假设 5	探索式创新对核心能力有显著的正向影响	支持
假设 6	利用式创新对核心能力有显著的正向影响	支持
假设 7	核心能力对 NPD 绩效有显著的正向影响	支持
假设 8	技术动荡正向调节探索式创新对核心能力的正向影响,即与低技术动荡程度相比,在技术动荡程度越高的情况下,探索式创新对核心能力的正向影响越强	支持
假设 9	市场动荡负向调节利用式创新对核心能力的正向影响,即与低市场动荡程度相比,在市场动荡程度越高的情况下,利用式创新对核心能力的正向影响越弱	支持

续表

假设序号	假设内容	检验结果
假设 10a	供应商合作目标通过供应商整合到探索式创新/利用式创新再到核心能力的两个路径提高 NPD 绩效，即供应商整合、探索式创新/利用式创新、核心能力起链式多重中介作用	支持
假设 11a	供应商竞争目标通过供应商整合到探索式创新/利用式创新再到核心能力的两个路径降低 NPD 绩效，即供应商整合、探索式创新/利用式创新、核心能力起链式多重中介作用	支持
假设 10b	客户企业合作目标通过客户企业整合到探索式创新/利用式创新再到核心能力的两个路径提高 NPD 绩效，即客户企业整合、探索式创新/利用式创新、核心能力起链式多重中介作用	支持
假设 11b	客户企业竞争目标通过客户企业整合到探索式创新/利用式创新再到核心能力的两个路径降低 NPD 绩效，即客户企业整合、探索式创新/利用式创新、核心能力起链式多重中介作用	支持
假设 12	技术动荡正向调节核心能力在探索式创新与 NPD 绩效之间的中介作用，即技术动荡越强，则核心能力的中介作用会变得越强	支持
假设 13	市场动荡负向调节核心能力在利用式创新与 NPD 绩效之间的中介作用，即市场动荡越强，则核心能力的中介作用会变得越弱	不支持

二 结果讨论

本项目在中国经济新常态背景下，基于 Deutsch（1949a）提出的合作与竞争理论，结合供应链外部整合、探索式创新/利用式创新和核心能力的相关研究成果，建构了"目标互依—互动模式—结果达成"的理论模型，从供应商角度、客户企业角度和外部环境角度，探讨了战略目标互依对企业创新和 NPD 绩效产生影响的中介作用机制和调节作用机制。

在本研究中，"目标互依"包括企业与供应商之间的战略合作目标和战略竞争目标、企业与客户企业之间的战略合作目标和战略竞争目标，即供应商合作目标、供应商竞争目标、客户企业合作目标、客户企业竞争目标四个变量。"互动模式"包括供应商整合和客户企业整合两个变量，其中，供应商整合是企业与供应商之间的互动模式，客户企业整合是企业与客户企业之间的互动模式。"结果达成"包括探索式创新和利用式创新两类组织创新、核心能力以及企业 NPD 绩效，而且企业的这两类创新模式、核心能力与 NPD 绩效之间，也存在着本项目理论模型所支持的逻辑关系。

同时，伴随中国经济新常态的进一步加深，企业所处的市场环境和技术环境动荡性特征会不同于以往。因此，我们在探讨战略目标互依影响企业创新、核心能力和 NPD 绩效的路径中，还进一步考察了技术动荡和市场动荡在企业创新、核心能力与 NPD 绩效之间关系中所起的调节作用。接下来，本部分将对本项目通过实证分析得出的研究结果与已有相关研究进行深入对比分析。

（一）战略目标互依对供应链外部整合的影响

本项目的实证分析结果不仅系统地支持了已有相关研究关于目标互依与互动模式之间逻辑关系的论断（如 Wong, Tjosvold & Chen, 2010），还进一步从供应商和客户企业两个角度，实证分析了战略目标互依与供应商整合和客户企业整合之间的关系属性。企业与供应商、企业与客户企业之间的战略合作目标，分别会对供应商整合、客户企业整合产生显著的正向影响。相反，企业与供应商、企业与客户企业之间的战略竞争目标，分别会对供应商整合与客户企业整合产生显著的负向影响。

本书的研究结论是 Wong（1999）、Wong 等（1999）、Wong（2002）、Wong 等（2005a，2005b）、Wong 等（2010）的研究成果在供应链管理研究领域的进一步拓展和深化。Wong（1999）认为，战略合作目标是供应链伙伴关系的黏合剂，有助于企业之间信任的建立。Wong 等（2010）还通过实证分析，发现战略合作目标能够促进企业与外包企业之间的流程共享。此外，Wong 等（2012）发现，战略合作目标有助于促进政府与企业之间进行资源交换，战略竞争目标则会阻碍彼此的资源交换。

但是，这些研究成果只是从企业外部整合的产生动因或其策略的某一方面进行了探讨。而专门针对供应链管理领域，探讨供应链的上下游企业之间战略目标互依对双方互动模式影响情况的研究则为数不多。

在供应链管理研究领域中，供应链外部整合作为其核心内容，是企业与供应商、企业与客户企业建立相互信任、发展长期关系、进行信息共享、开展动态联盟和加强深度合作的重要过程，有助于技术、信息、物质乃至资金等各类资源流在供应链上高效运转。这对企业创新和新产品开发意义重大，却并没有受到合作与竞争理论领域研究者的重视。

本项目在已有研究成果基础上，从理论建构方面，探讨了战略目标互依与供应链外部整合之间的因果关系，并通过实证分析，验证了不同性质的战略目标互依与供应商整合/客户企业整合之间的相关关系及其关系属性。研究结论拓展了供应链整合驱动机制的探索。

供应链外部整合不仅是企业获取和管理各类资源流的有效手段，而且还是企业整合供应商和客户企业的资源到企业内部，以增强企业在创新方面的探索和利用能力的必要举措。它更是企业开展研发、生产和营销等活动的效率保障。无论是实践界还是理论界，尽管都意识到供应链上下游企业之间建立动态联盟和深度合作关系的重要性，却鲜有研究者探讨到企业之间战略目标互依在这个过程中所具有的引导作用。

我们的研究结果表明，企业与供应商、企业与客户企业在战略目标一致和利益互补的基础上，不仅有助于彼此增进信息共享、资源交换、相互信任、长期关系的良性互动，还会推动双方在交往过程中建立起正式的惯例和数据共享平台，从真正意义上，实现供应链上企业之间的有效整合。

(二) 供应链外部整合促进探索式创新和利用式创新

我们的研究发现，供应商整合和客户企业整合对企业探索式创新和利用式创新都会产生显著的正向影响。目前，有关供应链外部整合影响结果的研究，大都集中于对企业绩效的相关探讨（Leuschner, Rogers & Charvet, 2013）。也有少数如 Baharanchi (2009)、Boon-itt (2009)、张慧颖等 (2013) 等的研究，会涉及对组织创新与产品创新之间关系的探讨。

但是，探索式创新和利用式创新两种创新范式作为企业内部的相互对立而又互相补充的创新过程（Blome, Schoenherr & Kaesser, 2013），前者重在对完全未知领域的探索，后者强调对已有内部知识的提炼。而且，探索式创新具有先动型特征，强调企业积极主动地进行探索性的冒险，而利用式创新具有反应型特征，强调对环境变更的被动适应（张婧和赵紫锟，2011），已有研究却没有探讨供应链外部整合对这两类创新的影响及其作用效果。尤其在中国当前鼓励万众创新的经济新常态背景下，企业需积极响应开放式创新号召，进而开展供应链外部整合，这能否提升企业对未知领域的探索能力和对内部已有知识基础的利用能力，一直都是理论界需要深入探讨的问题。本项目对这些问题进行了探讨和证实，这在一定程度上弥补了已有研究中存在的不足。

此外，我们进一步发现，尽管供应商整合和客户企业整合对企业在创新方面的探索活动和利用活动都具有重要的促进作用。但实证分析结果还显示，供应商整合（$\lambda = 0.847$）比客户企业整合（$\lambda = 0.811$）对探索式创新的积极影响效应更强一些，而客户企业整合（$\lambda = 0.791$）则比供应商整合（$\lambda = 0.708$）对利用式创新的正向影响效应要强一些。

为更加规范地比较不同的供应链外部整合活动对不同创新过程的影响效应，本研究对变量之间关系，还使用了多元层级回归分析进行考察，线性多元层级回归结果见附表2。

我们的统计分析结果显示,供应商整合对探索式创新的标准化回归系数 $\beta=0.349$ ($p<0.001$),大于客户企业整合对探索式创新的标准化回归系数的 $\beta=0.188$ ($p<0.010$)。客户企业整合对利用式创新的标准化回归系数 $\beta=0.341$ ($p<0.001$),大于供应商整合对利用式创新的标准化回归系数的 $\beta=0.302$ ($p<0.001$)。

在一定程度上,多元层级回归分析结果表明,供应商整合更有助于企业展开对未知知识和技术领域的探索,客户企业整合则更有助于企业加强对已有知识基础的提炼和整合。因此,供应商整合对企业在开拓前沿技术、研发创新性产品或服务、寻求满足客户需求新方式等方面的积极作用,比客户企业整合更大一些。相比供应商整合,客户企业整合更有助于企业更加关注下游企业和现有客户基础,从而致力于提高产品质量和增强服务的稳定性。

(三) 探索式创新/利用式创新、核心能力与NPD绩效之间关系

本研究通过实证分析,发现无论是从供应商角度还是从客户企业角度,探索式创新/利用式创新、核心能力与企业NPD绩效之间均具有理论模型所支持的路径关联性。

在这方面的已有相关研究中,尽管部分文献从不同角度间接地支持了两两变量之间的因果关系,但鲜有研究者系统地考察变量之间的路径关系。而将这些变量的理论关系置于供应链管理情景下进行探讨的研究更是少之又少。在已有研究中,如王林等(2014)实证了探索式创新和利用式创新对企业NPD绩效的促进作用,但该研究并未探讨两类创新提高NPD绩效的中介机制。如谢洪明等(2007)的研究探讨了企业创新对核心能力的促进作用,然而这些研究使用的要么是单维度组织创新构念,要么是侧重于测量创新结果而非过程的管理创新和技术创新两维度构念。陈文沛(2013)探讨了探索式创新和利用式创新对核心能力的影响,但并没有进一步考察核心能力是否有助于NPD绩效的改善。

也有少数研究与上述研究得到的结论近乎相反。如胡赛全等(2012)认为,核心能力并不会有助于提高企业产品创新程度。但是,该研究所使用的核心能力维度,仅包括了营销能力和信息能力两个维度。本研究认为,企业NPD绩效的实现离不开产品研发、生产加工以及营销促销等各个环节的活动及其协调,单纯将营销能力和信息能力作为衡量核心能力的

维度，必然存在理论建构和实践经验上的不完整性，这很可能影响研究结果的科学性

总之，探索式创新和利用式创新作为企业在产品研发、生产作业和营销活动等方面所做的创新性努力，无疑会对企业运营、技术等方面的改进或彻底更新起到不同程度的增进作用。它们是企业实现技术革新和流程再造的有效途径，对企业获取差异化的优势能力具有促进作用。而且我们通过实证研究，发现相比利用式创新，探索式创新对核心能力的正向影响要强得多。核心能力是企业重要的优势能力，是其在研发、生产和营销等方面长期积累的能力及其整合。它能够从运营、协调和技术等多个方面，为企业赢得竞争优势并创造超额利润，有助于企业将无形能力有形化成企业新产品，保障新产品保质保量的扩大生产，并高效地将产品输送到市场中，进而令企业获得新产品绩效并实现可持续发展。

（四）战略目标互依影响 NPD 绩效的作用机制探讨

1. 战略目标互依通过供应链外部整合到组织创新再到核心能力对 NPD 绩效产生的影响

在结构方程模型分析结果基础上，笔者使用链式多重中介效应检验法，验证了战略目标互依通过供应链外部整合到企业探索式创新/利用式创新再到核心能力，影响企业 NPD 绩效的作用机制。

企业与供应商、企业与客户企业之间的战略合作目标，会分别通过供应商整合、客户企业整合，影响探索式创新/利用式创新，进而作用于核心能力，最终对 NPD 绩效产生显著的正向影响。企业与供应商、企业与客户企业之间的战略竞争目标，会分别通过供应商整合和客户企业整合，影响探索式创新/利用式创新，进而作用于核心能力，并最终对 NPD 绩效产生显著的负向影响。

本项目构建和实证检验了战略目标互依影响企业创新和 NPD 绩效机制的"目标互依—互动模式—结果达成"理论逻辑，与 Wong 等（2010）、Wong 等（2005a）、Wong 等（2012）关于多变量关系之间路径效应的研究思路类似。Wong 等（2005a）认为，企业与供应商、企业与分销商之间的战略合作目标会通过促进双方互信的建立和加强企业之间关系的持续性改进，提高客户满意度。Wong 等（2010）实证分析发现，企业与外包企业之间的战略合作目标会通过促进流程共享，对企业业务发展产生积极影响。

通过深入比较供应商角度与客户企业角度八个路径的链式多重中介效应，本书还发现了如下几点内容：

首先，路径 1a 强于路径 1b、路径 2a 强于路径 2b、路径 3a 强于路径 3b、路径 4a 强于路径 4b[①]。该结果表明，相对于客户企业，企业与供应商之间的战略目标互依通过这些链式多重中介变量（供应商整合、探索式创新/利用式创新、核心能力）对 NPD 绩效产生影响的作用效果更强一些。这进一步从企业战略目标视角支持了 Wangbenmad & Rashid（2014）、Thomas（2013a，2013b）等关于供应商对企业新产品研发所起到的重要作用的研究。

其次，带利用式创新的路径 2a、路径 4a、路径 2b、路径 4b 的链式多重中介效应，分别大于对应的带探索式创新的路径 1a、路径 3a、路径 1b、路径 3b 的效应。这表明，尽管我们的结构方程模型分析结果显示探索式创新对核心能力的影响更强一些（路径载荷系数更大一些），但利用式创新路径比对应的探索式创新路径的链式多重中介效应更强一些。因此，比起探索完全未知的领域，企业依靠外部力量，更有助于企业通过提炼和改善现有知识基础来增强核心能力，进而提高 NPD 绩效。同时，也需要注意的是，外部的阻碍力量对企业利用式创新的消极影响也更大一些，不利于企业新产品开发活动的顺利开展。

最后，通过对比分析，结果显示，战略目标互依影响 NPD 绩效的链式多重中介效应占总效应的比重从高到低排序为：供应商竞争目标的影响效应（62.963%、36.170%）、供应商合作目标的影响效应（24.719%、14.286%）、客户企业竞争目标的影响效应（18.519%、14.151%）、客户企业合作目标的影响效应（8.723%、4.681%）。这表明，在本项目研究建构的多重中介模型中，战略竞争目标影响路径的解释水平高于战略合作

---

① 路径 1a：供应商合作目标→供应商整合→探索式创新→核心能力→新产品开发绩效；路径 1b：客户企业合作目标→客户企业整合→探索式创新→核心能力→新产品开发绩效；路径 2a：供应商合作目标→供应商整合→利用式创新→核心能力→新产品开发绩效；路径 2b：客户企业合作目标→客户企业整合→利用式创新→核心能力→新产品开发绩效；路径 3a：供应商竞争目标→供应商整合→探索式创新→核心能力→新产品开发绩效；路径 3b：客户企业竞争目标→客户企业整合→探索式创新→核心能力→新产品开发绩效；路径 4a：供应商竞争目标→供应商整合→利用式创新→核心能力→新产品开发绩效；路径 4b：客户企业竞争目标→客户企业整合→利用式创新→核心能力→新产品开发绩效。

目标，供应商角度影响路径的解释水平优于客户企业角度。因此，战略合作目标及客户企业角度战略目标互依影响 NPD 绩效还可能存在着其他更重要的路径。

本项目与 Wong 等（2012）、Wong 等（2010）等的研究相比，从统计分析方法和理论创新上都有一定程度的突破。一方面，已有研究的样本数据大都并非来源于企业高层管理者。从统计分析方法上来看，这些文献只是利用结构方程模型验证了变量之间的路径关系，忽略了中介效应乃至链式多重中介效应的显著性情况。另一方面，本项目关注的研究落脚点，是对当今经济新常态逐步推进情景下企业可持续发展具有至关重要的探索式创新/利用式创新、核心能力和 NPD 绩效，这使得研究的现实意义更加明确。而且从供应商和客户企业两个角度，我们提出了战略目标互依对 NPD 绩效产生影响的各个路径，系统地考察了供应链外部整合、组织创新和核心能力在战略目标互依与 NPD 绩效之间关系中，所起的链式多重中介作用。

2. 战略目标互依影响 NPD 绩效的其他路径

通过对变量之间链式多重中介效应的深入分析，我们发现，除了研究假设中存在的战略目标互依影响 NPD 绩效的八条路径外，还存在另外十四条影响路径。同时，有且仅有客户企业合作目标对 NPD 绩效的直接影响效应达到了统计显著性。这表明，企业与客户企业建立战略合作目标，对 NPD 绩效的提升效果是"立竿见影"的。

根据链式多重中介效应分析情况，并结合结构方程模型拟合结果，本研究将这十四条影响路径归纳为如下几点。

第一，供应商合作目标会通过促进供应商整合增强核心能力，进而提高 NPD 绩效；供应商合作目标还可以通过直接促进企业探索式创新和利用式创新增强核心能力，进而实现企业 NPD 绩效；供应商合作目标也会直接通过正向作用于核心能力，进而对 NPD 绩效产生积极的影响。

第二，供应商竞争目标可以通过阻碍供应商整合，进而削弱核心能力，最终降低 NPD 绩效；供应商竞争目标也可以直接通过阻碍利用式创新来减弱企业核心能力，进而降低了 NPD 绩效。

第三，客户企业合作目标会通过增进客户企业整合来增强核心能力，进而提高 NPD 绩效；客户企业合作目标也能够通过促进探索式创新/利用式创新，进而对核心能力产生正向影响，最终提高企业 NPD 绩效；客户企业合作目标还可以通过直接增强核心能力，达到提高 NPD 绩效的目的。

第四，客户企业竞争目标能够通过阻碍客户企业整合，进而削弱核心能力，最终降低 NPD 绩效；客户企业竞争目标也会通过负向作用于利用式创新，对核心能力产生不利影响，进而降低 NPD 绩效；客户企业竞争目标还可以通过阻碍客户企业整合来降低 NPD 绩效。

通过对比分析，我们找到了这些作用路径所反映出的一般规律：

首先，战略目标互依（供应商合作目标、供应商竞争目标、客户企业合作目标、客户企业竞争目标）可以通过供应链外部整合（供应商整合、客户企业整合）直接作用于核心能力，进而提高 NPD 绩效。这在一定程度上支持了企业可以通过与外部企业开展合作，进而利用整合到的各类资源，增强企业核心能力的重要论断（如 Jensen，1996；Banerjee，2003；Tanriverdi，2005；陈建勋、潘昌才和吴隆增，2009；陈伟、杨早立和张永超，2014）。不过相比之下，本研究不仅明确了企业与上下游企业之间不同性质的战略目标互依对这一过程产生的影响，而且还揭示了这一影响过程对企业 NPD 绩效的促进作用。

其次，战略合作目标既可以直接通过探索式创新，也可以直接通过利用式创新，对核心能力产生影响，进而提高 NPD 绩效。

再次，除供应商竞争目标外，其他战略目标互依都能直接通过核心能力影响 NPD 绩效。合作与竞争理论认为，目标互依通过互动模式对结果达成产生影响（Deutsch，1949a；Deutsch，1949b）。而且大量研究成果也显示，组织之间的战略合作目标和战略竞争目标会通过影响双方互信、资源交换等互动模式对企业业务发展与客户满意度等产生影响（如 Wong，Tjosvold，Wong & Liu，1999；Wong，Tjosvold & Chen，2010；Wong，Tjosvold & Zhang，2005a 等）。但是，鲜有研究探讨战略目标互依对结果达成的直接影响。我们的研究结果则表明，主体之间的目标互依也会直接对双方结果的达成产生直接影响。

然后，客户企业竞争目标可以通过阻碍客户企业整合，直接降低 NPD 绩效。有研究认为，企业可以通过与客户企业进行积极互动，来缩短新产品开发时间（Das，Narasimhan & Talluri，2006），进而改善企业绩效。本项目研究结果则表明，双方基于冲突的利益诉求和竞争性战略目标，也会会阻碍双方互动，进而减弱这种积极效应。

最后，战略竞争目标不会通过直接作用于探索式创新对企业核心能力或 NPD 绩效产生消极影响。这表明，在一定程度上，企业积极主动地对未知技术和知识领域的探索，将有助于企业抵御因与上下游企业形成的战略竞争目标所带来的消极影响（如削弱核心能力或降低 NPD 绩效）。

（五）技术动荡和市场动荡调节效应、有调节的中介效应分析

首先，本部分总结出通过实证分析得到的研究结果，并进行讨论。然后，本书还对调节效应和有调节的中介效应模型进行了补充性检验。

1. 基于对本研究理论模型进行的实证分析得出的主要研究结果

本书通过实证分析，发现技术动荡会加强探索式创新对核心能力的促进作用。而且当技术动荡程度越高时，核心能力在探索式创新与 NPD 绩效之间关系中的中介效应会变得越强。市场动荡则会减弱利用式创新对核心能力的正向影响。同时，无论市场动荡或高或低，核心能力在利用式创新与 NPD 绩效之间关系中的中介效应都具有统计显著性。

核心能力作为企业在知识、技术及其他能力方面的长期积累，有助于其在剧烈的环境动荡中可持续地取得 NPD 绩效。当企业所在技术环境越动荡的时候，其采取突破现有知识基础的创新策略，越有助于形成独特的核心竞争力，进而能够抵御技术环境剧烈变动带来的威胁，并提高 NPD 绩效。对于市场环境而言，尽管环境变动越剧烈，企业若只是基于现有知识基础改善服务、提高产品质量和提高生产运营效率等方面进行努力，将越不利于核心能力的形成。已有研究认为，环境动荡会减弱利用式创新对企业绩效的促进作用（Lumpkin & Dess, 2001; Jansen, Van Den Bosch & Volberda, 2006）。同时，本项目研究结果表明，企业通过利用式创新一旦构建起了核心能力，无论市场如何变动，都将有助于企业持续地开发出满足市场需求的新产品，进而实现企业绩效。这进一步明确了核心能力对于抵御环境动荡威胁的重要作用。

尽管外部环境动荡、探索式创新、利用式创新与企业绩效之间关系的探讨由来已久（Lumpkin & Dess, 2001; Jansen, Van Den Bosch & Volberda, 2006; Song & Benedetto, 2008），但随着中国经济新常态的逐步推进，国内考察外部环境动荡、探索式创新、利用式创新与 NPD 绩效之间关系的研究为数不多（王林，沈坤荣，吴琼和秦伟平，2014）。

同时，技术动荡和市场动荡概念在很久以前就已经提出来了（Jaworski & Kohli, 1993）。但在不同时代背景下的环境动荡程度可能会有所差别，不同的环境动荡特征对变量之间关系的调节效应也不一定相同。

而且不难发现，国内已有研究成果大都没有区分技术动荡和市场动荡产生的调节机制的差异（如谢洪明，2005；王林，沈坤荣，吴琼和秦伟平，2014 等）。笔者通过构建技术动荡和市场动荡、探索式创新/利用式创新、核心能力与 NPD 绩效之间中介关系、调节关系以及有调节的中介关系，实证了不同性质的环境动荡所产生的不同的调节效应，这对于深化已有研究成果有一定的贡献。

总而言之，我们通过理论研究和实证分析相结合的方式，验证并深化了供应链整合视角下战略目标互依对 NPD 绩效产生的影响及其作用机制的研究。统计分析结果基本支持了本项目所建构的理论模型。但我们的实证分析结果是在控制了企业成立年限、企业员工规模、企业所有制和企业所属行业四类企业特征变量的影响效应的前提下得出来的。本书提出的作为变量之间基本理论关系的路径关系和调节效应关系，在不同的企业特征变量水平上，是否同样具有适应性呢？如果没有适应性，在不同的企业特征变量水平上，这些基本理论关系的变化是否有规律可寻呢？对于这些问题，我们将在下一章展开讨论。

2. 调节和有调节的中介模型的补充性检验

本书在前文中，基于一定的理论基础和已有研究成果，从理论层面构建了技术动荡在探索式创新、核心能力与 NPD 绩效之间关系中所产生的调节效应的理论模型，构建了市场动荡在利用式创新、核心能力与 NPD 绩效之间关系中所产生的调节效应的理论模型。

已有相关研究在探讨环境动荡产生的调节效应时，大都没有把环境动荡细分为技术动荡和市场动荡分别进行研究，进而没能深入探讨不同属性的环境动荡在组织创新与企业绩效之间所起的调节作用情况。如王林等（2014）、Jansen 等（2006）将技术动荡和市场动荡合二为一个环境动荡变量开展的研究。其前提条件（assumption）是，这两类环境动荡所产生的调节效应没有显著差异。我们通过前文的探讨，已经对该前提假设进行了检验。结果表明，不同的环境动荡在不同范式的组织创新过程影响核心能力和 NPD 绩效的过程中，所产生的调节效应是有一定差异的。

但是，不同的环境动荡，在同一种范式的组织创新对核心能力和 NPD 绩效产生影响效应的过程中，所起的调节作用有差异吗？

为回答上述问题，我们接下来将通过建立"市场动荡在探索式创新、核心能力与 NPD 绩效之间关系中所产生的调节效应的理论模型"（调节效应三、有调节的中介模型三）和"技术动荡在利用式创新、核心能力与 NPD 绩效之间关系中所产生的调节效应的理论模型"（调节效应四，有调节的中介模型四），进行补充性检验，与前文的研究结果进行对比分析。具体而言，补充性检验包括对变量之间调节效应关系和有调节的中介模型的检验。

（1）变量之间调节效应关系的补充性检验

笔者在 SPSS20.0 中使用多元线性层级回归分析法，对环境动荡、组织创新与核心能力之间的调节效应关系进行统计检验，统计检验结果如表 6-18 所示。

多元层级回归分析结果显示，探索式创新与市场动荡的交互项对核心能力的回归系数为 0.096（$p<0.050$），利用式创新与技术动荡的交互项对核心能力的回归系数为 -0.099（$p<0.050$）。这表明，市场动荡有助于加强探索式创新对核心能力的正向影响，技术动荡会减弱利用式创新对核心能力的正向影响。

补充性检验结果与本章第三节和第四节得出的调节效应检验结果较为一致。具体而言，补充性检验结果与第三节和第四节得出的调节效应检验结果相比，无论是技术动荡还是市场动荡，都会加强探索式创新对核心能力的正向影响。无论是市场动荡还是技术动荡，都会减弱利用式创新对核心能力的正向影响。

表 6-18　调节效应关系多元线性层级回归分析补充性检验

		(a) 调节效应关系三：调节变量为市场动荡		
	变量	M1	M2	M3
	因变量：	核心能力	核心能力	核心能力
控制变量：	企业成立年限	0.031	-0.061	-0.048
	企业员工规模	-0.036	-0.048	-0.050
	国企对比外资	-0.488 ***	-0.177 *	-0.188 **
	私营对比外资	0.000	-0.004	-0.008
	企业所属行业	-0.176 **	-0.058	-0.045
自变量：	探索式创新		0.682 ***	0.688 ***
调节变量：	市场动荡		0.025	0.060
交互项：	探索式创新×市场动荡			0.096 *
	F	18.413 ***	65.803 ***	59.381 ***
	R^2	0.289	0.672	0.680

续表

(b) 调节效应关系四：调节变量为技术动荡

变量 因变量：		M4 核心能力	M5 核心能力	M6 核心能力
控制变量：	企业成立年限	0.031	-0.049	-0.058
	企业员工规模	-0.036	-0.015	-0.004
	国企对比外资	-0.488***	-0.291***	-0.278***
	私营对比外资	0.000	-0.030	-0.025
	企业所属行业	-0.176**	-0.120**	-0.120**
自变量：	利用式创新		0.480***	0.453***
调节变量：	技术动荡		0.276***	0.285***
交互项：	利用式创新×技术动荡			-0.099*
F		18.413***	60.014***	54.366***
R^2		0.289	0.651	0.660

注：* $p<0.05$；** $p<0.01$；*** $p<0.001$

(2) 变量之间有调节的中介效应关系的补充性检验

前文关于环境动荡所起调节效应的变量之间关系的补充性检验结果，与本章第三节和第四节基本一致。那么，不同属性的环境动荡，对核心能力在同一种组织创新过程与 NPD 绩效之间关系的中介作用，所产生的调节效应会有区别吗？

笔者将采用偏差纠正的非参数百分位自助抽样法，分析市场动荡对核心能力在探索式创新影响 NPD 绩效过程中的中介作用所产生的调节效应（有调节的中介三），分析技术动荡对核心能力在利用式创新影响 NPD 绩效过程中的中介作用所产生的调节效应（有调节的中介四）。

有调节的中介效应补充性检验结果如表 6-19 所示。结果显示：

第一，对于自变量为探索式创新，调节变量为市场动荡的有调节的中介模型，随着市场动荡变量取值的不断增大，核心能力的间接效应越来越强（0.315、0.351、0.388），而且三种市场动荡程度下核心能力中介效应值 95%置信水平的置信区间全都不包含 0，达到统计显著性（Hayes，2015）。有调节的中介效应指数为 0.037，其对应的非参数百分位自助抽样检验的置信区间为（0.003，0.101）不包括 0。这表明，核心能力在探索式创新与 NPD 绩效之间的中介作用受到市场动荡显著的正向调节。即随着市场动荡程度的逐渐加深，核心能力在探索式创新与 NPD 绩效之间的中介作用越来越强。

第二，对于自变量为利用式创新，调节变量为技术动荡的有调节的中介模型，随着技术动荡变量取值的不断增大，核心能力的间接效应越来越弱（0.319、0.305、0.291），而且三种程度下核心能力中介效应 95% 置信水平的置信区间全都不包含 0，达到统计显著性（Hayes，2015）。有调节的中介效应指数为 -0.014，但非参数百分位自助抽样检验的置信区间为（-0.063，0.041）包括 0。这表明技术动荡对核心能力在利用式创新与 NPD 绩效之间的中介作用的调节效应没有达到统计显著性。

有调节的中介关系补充性检验结果与本章第五节中的统计分析结果基本一致。无论是技术动荡还是市场动荡，都会加强核心能力在探索式创新与 NPD 绩效之间关系中所起的中介作用。无论是市场动荡还是技术动荡，都不会显著影响到核心能力在利用式创新与 NPD 绩效之间关系中所起的中介效应。

3. 补充性检验结果

为考察不同的环境动荡在同一种组织创新影响核心能力和 NPD 绩效的过程中产生的调节效应情况，本部分对相应的调节效应关系和有调节的中介关系进行了补充性检验。

补充性检验结果表明，市场动荡和技术动荡在相应的调节效应关系和有调节的中介关系中，产生的调节效应没有明显差异。这在一定程度上支持了 Jansen 等（2006）关于环境动荡在组织创新与企业绩效之间起到的调节作用的研究结果。不过，相比之下，本研究侧重于探讨环境动荡在探索式创新/利用式创新、核心能力与 NPD 绩效之间的关系中，所起到的调节作用，尤其是对核心能力的中介作用的调节作用。

表 6-19 有调节的中介效应补充性 Bootstrap 检验

	(a) 有调节的中介三：调节变量为市场动荡			
	技术动荡	Boot 间接效应	Boot 标准误	Boot 置信区间
效应规模	MEAN-1SD	0.315	0.077	(0.177, 0.482)
	MEAN	0.351	0.083	(0.205, 0.529)
	MEAN + 1SD	0.388	0.095	(0.221, 0.588)
效应指数		0.037	0.024	(0.003, 0.101)

续表

(b) 有调节的中介四：调节变量为技术动荡

	技术动荡	Boot 间接效应	Boot 标准误	Boot 置信区间
效应规模	MEAN-1SD	0.319	0.049	(0.237, 0.425)
	MEAN	0.305	0.046	(0.226, 0.409)
	MEAN+1SD	0.291	0.057	(0.192, 0.416)
效应指数		-0.014	0.026	(-0.063, 0.041)

注：Boot n=2000；Boot 95%置信水平；(LLCI, ULCI) Boot 置信区间；企业成立年限、企业员工规模、企业所有制和企业所属行业的影响已控制；MEAN 代表技术动荡或市场动荡对应的均值

第七章

基本理论关系的多群组分析

基于上一章的研究结果,本章主要从供应商、客户企业和外部环境三个角度,借助 AMOS21.0 和 SPSS20.0 统计分析软件,对变量之间的路径关系、调节效应关系两类基本理论关系在不同企业特征变量水平(企业成立年限:"3—15 年""16 年以上";企业员工规模:"30—500 人""501 人及其以上";企业所有制:"私营企业""其他企业";企业所属行业:"制造业""服务业")上的差异性,进行多群组检验。以进行深入对比分析,明确变量之间基本理论关系的适应性。

第一节 多群组分析的实现

根据研究需要和变量之间关系属性,笔者采用 AMOS21.0 对变量之间的路径关系进行多群组分析,使用 SPSS20.0 对变量之间的调节效应进行多群组分析。

一 结构方程模型中的多群组分析

(一)多群组检验概念

多群组检验是指基于待检验的变量之间的基本理论关系,建立无限制(unconstrained)模型[1]和限制性模型[2](如限制理论模型的因子载荷系数、路径载荷系数、残差、协方差等取值在不同样本组别之间相等),通过对

---

[1] 无限制模型是指不对载荷系数、协方差、残差等参数的取值设置任何限制的结构方程模型。

[2] 限制性模型指的是限制不同子样本组对应的结构方程模型的载荷系数、协方差、残差等参数的取值相等的结构方程模型。

依据一定标准（如企业所有制、员工规模）分组后的样本数据，进行对比统计分析，以确定理论模型在不同样本特征水平上的适应性。

笔者借助AMOS21.0，采用结构方程模型分析法，对变量之间的路径关系进行多群组检验。因此，本部分的研究目的决定了我们须以结构方程模型的路径系数（structural weight）为主要考察对象。此外，本书还涉及对测量模型载荷（measurement weight）、测量模型残差（measurement residual）、结构模型协方差（structural covariance）和结构模型残差（structural residual）四个方面的多群组对比分析，进而综合判断变量之间路径关系的适应性。

（二）多群组检验步骤

对于基于结构方程模型的多群组分析而言，其主要步骤可以归纳为：首先，根据拟合指标取值，判别无限制模型和各限制模型（限制测量模型载荷相等的模型、限制测量模型残差相等的模型、限制结构模型协方差相等的模型、限制结构模型残差相等的模型、限制结构模型路径系数相等的模型五个结构方程模型）各自的拟合情况。然后，如果限制性模型当中的至少一组模型和无限制模型拟合情况都良好，进一步在无限制模型与限制性模型之间进行拟合指标对比，以判断基本理论关系的适应性。否则，无须进行下一步分析。最后，如果无限制模型与限制性模型之间的对比统计分析结果表明理论模型稳健（主要判别标准 $p>0.050$，辅助判别指标 ΔTLI、ΔCFI），停止检验。若不稳健，则需要进一步对比不同统计特征变量水平上无限制模型的结构方程模型拟合结果，找到使得组间差异达到统计显著性的主要的变量之间关系，进行深入对比分析，明晰该变量之间理论关系在不同企业特征变量水平上的统计显著性情况，以考察基本理论关系的适应性和稳定性。

多群组检验的基本逻辑可用研究假设检验的形式表述为如下：

H0（原假设）：待检验变量之间的基本理论关系在统计特征变量不同特征水平上没有显著差异性；

H1（备择假设）：待检验变量之间的基本理论关系在统计特征变量不同特征水平上具有显著差异性；

执行统计分析，进行假设检验，若结果显示 $p<0.050$，则拒绝原假设，表明待检测的变量之间基本理论关系在统计变量不同特征水平上的差异达到了统计显著性。

二 SPSS 统计分析软件中多群组分析的实现

我们将在 SPSS20.0 中，依据企业特征变量的取值情况，将总样本拆分成一定数量的子样本，再采用多元层级回归分析方法，对变量之间的调节效应关系基本理论模型进行检验。然后，通过对比不同子样本中调节效应的显著性情况和调节强度的强弱情况，实现对变量之间调节效应关系适应性的综合判断。

对于基于多元层级回归分析的多群组分析而言，其主要步骤可以简述为：第一步，根据企业特征变量的不同取值水平，将总样本拆分成对应的子样本。使用 SPSS20.0 的数据分割功能（splite data），根据企业统计特征变量的特征水平（如企业所属行业，包括制造业和服务业两个水平）对样本数据进行分组。如，企业所属行业包括制造业和服务业两个水平，可拆分成制造业子样本和服务业子样本，样本数分别为 188 和 45。第二步，按照多元层级回归分析（hierarchical regression analysis）的一般步骤，逐步检验变量之间的基本理论关系。第三步，在不同子样本之间，对比多元层级回归分析结果，考察基本理论关系在不同企业特征变量水平上的差异性或规律性。

第二节 基于企业成立年限的多群组分析

对于企业统计特征变量之一的企业成立年限（year），它属于定序型变量，"1"代表"3—15 年"，"2"代表"16—45 年"，"3"代表"45 年及其以上"。由第五章表 5-9 可知，样本企业在成立年限上的样本数量依序是 104 家、84 家和 45 家。为降低样本量差异对多群组检验的影响，我们拟通过合并样本量较少的两组成立年限样本，组成一个新的样本组的方式，尽可能使样本企业在成立年限上的分布呈现相对均匀的状态。合并后的企业成立年限统计特征变量包括"3—15 年"和"15 年以上"两个统计特征水平，对应的企业样本量分别为 104 家和 129 家。

一 供应商角度变量之间路径关系在企业成立年限上的适应性

（一）多群组检验结构方程模型在 AMOS 中的实现

我们要探讨的供应商角度变量之间的基本理论关系是指，企业与供应

战略目标互依影响创新和 NPD 绩效的机制

商之间战略目标互依、供应商整合、探索式创新/利用式创新、核心能力与 NPD 绩效之间的路径关系。本部分在第六章中的图 6-1 基础上，去掉 AMOS 结构方程模型中控制变量的影响效应和调节效应两类理论关系，形成如图 7-1 所示的供应商角度变量之间路径关系的多群组检验理论模型。

（二）多群组检验统计分析结果

如表 7-1 所示，呈现的是基于企业成立年限的供应商角度变量之间路径关系的多群组结构方程模型拟合结果。结果显示，无论是无限制模型，还是各个限制性模型，χ^2/df 均小于 1.500，CFI、TLI 均大于 0.920，RMSEA 均小于 0.050，结构方程模型拟合结果均比较理想。因此，接下来可以进一步将无限制模型与各个限制性模型进行对比分析。

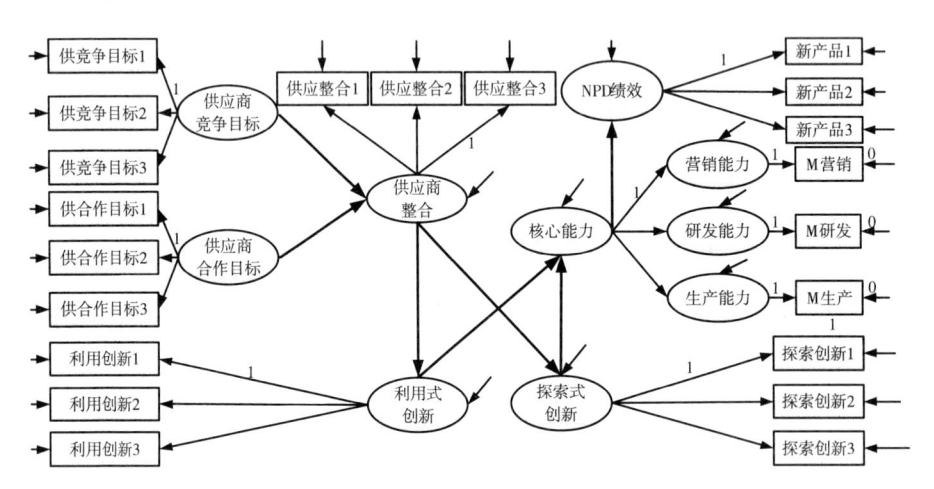

图 7-1 供应商角度变量之间路径关系的多群组检验模型

表 7-1 供应商角度各模型的结构方程拟合结果（成立年限）

模型	χ^2	df	χ^2/df	CFI	TLI	RMSEA
无限制模型	520.684	362	1.438	0.940	0.931	0.044
限制测量模型载荷相等	533.008	374	1.425	0.940	0.933	0.043
限制结构模型路径系数相等	548.377	383	1.432	0.938	0.932	0.043
限制结构模型协方差相等	553.514	386	1.434	0.937	0.932	0.043
限制结构模型残差相等	567.227	394	1.440	0.935	0.931	0.044
限制测量模型残差相等	605.098	412	1.469	0.927	0.926	0.045

如表 7-2 所示，多群组对比分析结果显示，各个限制性模型与无限制

模型相比较，CFI、TLI、RMSEA 变化量均小于 0.020。而且限制测量模型载荷相等、限制结构模型路径系数相等、限制结构模型协方差相等的三个结构方程模型与无限制模型比较，反映模型之间差异的显著性 p 值依次为 0.420、0.149、0.108，都大于 0.050，未达到统计显著性。这表明图 7-1 所示理论模型在"3—15 年"和"15 年以上"两个成立年限水平上的因子载荷值差异、路径载荷值差异和协方差差异并无统计显著性。因此，我们可以认为，对于本项目的样本而言，变量之间路径关系在企业成立年限这一统计特征变量上，具有一定的适应性。

表 7-2　供应商角度无限制模型与限制性模型的对比分析（成立年限）

对比模型	$\Delta\chi^2$	Δdf	p	ΔCFI	ΔTLI	$\Delta RMSEA$
测量模型载荷相等 VS 无限制模型	12.324	12	0.420	0.000	0.002	0.001
结构模型路径系数相等 VS 无限制模型	27.693	21	0.149	0.002	0.001	0.001
结构模型协方差相等 VS 无限制模型	32.830	24	0.108	0.003	0.001	0.001
结构模型残差相等 VS 无限制模型	46.543	32	0.047	0.005	0.000	0.000
测量模型残差相等 VS 无限制模型	84.414	50	0.002	0.013	0.005	0.001

二　客户企业角度变量之间路径关系在企业成立年限上的适应性

（一）多群组检验结构方程模型在 AMOS 中的实现

我们要考察的客户企业角度变量之间的基本理论关系是指，企业与客户企业之间战略目标互依、客户企业整合、探索式创新/利用式创新、核心能力与 NPD 绩效之间的路径关系。与供应商角度的多群组检验的实现方式一致，本部分在第六章中的图 6-3 基础之上，去掉 AMOS 结构方程模型中控制变量的影响效应和调节效应的变量之间理论关系，形成如图 7-2 所示的客户企业角度变量之间路径关系的多群组检验模型。

（二）多群组检验统计分析结果

如表 7-3 所示，呈现的是基于企业成立年限的客户企业角度变量之间路径关系的多群组结构方程模型拟合结果。统计分析结果显示，无论是无

战略目标互依影响创新和 NPD 绩效的机制

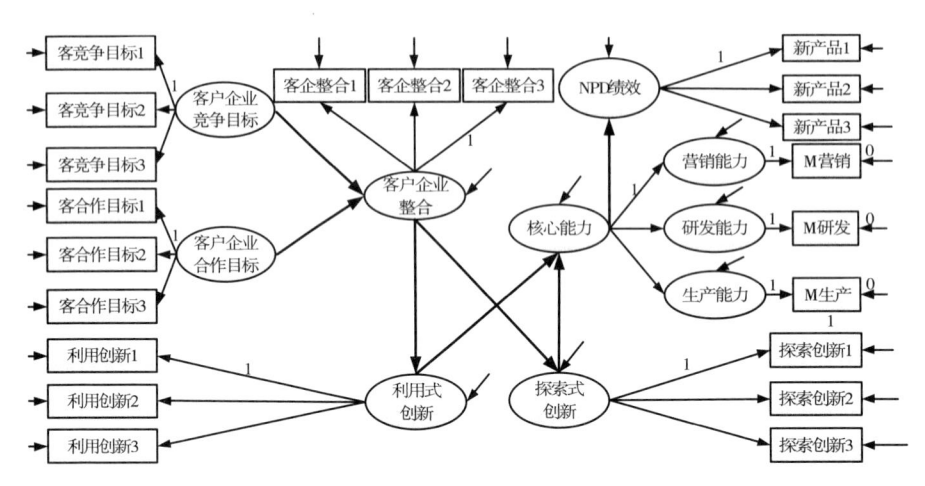

图 7-2 客户企业角度变量间路径关系多群组检验模型

限制模型，还是各个限制性模型，χ^2/df 均在 1.200 与 1.500 之间，CFI、TLI 均大等于 0.950，RMSEA 均小于 0.050，结构方程模型拟合结果均比较理想。因此，可以将无限制模型与各个限制性模型进行对比分析。

表 7-3 客户企业角度各模型的结构方程拟合结果（成立年限）

模型	χ^2	df	χ^2/df	CFI	TLI	RMSEA
无限制模型	436.940	362	1.207	0.971	0.966	0.030
限制测量模型载荷相等	457.526	374	1.223	0.968	0.964	0.031
限制结构模型路径系数相等	483.499	383	1.262	0.961	0.957	0.034
限制结构模型协方差相等	489.635	386	1.268	0.960	0.956	0.034
限制结构模型残差相等	506.180	394	1.285	0.957	0.954	0.035
限制测量模型残差相等	538.228	412	1.306	0.951	0.950	0.036

如表 7-4 所示，多群组对比分析结果显示，除限制测量模型残差相等的结构方程模型 ΔCFI 指标值外，其他限制性模型与无限制模型比较，CFI、TLI、RMSEA 变化量均小于 0.020。同时，除限制测量模型载荷相等的结构方程模型外，其他限制性模型与无限制模型比较，反映模型之间差异的显著性 p 都小于 0.010，无限制模型与限制性模型之间的差异达到了统计显著性。这表明，图 7-2 所示理论模型在 "3—15 年" 和 "15 年以上" 两个成立年限水平上的路径载荷值、协方差、结构方程模型残差和测量模型残差差异均达到了统计显著性。本书据此认为，客户企业角度的变量之间路径关系，在企业成立年限这一统计特征变量上，不具有适应性，

有必要进一步分析不同成立年限水平上变量之间路径关系的主要差异性。

如表 7-5 所示，对于成立年限介于 3—15 年的企业样本而言，企业与客户企业之间的战略竞争目标对客户企业整合的负向影响并未达到统计显著性（p>0.050），而在成立年限大于 15 年的企业样本中，这两个变量之间具有显著的负相关关系（β=-0.213，p<0.050）。同时，对于成立年限大于 15 年的企业样本而言，利用式创新对核心能力的正向影响并未达到统计显著性（p>0.050），而在成立年限介于 3—15 年的企业样本中，这两个变量之间具有显著的正相关关系（β=0.408，p<0.050）。

多群组对比分析结果表明，相比成立年限介于 3—15 年的企业，对于成立年限大于 15 年的企业而言，其与客户企业之间的战略竞争目标对客户企业整合的消极影响更明显一些。但是，利用式创新对核心能力的积极作用却不如成立 3—15 年的企业样本中的影响效应那么显著。

表 7-4　客户企业角度无限制模型与限制性模型的对比分析（成立年限）

对比模型	$\Delta\chi^2$	Δdf	p	ΔCFI	ΔTLI	$\Delta RMSEA$
测量模型载荷相等 VS 无限制模型	20.586	12	0.057	0.003	0.003	0.001
结构模型路径系数相等 VS 无限制模型	46.559	21	0.001	0.010	0.009	0.004
结构模型协方差相等 VS 无限制模型	52.694	24	0.001	0.011	0.010	0.004
结构模型残差相等 VS 无限制模型	69.24	32	0.000	0.014	0.013	0.005
测量模型残差相等 VS 无限制模型	101.287	50	0.000	0.020	0.016	0.006

表 7-5　客户企业角度路径关系差异分析（成立年限）

对比样本	路径关系		标准化路径/载荷系数	显著性概率	检验结果
"3—15 年"	客户企业合作目标	→客户企业整合	0.764	0.000	显著
	客户企业竞争目标	→客户企业整合	-0.172	0.076	不显著
	客户企业整合	→探索式创新	0.677	0.000	显著
	客户企业整合	→利用式创新	0.763	0.000	显著
	探索式创新	→核心能力	0.638	0.000	显著
	利用式创新	→核心能力	0.408	0.000	显著
	核心能力	→NPD 绩效	0.690	0.000	显著

续表

对比样本	路径关系		标准化路径/载荷系数	显著性概率	检验结果
"15年以上"	客户企业合作目标	→客户企业整合	0.909	0.000	显著
	客户企业竞争目标	→客户企业整合	-0.213	0.009	显著
	客户企业整合	→探索式创新	0.887	0.000	显著
	客户企业整合	→利用式创新	0.797	0.000	显著
	探索式创新	→核心能力	0.820	0.000	显著
	利用式创新	→核心能力	0.032	0.735	不显著
	核心能力	→NPD绩效	0.790	0.000	显著

三 外部环境角度变量之间调节效应关系在企业成立年限上的适应性

本项目要考察的变量之间调节效应关系适应性的基本理论关系包括两个。第一，技术动荡对探索式创新与核心能力之间关系的调节效应。第二，市场动荡对利用式创新与核心能力之间关系的调节效应。

基于企业成立年限的变量之间调节效应关系多群组分析结果如表7-6所示。结果显示，技术动荡对探索式创新与核心能力之间关系的正向调节作用，仅在成立年限大于15年的企业样本中达到统计显著性（$\beta=0.151$，$p<0.050$）。而市场动荡对利用式创新与核心能力之间关系的负向调节作用，却仅在成立年限介于3—15年的企业样本中具有统计显著性（$\beta=-0.178$，$p<0.050$）。

表7-6 外部环境角度变量间调节效应关系多群组对比分析（企业成立年限）

(a)					
对比样本		3—15年		15年以上	
因变量：	核心能力	M1	M2	M3	M4
自变量：	探索式创新	0.661***	0.685***	0.809***	0.813***
调节变量：	技术动荡	0.106	0.132	0.066	0.136*
交互项1：	探索式创新×技术动荡		0.081		0.151**
F		60.691***	40.783***	169.709***	123.037***
R^2		0.546	0.550	0.729	0.747

续表

(b)

对比样本		3—15 年		15 年以上	
因变量：	核心能力	M5	M6	M7	M8
自变量：	利用式创新	0.626***	0.546***	0.626	0.614***
调节变量：	市场动荡	0.056	0.077	0.100	0.110
交互项2：	利用式创新×市场动荡		-0.178*		-0.065
F		35.849***	26.305***	53.166***	35.748***
R^2		0.415	0.441	0.458	0.462

统计分析结果表明，尽管环境动荡对企业创新与核心能力之间的关系的调节作用确实存在。但是，性质相同的环境动荡（如技术动荡），所产生的调节作用也会因企业成立时间长短而存在差异。对于成立年限较短的企业，在技术动荡程度较高的环境中开展探索式创新，将不一定有助于企业核心能力的增强。同时，对于成立年限较长的企业，即便是市场环境动荡较强，也不一定会减弱利用式创新对企业核心能力的提升作用。

第三节 基于企业员工规模的多群组分析

企业员工规模（size）属于定序变量，包括"30—500 人""501—1000 人""1000 人及其以上"三个测量水平。由第五章中的表 5-9 可知，样本企业在企业员工规模上的样本数量依次是 130 家、33 家和 70 家。同样，为减弱样本量差异对多群组检验的影响，我们拟通过合并样本量较少的企业员工规模样本组为一组新的样本组的方式，尽可能使样本企业在员工规模上的分布呈现相对均匀的状态。合并后的企业员工规模统计特征变量包括："30—500 人"和"500 人及其以上"两个水平。对应的样本量分别为 130 家和 103 家。

一 供应商角度变量之间路径关系在企业员工规模上的适应性

本部分用于多群组分析的结构方程模型在 AMOS 中的实现，如本章第二节中的图 7-1 所示。

如表 7-7 所示，呈现的是基于企业员工规模的供应商角度变量之间路径关系的多群组结构方程模型拟合结果。统计分析结果显示，无论是无限制模型，还是各个限制性模型，χ^2/df 均小于 2.500，CFI、TLI 均大于 0.900，RMSEA 均小于 0.080，结构方程模型拟合结果均比较理想。因此，可将无限制模型与各个限制性模型进行对比分析。

表 7-7 供应商角度各模型的结构方程模型拟合结果（员工规模）

模型	χ^2	df	χ^2/df	CFI	TLI	RMSEA
无限制模型	501.612	362	1.386	0.947	0.938	0.041
限制测量模型载荷相等	515.190	374	1.378	0.946	0.939	0.040
限制结构模型路径系数相等	528.898	383	1.381	0.944	0.939	0.041
限制结构模型协方差相等	539.857	386	1.399	0.941	0.936	0.042
限制结构模型残差相等	548.441	394	1.392	0.941	0.937	0.041
限制测量模型残差相等	611.514	412	1.484	0.924	0.922	0.046

如表 7-8 所示，多群组对比分析结果显示，除限制模型残差相等的结构方程模型的 CFI 变化值（0.023）大于 0.020 外，其他各个限制性模型与无限制模型相比较，CFI、TLI、RMSEA 的变化量均小于 0.020。而且，限制测量模型载荷相等、限制结构模型路径系数相等两个结构方程模型与无限制模型相比较，反映无限制模型与限制性模型之间差异的显著性水平 p 值分别为 0.328 和 0.162，均大于 0.050。因此，本书认为模型之间的差异未达到统计显著性。

这表明本章第二节中的图 7-1 所示理论模型，在 "30—500 人" 和 "500 人及其以上" 两个员工规模水平上的因子载荷值和路径载荷值差异，并无统计显著性。本书可以据此认为，对于本项目的样本企业而言，供应商角度的变量之间路径关系在企业员工规模这一统计特征变量上具有一定适应性。

表 7-8 供应商角度无限制模型与限制性模型多群组对比分析（员工规模）

对比模型	$\Delta\chi^2$	Δdf	p	ΔCFI	ΔTLI	ΔRMSEA
测量模型载荷相等 VS 无限制模型	13.578	12	0.328	0.001	0.001	0.001
结构模型路径系数相等 VS 无限制模型	27.286	21	0.162	0.003	0.001	0.000

续表

对比模型	$\Delta\chi^2$	Δdf	p	ΔCFI	ΔTLI	ΔRMSEA
结构模型协方差相等 VS 无限制模型	38.246	24	0.033	0.006	0.002	0.001
结构模型残差相等 VS 无限制模型	46.829	32	0.044	0.006	0.001	0.000
测量模型残差相等 VS 无限制模型	109.902	50	0.000	0.023	0.016	0.005

二 客户企业角度变量之间路径关系在企业员工规模上的适应性

用于考察客户企业角度变量之间路径关系的多群组检验结构方程模型，在 AMOS 中的实现如本章第二节中的图 7-2 所示。

如表 7-9 所示，呈现的是，基于企业员工规模的客户企业角度变量之间路径关系的多群组结构方程模型拟合结果。统计分析结果显示，无论是无限制模型，还是各个限制性模型，χ^2/df 均在 1.300 与 1.400 之间，CFI、TLI 均大等于 0.940，RMSEA 均小等于 0.040，结构方程模型拟合结果均比较理想。因此，可以将无限制模型与各个限制性模型进行更深入地对比分析。

如表 7-10 所示，多群组对比分析结果显示，各个限制性模型与无限制模型相比较，CFI、TLI、RMSEA 的变化量均小于 0.020。同时，除限制测量模型载荷相等的结构方程模型外，其他限制性模型与无限制模型相比较，反映模型之间差异的显著性水平 p 值都大于 0.050，模型之间的差异未达到统计显著性。

表 7-9　客户企业角度各模型的结构方程拟合结果（员工规模）

模型	χ^2	df	χ^2/df	CFI	TLI	RMSEA
无限制模型	493.659	362	1.364	0.949	0.940	0.040
限制测量模型载荷相等	513.356	374	1.373	0.946	0.939	0.040
限制结构模型路径系数相等	519.673	383	1.357	0.947	0.942	0.039
限制结构模型协方差相等	520.696	386	1.349	0.947	0.943	0.039
限制结构模型残差相等	527.148	394	1.338	0.948	0.945	0.038
限制测量模型残差相等	563.783	412	1.368	0.941	0.940	0.040

表 7-10 客户企业角度无限制模型与限制性模型多群组对比分析（员工规模）

对比模型	ΔX^2	Δdf	p	ΔCFI	ΔTLI	$\Delta RMSEA$
测量模型载荷相等 VS 无限制模型	19.697	12	0.073	0.003	0.001	0.000
结构模型路径系数相等 VS 无限制模型	26.014	21	0.206	0.002	0.001	0.001
结构模型协方差相等 VS 无限制模型	27.037	24	0.303	0.002	0.002	0.001
结构模型残差相等 VS 无限制模型	33.489	32	0.395	0.001	0.004	0.002
测量模型残差相等 VS 无限制模型	70.124	50	0.032	0.008	0.001	0.000

这表明，本章第二节中的图 7-2 所示的理论模型，在"30—500 人"与"500 人以上"两个企业员工规模水平上的因子载荷值、路径载荷值、结构模型协方差和结构模型残差的差异，均未达到统计显著性。我们可以据此认为，对于本项目的样本企业而言，客户企业角度的变量之间路径关系在企业员工规模这一统计特征变量上具有一定的适应性。

三 外部环境角度变量之间调节效应关系在员工规模上的适应性

如表 7-11 所示，呈现的是基于企业员工规模的变量之间调节效应关系的多群组分析结果。统计分析结果显示，技术动荡对探索式创新与核心能力之间关系的正向调节作用，仅在员工规模大于 500 人的企业样本中，达到了统计显著性（$\beta=0.187$，$p<0.010$）；而市场动荡对利用式创新与核心能力之间关系的负向调节作用，却仅在员工规模介于 30—500 人的企业样本中，具有统计显著性（$\beta=-0.257$，$p<0.001$）。

表 7-11 外部环境角度变量间调节效应关系多群组对比分析（员工规模）

(a)					
对比样本		30—500 人		500 人以上	
因变量：	核心能力	M1	M2	M3	M4
自变量：	探索式创新	0.684***	0.715***	0.765***	0.761***
调节变量：	技术动荡	0.084	0.108	0.094	0.185*

续表

交互项1：	探索式创新×技术动荡		0.088		0.187**
	F	78.693***	53.138***	110.022***	82.688***
	R^2	0.553	0.559	0.688	0.715

(b)

对比样本		30—500人		500人以上	
因变量：	核心能力	M5	M6	M7	M8
自变量：	利用式创新	0.594***	0.495***	0.658***	0.658***
调节变量：	市场动荡	0.103	0.156**	0.052	0.069
交互项2：	利用式创新×市场动荡		-0.257***		0.072
	F	40.693	33.861	45.840	30.859
	R^2	0.391	0.446	0.478	0.483

多群组分析结果表明，对于本项目的样本企业而言，尽管环境动荡对企业创新与核心能力之间关系的调节作用确实存在。但同时，我们发现性质相同的环境动荡所产生的调节作用，会因企业员工规模大小而存在差异。对于员工规模较小的企业，在技术动荡程度较高的环境中开展探索式创新，不一定会有助于企业核心能力的增强。对于员工规模较大的企业，即便是在市场动荡程度较强的环境中，利用式创新对企业核心能力的提升作用也不一定会被削弱。

第四节　基于企业所有制的多群组分析

企业所有制（size）属于定类型变量，它包括国有及其控股企业、私营企业和外资企业三种企业所有制类型。由第五章中的表5-9可知，样本企业在企业所有制方面的样本量依序是72家、133家和28家。同样，为减弱样本量差异对多群组检验的影响，笔者拟通过合并样本量较少的企业所有制样本组成新的样本组的方式，尽可能使样本企业在所有制上的分布呈现相对均匀的状态。合并后的企业所有制统计特征变量包括"私营企业"和"其他所有制企业"两类，样本量分别为133家和100家。

一　供应商角度变量之间路径关系在企业所有制上的适应性

用于考察供应商角度变量之间路径关系的多群组检验结构方程模型，

在 AMOS 中的实现如本章第二节中的图 7-1 所示。

如表 7-12 所示，表中呈现的是供应商角度变量之间路径关系的多群组结构方程模型拟合结果。统计分析结果显示，除限制测量模型残差相等的限制性结构方程模型外，包括无限制模型在内的其他几个结构方程模型拟合情况均较好，χ^2/df 均小于 2.500，CFI、TLI 均大于 0.900，RMSEA 均小于 0.080。

因此，可以将无限制模型与限制测量模型载荷相等、限制结构模型路径系数相等、限制结构模型协方差相等、限制结构模型残差相等四个限制性结构方程模型进行对比分析。

表 7-12　　供应商角度各模型的结构方程拟合结果（企业所有制）

模型	χ^2	df	χ^2/df	CFI	TLI	RMSEA
无限制模型	540.618	362	1.493	0.929	0.918	0.046
限制测量模型载荷相等	562.922	374	1.505	0.925	0.916	0.047
限制结构模型路径系数相等	570.061	383	1.488	0.926	0.919	0.046
限制结构模型协方差相等	577.328	386	1.496	0.924	0.917	0.046
限制结构模型残差相等	612.496	394	1.555	0.913	0.908	0.049
限制测量模型残差相等	679.41	412	1.649	0.894	0.892	0.053

如表 7-13 所示，多群组对比分析结果显示，各个限制性模型与无限制模型相比较，CFI、TLI、RMSEA 的变化量均小于 0.020。而且，限制结构模型路径系数相等的结构方程模型与无限制模型相比较，反映模型之间差异的显著性水平 $p=0.104$，大于 0.050，无限制模型与限制性模型之间的差异未达到统计显著性。这表明，本章第二节中的图 7-1 所示理论模型在私营企业和其他所有制企业两类企业样本中的路径载荷值的差异并无统计显著性。

表 7-13　　供应商角度限制性模型与无限制模型多群组对比分析（企业所有制）

对比模型	$\Delta\chi^2$	Δdf	p	ΔCFI	ΔTLI	ΔRMSEA
测量模型载荷相等 VS 无限制模型	22.304	12	0.034	0.004	0.002	0.001
结构模型路径系数相等 VS 无限制模型	29.442	21	0.104	0.003	0.001	0.000

续表

对比模型	$\Delta\chi^2$	Δdf	p	ΔCFI	ΔTLI	ΔRMSEA
结构模型协方差相等 VS 无限制模型	36.71	24	0.047	0.005	0.000	0.000
结构模型残差相等 VS 无限制模型	71.878	32	0.000	0.016	0.010	0.003

我们可以据此认为，对于本项目的样本企业而言，客户企业角度的变量之间路径关系在企业所有制这一统计特征变量上具有一定的适应性。

二 客户企业角度变量之间路径关系在企业所有制上的适应性

用于考察客户企业角度变量之间路径关系在企业所有制上的适应性的多群组检验结构方程模型，在 AMOS 中的实现如本章第二节中的图 7-2 所示。

如表 7-14 所示，表中呈现的是基于企业所有制的客户企业角度变量之间路径关系多群组结构方程模型拟合结果。统计分析结果显示，无论是无限制模型，还是各个限制性模型，χ^2/df 均在 1.400 与 1.600 之间，CFI、TLI 均大于 0.900，RMSEA 均小等于 0.050。各个统计指标的取值表明，无限制模型和限制性模型对应的结构方程模型拟合结果均比较理想。因此，我们接下来可以将无限制模型与各个限制性模型进行对比分析。多群组对比分析结果如表 7-15 所示。

表 7-14 客户企业角度各模型的结构方程拟合结果（企业所有制）

模型	χ^2	df	χ^2/df	CFI	TLI	RMSEA
无限制模型	544.843	362	1.505	0.927	0.915	0.047
限制测量模型载荷相等	551.684	374	1.475	0.929	0.920	0.045
限制结构模型路径系数相等	560.271	383	1.463	0.929	0.922	0.045
限制结构模型协方差相等	563.508	386	1.460	0.929	0.923	0.045
限制结构模型残差相等	595.843	394	1.512	0.919	0.914	0.047
限制测量模型残差相等	648.991	412	1.575	0.905	0.904	0.050

如表 7-15 所示，多群组对比分析结果显示，除限制测量模型残差相等的结构方程模型 ΔCFI 外，其他限制性模型与无限制模型相比较，CFI、

TLI、RMSEA 的变化量均小于 0.020。同时，除限制结构模型残差相等和限制测量模型载荷相等两个限制性结构方程模型外，其他限制性模型相比无限制模型，反映模型之间差异的显著性水平 p 值都大于 0.050，无限制模型与限制性模型之间的差异未达到统计显著性。这表明，图 7-2 所示理论模型在私营企业与其他所有制企业两种企业样本上的因子载荷值、路径载荷值和结构模型协方差的差异，均未达到统计显著性。因此，我们可以认为，对于本项目的样本企业而言，变量之间路径关系在企业所有制这一统计特征变量上具有一定的适应性。

表 7-15　　　　客户企业角度无限制模型与限制性模型多群组对比分析（企业所有制）

对比模型	$\Delta\chi^2$	Δdf	p	ΔCFI	ΔTLI	$\Delta RMSEA$
测量模型载荷相等 VS 无限制模型	6.841	12	0.868	0.002	0.005	0.002
结构模型路径系数相等 VS 无限制模型	15.428	21	0.801	0.002	0.007	0.002
结构模型协方差相等 VS 无限制模型	18.665	24	0.770	0.002	0.008	0.002
结构模型残差相等 VS 无限制模型	51.000	32	0.018	0.008	0.001	0.000
测量模型残差相等 VS 无限制模型	104.148	50	0.000	0.022	0.012	0.003

三　外部环境角度变量之间调节效应关系在企业所有制上的适应性

如表 7-16 所示，表中呈现的是基于企业所有制的变量之间调节效应关系多群组分析结果。统计分析结果显示，技术动荡对探索式创新与核心能力之间关系的正向调节作用，会在其他所有制企业（由国有及其控股企业和私营企业组成）的样本中达到显著性（β=0.256，p<0.001）。而市场动荡对利用式创新与核心能力之间关系的负向调节作用，却仅在私营企业样本组中具有统计显著性（β=-0.200，p<0.010）。

统计分析结果表明，对于本项目的样本企业而言，尽管环境动荡对企业创新与核心能力之间关系的调节作用确实存在，但性质相同的环境动荡所产生的调节作用也会因企业所有制的不同，而存在一定差异。对于私营企业而言，在技术动荡程度较高的环境中开展探索式创新，不一定有助于企业核心能力的增强。对于除私营所有制企业以外的企业（包括国有及其控股企业、外资企业），即便是在市场动荡程度较强的环境中，利用式创新对企业核心能力的正向影响也不一定会被减弱。

表 7-16　　　　　外部环境角度变量间调节效应关系多群组对比分析（企业所有制）

(a)

对比样本		私营企业		其他所有制企业	
因变量：	核心能力	M1	M2	M3	M4
自变量：	探索式创新	0.621***	0.634***	0.817***	0.873***
调节变量：	技术动荡	0.125	0.13	0.001	0.125
交互项1：	探索式创新×技术动荡		0.098		0.256***
F		63.699***	43.727***	98.105***	77.093***
R^2		0.495	0.504	0.669	0.707

(b)

对比样本		私营企业		其他所有制企业	
因变量：	核心能力	M5	M6	M7	M8
自变量：	利用式创新	0.627***	0.562***	0.598***	0.594***
调节变量：	市场动荡	0.074	0.121	0.099	0.099
交互项2：	利用式创新×市场动荡		−0.200**		−0.014
F		47.970***	35.597***	35.342***	23.337***
R^2		0.425	0.460	0.422	0.422

第五节　基于企业所属行业的多群组分析

企业所属行业（industry）属于定类型变量，包括制造业和服务业两种类别。由第五章中的表 5-9 可知，样本企业在企业所属行业方面的样本量分别是 188 家和 45 家。尽管样本量在企业所属行业上的分布差异较大，但多群组分析要求至少存在两组可比较的子样本。在没有更好的样本处理方案可供借鉴的情况下，本研究拟直接针对该定类型变量对应的样本量，进行探索性的多群组分析。

一 供应商角度变量之间路径关系在企业所属行业上的适应性

本研究用于考察供应商角度变量之间路径关系在企业所属行业上适应性的多群组检验结构方程模型,在 AMOS 中的实现方式如本章第二节中的图 7-1 所示。

如表 7-17 所示,表中呈现的是供应商角度变量之间路径关系的多群组结构方程模型拟合结果。统计分析结果显示,除限制测量模型残差相等的结构方程模型外,包括无限制模型在内的其他几个结构方程模型拟合情况均较好,χ^2/df 均小于 2.500,CFI、TLI 均大于 0.900,RMSEA 均小于 0.080。因此,可以将无限制模型与限制测量模型载荷相等、限制结构模型路径系数相等、限制结构模型协方差相等、限制结构模型残差相等四个限制性结构方程模型进行对比分析。

如表 7-18 所示,多群组对比分析结果显示,除限制模型残差相等的结构方程模型的 CFI 和 TLI 变化值(0.030、0.026)大于 0.020 外,其他各个限制性模型与无限制模型相比较,CFI、TLI、RMSEA 的变化量均小于 0.020。同时,限制结构模型路径系数相等的结构方程模型与无限制模型相比较,反映模型之间差异的显著性水平 p 值小于 0.050,限制性模型与无限制模型之间的差异达到了统计显著性。

这表明,本章第二节中的图 7-1 所示理论模型在制造业和服务业两类企业样本中的路径载荷值的差异具有统计显著性。本研究据此认为,供应商角度的变量之间路径关系,在企业所属行业这一统计特征变量上不具有适应性。

由于多群组对比分析结果显示,变量之间的路径关系在企业所属行业这一统计特征变量不同水平上具有差异性,有必要进一步分析差异来源。差异分析结果如表 7-19 所示。

对于制造业样本而言,企业与供应商之间的战略竞争目标对供应商整合的负向影响并未达到统计显著性($p>0.050$),而在服务业样本中,这两个变量之间具有显著的负相关关系($\beta=-0.403$,$p<0.050$)。同时,对于服务业样本而言,供应商整合对利用式创新的正向影响并未达到统计显著性($p>0.050$),而在制造业样本中,这两个变量之间具有显著的正相关关系($\beta=0.857$,$p<0.050$)。

第七章 基本理论关系的多群组分析

多群组对比分析结果表明，对于本项目的样本企业而言，相比制造业，在服务业中，企业与供应商之间的战略竞争目标对供应商整合的消极影响更明显一些。但在服务业中，供应商整合对利用式创新的积极作用，却不如制造型企业样本中对应的变量之间关系那么显著。

表 7-17　供应商角度各模型的结构方程拟合结果（行业）

模型	χ^2	df	χ^2/df	CFI	TLI	RMSEA
无限制模型	534.035	362	1.475	0.936	0.926	0.045
限制测量模型载荷相等	553.968	374	1.481	0.933	0.925	0.046
限制结构模型路径系数相等	586.373	383	1.531	0.925	0.917	0.048
限制结构模型协方差相等	596.669	386	1.546	0.922	0.915	0.049
限制结构模型残差相等	646.644	394	1.641	0.906	0.900	0.053
限制测量模型残差相等	753.062	412	1.828	0.874	0.871	0.060

表 7-18　供应商角度限制性模型与无限制模型多群组对比分析（行业）

对比模型	$\Delta\chi^2$	Δdf	p	ΔCFI	ΔTLI	ΔRMSEA
测量模型载荷相等 VS 无限制模型	19.933	12	0.068	0.003	0.001	0.001
结构模型路径系数相等 VS 无限制模型	52.339	21	0.000	0.011	0.009	0.003
结构模型协方差相等 VS 无限制模型	62.634	24	0.000	0.014	0.011	0.004
结构模型残差相等 VS 无限制模型	112.609	32	0.000	0.030	0.026	0.008

表 7-19　供应商角度路径关系差异分析（行业）

对比样本	路径关系		标准化路径/载荷系数	显著性概率	检验结果
制造业	供应商合作目标	→供应商整合	0.895	0.000	显著
	供应商竞争目标	→供应商整合	-0.121	0.053	不显著
	供应商整合	→探索式创新	0.862	0.000	显著
	供应商整合	→利用式创新	0.857	0.000	显著
	探索式创新	→核心能力	0.730	0.000	显著
	利用式创新	→核心能力	0.284	0.002	显著
	核心能力	→NPD 绩效	0.788	0.000	显著

续表

对比样本	路径关系		标准化路径/载荷系数	显著性概率	检验结果
服务业	供应商合作目标	→供应商整合	0.501	0.003	显著
	供应商竞争目标	→供应商整合	-0.403	0.044	显著
	供应商整合	→探索式创新	0.506	0.013	显著
	供应商整合	→利用式创新	0.303	0.065	不显著
	探索式创新	→核心能力	0.595	0.003	显著
	利用式创新	→核心能力	0.373	0.014	显著
	核心能力	→NPD绩效	0.372	0.032	显著

二 客户企业角度变量之间路径关系在企业所属行业上的适应性

用于考察客户企业角度的变量之间路径关系，在企业所属行业上的适应性的多群组检验结构方程模型，在 AMOS 中的实现方式如本章第二节中的图 7-2 所示。

如表 7-20 所示，表中呈现的是基于企业所属行业的客户企业角度变量之间路径关系的多群组结构方程模型拟合结果。统计分析结果显示，除限制测量模型残差相等和限制结构模型残差相等两个结构方程模型外，无论是无限制模型，还是其他各个限制性模型，χ^2/df 均小于 2.000，CFI、TLI 均大于 0.900，RMSEA 均小等于 0.050。因此，可以将无限制模型与限制测量模型载荷相等、限制结构模型路径系数相等、限制结构模型协方差相等三个限制性结构方程模型，进行对比分析。

如表 7-21 所示，多群组对比分析结果显示，限制测量模型载荷相等、限制结构模型路径系数相等和限制结构模型协方差相等三个限制性结构方程模型，与无限制模型相比较，反映模型之间差异的显著性水平 p 值都小于 0.010，无限制模型与限制性模型之间的差异达到了统计显著性。

这表明，本章第二节中的图 7-2 所示理论模型在制造业和服务业两类样本企业中的因子载荷值、路径载荷值和协方差的差异均达到了统计显著性，客户企业角度变量之间路径关系在企业所属行业这一统计特征变量上不具有适应性，有必要进一步分析不同行业水平上变量之间路径关系的主要差异性。

如表 7-22 所示，对于服务业中的企业样本而言，企业与客户企业之间的战略竞争目标对客户企业整合的负向影响并未达到统计显著性（p>0.050），而在制造业中的企业样本，这两个变量之间具有显著的负相关关系（β = -0.206，p<0.050）。在服务业中的企业样本中，客户企业整合对探索式创新的正向影响也未达到统计显著性（p>0.050），而在制造业中的的企业样本中，这两个变量之间具有显著的正相关关系（β = 0.884，p<0.050）。

多群组对比分析结果表明，对于本项目的样本企业而言，相比服务型企业，对于制造型企业来说，企业与客户企业之间的战略竞争目标对客户企业整合的消极影响更明显一些，同时，客户企业整合对探索式创新的积极作用也要显著很多。

表 7-20 客户企业角度各模型的结构方程拟合结果（行业）

模型	χ^2	df	χ^2/df	CFI	TLI	RMSEA
无限制模型	547.366	362	1.512	0.931	0.920	0.047
限制测量模型载荷相等	577.251	374	1.543	0.924	0.915	0.049
限制结构模型路径系数相等	600.726	383	1.568	0.919	0.911	0.050
限制结构模型协方差相等	607.936	386	1.575	0.917	0.910	0.050
限制结构模型残差相等	650.910	394	1.652	0.904	0.898	0.053
限制测量模型残差相等	743.183	412	1.804	0.877	0.874	0.059

表 7-21 客户企业角度无限制模型与限制性模型多群组对比分析（行业）

对比模型	$\Delta\chi^2$	Δdf	p	ΔCFI	ΔTLI	ΔRMSEA
测量模型载荷相等 VS 无限制模型	29.885	12	0.003	0.007	0.005	0.002
结构模型路径系数相等 VS 无限制模型	53.360	21	0.000	0.012	0.009	0.003
结构模型协方差相等 VS 无限制模型	60.570	24	0.000	0.014	0.010	0.003

表 7-22 客户企业角度路径关系差异分析（行业）

对比样本	路径关系		标准化路径/载荷系数	显著性概率	检验结果
制造业	客户企业合作目标	→客户企业整合	0.857	0.000	显著
	客户企业竞争目标	→客户企业整合	-0.206	0.003	显著
	客户企业整合	→探索式创新	0.884	0.000	显著
	客户企业整合	→利用式创新	0.854	0.000	显著
	探索式创新	→核心能力	0.773	0.000	显著
	利用式创新	→核心能力	0.262	0.005	显著
	核心能力	→NPD绩效	0.791	0.000	显著

续表

对比样本	路径关系		标准化路径/载荷系数	显著性概率	检验结果
服务业	客户企业合作目标	→客户企业整合	0.589	0.000	显著
	客户企业竞争目标	→客户企业整合	-0.219	0.177	不显著
	客户企业整合	→探索式创新	0.202	0.265	不显著
	客户企业整合	→利用式创新	0.529	0.002	显著
	探索式创新	→核心能力	0.619	0.003	显著
	利用式创新	→核心能力	0.393	0.013	显著
	核心能力	→NPD绩效	0.372	0.033	显著

三 外部环境角度变量之间调节效应关系在企业所属行业上的适应性

如表7-23所示，表中呈现的是基于企业行业的变量之间调节效应关系的多群组分析结果。统计分析结果显示，技术动荡对探索式创新与核心能力之间关系的正向调节作用，在服务型企业样本中具有统计显著性（$\beta=0.417$，$p<0.050$）。尽管服务业样本组中利用式创新和市场动荡的交互项对核心能力的回归系数值（$\beta=-0.152$），比制造业样本组中的回归系数值（$\beta=-0.079$）大得多，但市场动荡对利用式创新与核心能力之间关系的负向调节作用，在两组样本中都不具有统计显著性（$p>0.050$）。

这可能是由于分组的样本中，服务业样本量比制造业样本量少很多，这势必影响了数据分析结果的判别效度。这一点可以从服务业样本组中，回归分析得出的标准化载荷系数观察到，其数值相比制造业样本组对应的数值要大得多。

表7-23 外部环境角度变量间调节效应关系多群组对比分析（行业）

(a)					
对比样本		制造业		服务业	
因变量：	核心能力	M1	M2	M3	M4
自变量：	探索式创新	0.779***	0.789***	0.450**	0.651**
调节变量：	技术动荡	0.051	0.086	0.114	0.303
交互项1：	探索式创新×技术动荡		0.090		0.417*

续表

(a)

	对比样本	制造业		服务业	
F	184.517***	125.800***	7.344**	6.594**	
R²	0.662	0.667	0.224	0.276	

(b)

	对比样本	制造业		服务业	
因变量：	核心能力	M5	M6	M7	M8
自变量：	利用式创新	0.699***	0.669***	0.431**	0.429**
调节变量：	市场动荡	0.089	0.101	-0.185	-0.167
交互项2：	利用式创新×市场动荡		-0.079		-0.152
	F	110.705***	75.055***	4.408*	3.339*
	R²	0.545	0.550	0.173	0.196

以上分析结果表明，对于本项目的样本企业而言，尽管环境动荡对企业创新与核心能力之间关系的调节作用确实存在，但性质相同的环境动荡所产生的调节作用，也会因企业行业性质不同而存在一定差异。对于本研究样本中的制造型企业而言，在技术动荡程度较高的环境中开展探索式创新，不一定有助于企业核心能力的增强。

第六节 多群组分析总结

根据本章的多群组分析结果，本书可以对变量之间基本理论关系的适应性情况总结如表7-24所示。

从研究角度来看，外部环境角度的变量之间调节效应关系不具有适应性，它会因企业统计特征变量水平的不同而有所差异。这表明变量之间的调节效应关系易受企业特征变量影响。客户企业角度变量之间的路径关系在企业成立年限上不具有适应性。

从企业统计特征来看，行业属性对应的变量之间路径关系和调节效应关系都不具有适应性，这可能与样本组之间的样本量差异较大有关（制造型企业的样本量远大于服务型企业的样本量）。

总而言之，企业统计特征变量对本研究变量之间的路径关系和调节效应关系，或多或少都具有一定的调节作用。

表 7-24　　基本理论关系多群组分析结果汇总

角度	适应性			
	企业成立年限	企业员工规模	企业所有制	企业所属行业
供应商角度	稳健	稳健	稳健	不稳健
客户企业角度	不稳健	稳健	稳健	不稳健
外部环境角度	不稳健	不稳健	不稳健	不稳健

第八章

结论与展望

本章首先拟对通过实证分析 233 个企业样本数据,所得出的主要研究结论进行概括。然后,在此基础上,结合本书前一章得出的研究结果进行讨论,以明确本项目研究的理论贡献和现实意义,并为高层管理者的供应链管理实践,提供对策和建议。最后,指出本项目研究中存在的不足之处及其未来研究方向。

第一节 研究结论

一 战略目标互依对供应链外部整合和 NPD 绩效的直接影响

我们的研究发现,企业与供应商、企业与客户企业之间建立战略合作目标,将分别有助于企业针对供应商和客户企业进行整合的活动的开展。这会令企业双方在互信的基础上,展开深度合作和建立动态联盟,深入到彼此企业的各项活动中去,实现如技术、信息和物质等各类资源的高效整合。但企业与上下游企业之间形成的战略竞争目标,会损害双方的长期关系和建立的互信基础,阻碍企业对于供应链外部整合战略的推动。

通过链式多重中介效应的统计分析,研究结果显示,不同的战略目标互依对 NPD 绩效产生影响的直接效应也存在差别。而且统计分析结果表明,有且仅有客户企业合作目标会对 NPD 绩效产生直接的影响效应。

这表明,在 Deutsch(1949a)提出的合作与竞争理论"目标互依—互动模式—结果达成"影响机制的模型中,尽管已有研究尚未揭示,但其实"目标互依"也可能绕过"互动模式",对"结果达成"产生直接影响。

二 战略目标互依影响 NPD 绩效的路径机制

对于本书建构的变量之间的路径关系和链式多重中介关系，笔者通过使用结构方程模型和偏差纠正的非参数百分位自助抽样法，检验和分析了通过问卷调研收集到的样本数据，验证并深入探讨了企业与供应商、企业与客户企业之间的战略目标互依对 NPD 绩效产生影响的作用机制，得到如下结论：

(一) 供应商整合、企业创新与核心能力的链式多重中介作用

本书从供应商角度，验证了供应商整合、探索式创新/利用式创新、核心能力，在战略目标互依影响 NPD 绩效的过程中，起到的链式多重中介作用。

第一，企业与供应商建立战略合作目标，会通过两条路径对 NPD 绩效产生促进作用。一是战略合作目标通过促进供应商整合，对探索式创新产生正向影响，进而增强企业核心能力，最终提高企业的 NPD 绩效。二是企业之间的战略合作目标通过促进供应商整合，对利用式创新产生正向影响，进而增强企业核心能力，最终提高企业的 NPD 绩效。

第二，企业与供应商之间形成的战略竞争目标，降低 NPD 绩效的途径有两个。①企业之间的战略竞争目标通过阻碍供应商整合，对探索式创新产生消极影响，进而减弱企业核心能力，最终降低企业的 NPD 绩效。②企业之间的战略竞争目标通过阻碍供应商整合，对利用式创新产生负向影响，进而削弱企业核心能力，最终降低企业的 NPD 绩效。

因此，本项目的研究表明，企业与供应商之间的战略目标互依，会通过影响双方的互动模式"供应商整合"，对企业创新、核心能力和 NPD 绩效的结果达成产生影响。而且，探索式创新和利用式创新两种创新模式、核心能力与 NPD 绩效三者之间，也存在着积极相关的路径关系。这一点从理论和实证方法上，都对 Wong 等 (2005a, 2005b)、Wong, Tjosvold & Yu (2005)、Wong 等 (2010) 的研究进行了一定的拓展和深化。

进一步地，本项目的数据分析结果还表明，探索式创新比利用式创新对核心能力的增强作用更大一些。但双方建立战略合作目标通过有利用式创新的路径，对 NPD 绩效产生的正向影响效应，要比有探索式创新对应路径的影响效果更强一些。这表明，核心能力的构建并不意味着 NPD 绩效一定能够实现。特别是在企业必须依赖于外部资源支持的情况下，良好

绩效目标的达成会受如战略目标互依、企业外部整合措施、组织创新过程等一系列错综复杂的因素的影响。

比起战略合作目标通过这一系列环节（供应商整合、探索式创新/利用式创新、核心能力），对 NPD 绩效产生的积极作用而言，战略竞争目标在这一过程当中产生的消极影响效应更小一些。所以，对于追求 NPD 绩效的企业而言，极力规避战略竞争目标带来的不利影响固然重要，但积极主动地与供应商建立战略合作目标，促进积极互动，将对企业提高创新、核心能力和研发水平更有意义。

（二）客户企业整合、企业创新与核心能力的链式多重中介作用

本书从客户企业角度，验证了客户企业整合、探索式创新/利用式创新、核心能力，在战略目标互依影响 NPD 绩效的过程中，所起到的链式多重中介作用，并结合供应商角度的研究结果，分析了影响效应的差异。

第一，企业与客户企业通过建立战略合作目标提高 NPD 绩效的途径有两个。一是战略合作目标通过促进客户企业整合，对探索式创新产生正向影响，进而增强企业核心能力，最终提高企业的 NPD 绩效。二是它们之间的战略合作目标通过促进客户企业整合，对利用式创新产生正向影响，进而增强企业核心能力，最终提高企业的 NPD 绩效。

第二，企业与客户企业之间形成的战略竞争目标降低 NPD 绩效的途径也有两个。①企业之间的战略竞争目标通过阻碍客户企业整合，对探索式创新产生消极影响，进而减弱企业核心能力，最终降低企业的 NPD 绩效。②企业之间的战略竞争目标通过阻碍客户企业整合，对利用式创新产生负向影响，进而削弱企业核心能力，最终降低企业的 NPD 绩效。

第三，企业与客户企业之间的战略目标互依通过客户企业整合的"互动模式"产生的一系列影响及其强度，与供应商角度得出的结论类似。不过，供应商角度战略目标互依影响 NPD 绩效的链式多重中介作用强度，要比对应的客户企业角度的路径更大一些。这表明，尽管企业与上下游企业之间的伙伴关系都会对 NPD 绩效产生影响，但与供应商之间的往来所产生的影响会更强一些。

（三）战略目标互依作用于 NPD 绩效的其他路径

本书除验证了本项目在研究假设中提出的八条链式多重中介作用路径外，统计分析结果还显示存在另外的十四个影响途径。

第一，符合"目标互依"通过"互动模式"影响"结果达成"逻辑

关系的路径有五个。企业与上下游企业建立战略合作目标和形成的战略竞争目标，会通过供应链外部整合作用于核心能力，进而影响企业 NPD 绩效。其中，战略合作目标对相应变量产生积极影响，战略竞争目标对相应变量产生消极影响。此外，客户企业竞争目标还可以通过阻碍客户企业整合直接降低企业 NPD 绩效。

第二，符合"目标互依"直接影响"结果达成"逻辑关系的路径有九个。企业与上下游企业建立战略合作目标，还可以通过直接促进探索式创新和利用式创新增强核心能力，进而提高 NPD 绩效。而且，企业与上下游企业之间建立战略合作目标，能够直接通过增强核心能力的方式，取得 NPD 绩效。企业与上下游企业形成的战略竞争目标，都会直接通过阻碍利用式创新，进而对核心能力产生消极影响，最终降低 NPD 绩效。同时，客户企业竞争目标也能直接通过削弱核心能力，对 NPD 绩效产生不利影响，但供应商竞争目标不具有这条影响路径。

三 外部环境动荡的影响

(一) 技术动荡和市场动荡的调节作用

通过结构方程模型分析，我们的研究发现，无论是从供应商角度还是客户企业角度，技术动荡和市场动荡在彼此战略目标互依影响 NPD 绩效的路径中，都起到了调节作用。具体而言，第一，技术动荡程度越高，企业采用探索式创新越有助于核心能力的增强。第二，市场动荡程度越低，企业采用利用式创新越有助于核心能力的增强。

本书认为，一方面，该研究结论可以作为探讨外部环境动荡影响企业创新与 NPD 绩效之间间接关系（通过核心能力）作用强度的基础。另一方面，研究结论也在 Jansen 等（2006）、王林等（2014）等研究成果的基础上有所突破。

这是因为，在这些已有研究成果中，大多数研究者并未分开探讨环境动荡中技术特征和市场特征产生的影响效应的不同。而是代之以整体的环境动荡，作为企业面临的外部环境特征，进行研究。例如王林等（2014）的研究，就没能验证环境动荡对利用式创新与 NPD 绩效关系的调节作用研究假设。而本项目通过细致考察不同环境动荡特征的调节作用，支持了环境动荡中的市场动荡对利用式创新与核心能力之间关系强度起到负向影响作用的研究假设。

(二) 环境动荡对核心能力所起中介作用的影响

本项目通过对样本数据进行偏差纠正的非参数百分位自助抽样统计分析，考察了市场动荡和技术动荡对核心能力在探索式和利用式两类创新与NPD绩效之间的中介作用所产生的调节效应，主要得出了如下结论。

第一，在技术动荡程度越高的外部环境中，企业采取探索式创新越有助于通过增强核心能力，提高NPD绩效。相反，在技术动荡程度越低的外部环境中，企业采取探索式创新，越难以通过增强核心能力的方式，提高NPD绩效。

第二，市场动荡会对核心能力在利用式创新与NPD绩效之间的中介作用产生负向调节。统计分析结果进一步表明，该负向影响效应确实存在，但没有达到统计显著性。这表明，对于本项目的企业样本数据而言，无论市场动荡程度处于何种程度，企业都可以采取利用式创新，通过增强核心能力的方式，达到提高NPD绩效的目的。

四 变量间基本理论关系的适应性

变量之间路径关系和调节效应关系是本研究的两类基本理论关系，是变量之间链式多重中介关系和有调节的中介关系得以支持的重要基础。本书的多群组分析结果表明，变量之间路径关系和调节效应关系会因企业部分统计特征变量水平的不同而有所差异。

变量之间基本理论关系的多群组对比分析结果具体内容可归纳为：

第一，从供应商角度来看，有且仅有企业行业属性（制造业、服务业）会对变量之间路径关系的适应性产生影响。在服务业中，企业与供应商之间的战略竞争目标对供应商整合的消极影响更明显一些，但供应商整合对利用式创新的积极作用却不如制造型企业样本中对应的变量之间关系那么显著。

第二，从客户企业角度来看，企业成立年限和行业属性会对变量之间路径关系的适应性产生影响。相比成立年限介于3—15年的企业，对于成立年限大于15年的企业而言，企业与客户企业之间的战略竞争目标对客户企业整合的消极影响更明显一些，但利用式创新对核心能力的积极作用却不如成立3—15年的企业那么显著。同时，相比服务型企业，对于制造型企业而言，企业与客户企业之间的战略竞争目标对客户企业整合的消极影响更明显一些，而且企业的客户企业整合对探索式创新的积极作用也要显著很多。

第三，从外部环境角度来看，企业成立年限、员工规模、所有制形式和行业属性都会对变量之间调节效应关系产生影响。这表明，在企业赖以生存的大环境（宏观的市场环境和技术环境）与小环境（企业自身特征，如成立时长、规模所有制和行业）共同影响下，可能会导致企业创新与核心能力之间的积极相关关系不稳定。

第二节 理论贡献

在中国经济新常态逐步推进的现实背景下，为响应开放式创新的要求，企业必须想方设法跨组织边界，整合到外部资源，以推进企业创新的探索性活动和利用性活动，进而构建起有益于企业研发、生产和营销等活动高效开展的核心能力，最终达到可持续地开发出满足市场需求的新产品的目标，实现企业绩效的提升。

有鉴于此，基于合作与竞争理论，本研究从供应商、客户企业和外部环境三个角度，基于企业与供应商和客户企业之间战略目标的竞合性，探讨了战略目标互依影响企业创新和 NPD 绩效的中介机制和调节机制。本项目通过理论建构和实证分析得出的研究结论，可能具有如下三个方面的理论贡献。

一 为战略目标互依影响效应的实证研究增添了新依据

合作与竞争理论不同于战略领域中的合作竞争理论（cooperation-competition theory，简称"竞合理论"），它产生于社会学领域。该理论从主体目标角度出发，解释了主体之间目标互依通过双方互动模式，对各自结果达成产生影响的作用机理。该理论自 20 世纪五六十年代，在社会学、教育学和心理行为学等领域中得到蓬勃发展之后，又于 20 世纪 90 年代被 Tjosvold 等学者引入到战略管理领域，用以探讨组织之间战略目标互依所产生的一系列影响及其作用机制。

但经过十几年的发展以后，便鲜有相关研究成果出现。尤其是以中国经济新常态为研究背景，探讨供应链的上下游企业之间战略目标互依对企业产生的影响效应的研究，仍然非常缺乏。本项目正是针对这一可供进一步研究的方向，以经济新常态时代背景下的制造型企业和服务型企业为问卷调研对象，结合实验研究结果，探讨了战略目标互依对企业创新和 NPD 绩效的影响及其作用机制。

首先，我们实证检验了战略目标互依对供应链外部整合的显著性影响效应。根据 Johnson & Johnson（1989）的观点，组织双方建立战略合作目标，会产生积极的互动模式。而战略竞争目标则不利于组织的彼此互动。到目前为止，已有关于企业战略目标互依与组织间互动模式关系的研究，主要集中在战略合作目标和战略竞争目标对信任、长期关系、开放式交流和资源交换等方面产生的影响的探讨上，而对于供应链外部整合的探讨，则有待加强。

其次，合作与竞争理论认为，战略目标互依对结果达成的影响，需要通过双方的互动模式来实现。因此，鲜有学者考察组织之间战略合作目标和战略竞争目标对结果达成情况的直接影响效应。本项目关于链式多重中介效应的实证分析结果显示，企业与上下游企业之间的战略合作目标会对探索式创新、利用式创新和核心能力产生直接影响。而且，企业与客户企业之间的战略合作目标还会对 NPD 绩效产生直接影响。企业与上下游企业之间的战略竞争目标会对利用式创新产生直接影响。企业与客户企业之间的战略竞争目标还会对核心能力产生直接的影响效应。在一定程度上，这些结论深化和丰富了合作与竞争理论在战略管理领域关于战略目标互依影响效应的研究。

二 为"目标互依—互动模式—结果达成"理论框架提供了新见解

本项目验证了供应链外部整合、探索式创新/利用式创新和核心能力在战略目标互依与 NPD 绩效之间所起的链式多重中介作用。具体而言，供应商合作目标、供应商竞争目标和客户企业竞争目标对企业 NPD 绩效的影响，都是通过链式多重中介变量起作用的。同时，尽管企业与客户企业之间的战略合作目标对 NPD 绩效会产生直接影响，但同时它也会通过链式多重中介变量（供应链外部整合、探索式创新/利用式创新和核心能力）产生促进作用。

因此，与已有相关研究相比，本项目无论是从数据分析的统计实现方法，还是在变量间关系的理论建构方面，都在一定程度上丰富了合作与竞争理论关于解释链式多重中介路径影响机制的实证研究。

从合作与竞争理论的视角来看，企业之间战略合作目标的互依和战略竞争目标的互依，反映了企业双方高管对彼此意欲达成的战略目标之间关系属性的主观评价。如果企业将其与上下游企业之间的战略目标的关系评价为积极相关，它们会展开积极的互动，这种积极互动将为彼此带来各类资源上的共享、各种形式的相互支持，并努力促进对方战略目标的达成，最终实现企业自身的战略目标。相反，如果企业将双方战略目标的关系评价为消极相关，双方则会产生消极互动，这种消极互动会阻碍彼此在各类资源上的共享，进而对各自目标的达成都会产生不利影响（Wong, Tjosvold & Yu，2005）。

基于合作与竞争理论中"目标互依—互动模式—结果达成"的路径框架，本书将战略目标互依作为企业与上下游企业之间的"目标互依"，引入供应链外部整合作为企业与上下游企业之间的积极的"互动模式"，考察战略目标互依通过供应链外部整合对企业创新、核心能力和 NPD 绩效等"结果达成"的影响情况。并结合 Jansen 等（2006）、王林等（2014）、谢洪明等（2007）、陈文沛（2013）的研究，本书深入地探讨了在这个链式多重中介路径框架中，探索式创新/利用式两类创新、核心能力与企业 NPD 绩效之间的逻辑关系。本研究最终明确了企业与供应商、企业与客户企业之间的战略合作目标和战略竞争目标对 NPD 绩效产生影响的各个路径。

三 为中国经济新常态时期下企业外部环境影响效应研究拓展新思路

企业环境因素是战略管理研究领域中，非常常见的调节因素之一。在中国经济新常态情境下，企业赖以生存的环境特征与中国企业此前的经营环境，以及西方成熟的市场经济体制下的环境都会有所不同。而且伴随经济新常态的逐步推进，这不可避免地会对企业外部技术和市场环境动荡产生不同程度的影响。有必要细致地考察当今时代背景下技术动荡和市场动荡对变量之间关系的影响效应。

因此，本研究在借鉴 Han 等（1998）等的研究成果的基础上，系统地考察了技术动荡和市场动荡在战略目标互依影响 NPD 绩效的路径中所起的调节作用，并深入地探讨了技术动荡和市场动荡在探索式创新/利用式创新、核心能力与 NPD 绩效变量之间中介关系中产生的调节及其有调节的中介作用。

相比于以往研究,在一定程度上,本项目的研究结果深化了企业创新与 NPD 绩效之间关系的中介机制和调节机制的研究,有助于明确核心能力在企业创新与 NPD 绩效之间所具有的中介作用,以及该中介作用所受不同环境动荡特征调节效应的影响情况。

第三节 实践启示

本项目的研究结论对于企业的供应链管理实践和 NPD 绩效的取得,主要有如下三点启示。

一 证实了战略目标互依对企业新产品研发的重要作用

企业高层管理者需要意识到,与供应商和客户企业建立合作性战略目标互依和避免形成竞争目标互依的重要性。这是因为,企业之间的战略目标互依会影响企业创新、核心能力和 NPD 绩效。

供应链是企业赖以生存的重要环境,供应链管理水平的高低,直接决定了物质流、信息流、资金流、决策流等运转的效率高低。企业在与供应商和客户企业发生直接互动的过程中,会产生大量的资源交换。资源交换的高效进行,是企业产品研发、生产运营、营销活动得以顺利开展的重要保障。同时,企业战略目标是企业旨在实现的愿景和必将执行的使命的具体体现,对企业的行为具有重要的指导和约束作用。

我们的研究结果表明,企业与上下游企业建立战略合作目标,将有助于其采取积极的供应链外部整合措施,实现企业与供应链合作伙伴的精诚合作,并有助于双方建立起动态联盟,进而推动了企业在创新方面的探索活动和利用活动的开展,提升企业核心竞争力。同时,企业与客户企业建立战略合作目标,还有助于企业直接提高 NPD 绩效,具有立竿见影的效果。相反,企业与上下游企业之间的战略竞争目标则会阻碍其进行供应商整合和客户企业整合,不利于彼此合作的展开,通过阻碍企业开展利用式创新减弱企业核心能力。而且,研究结果还进一步表明,企业与客户企业之间的战略竞争目标还会直接削弱企业的核心能力。

因此,对于开放式创新背景下的企业而言,为改善企业创新的探索过程和利用过程的效率和效果,增强企业核心能力并取得 NPD 绩效,其有效方法之一便是应尽可能与上下游企业建立战略合作目标，或者与供应链合作伙伴在利益互补、目标一致的领域展开合作。同时，企业也需要尽可能地避免与上下游企业形成战略竞争目标，或选择在具有竞争性战略目标互依的领域及时遏制消极互动。

二 明确了供应链外部整合、创新和核心能力对新产品开发的重要性

企业需要意识到，战略目标互依对 NPD 绩效的影响可能是通过诸多环节来实现的。本项目的实证结果表明，供应商合作目标和客户企业合作目标对 NPD 绩效的影响，可以通过供应链外部整合、探索式创新/利用式创新和核心能力各个环节来实现。

研究结论对于高层管理者的启示是，当企业需要利用供应链上的资源来改善 NPD 绩效时，仅与上下游企业建立战略合作目标是不够的，还要充分利用战略合作目标带来的良好契机，积极地开展与供应商和客户企业之间的深度合作、动态联盟关系，利用整合而来的外部资源，协调性地开展探索式创新和利用式创新，增强企业的研发能力、生产能力和营销能力，并将这些能力进行有效整合，以高效且可持续地开发、生产并输送新产品到目标市场中。在为客户创造最大价值的同时，实现企业绩效。

同样地，企业与供应链伙伴之间形成的战略竞争目标降低 NPD 绩效也并不是一步到位的。它需要通过供应链外部整合、企业创新等各个环节来产生不利影响。那么，这对于企业的启示是，企业可以通过调整供应链外部整合、企业创新和核心能力等各个环节的方式，来规避竞争目标带来的不良影响，进而保障 NPD 绩效的获取。例如，对于与某供应商在具有竞争目标互依领域的企业，可以通过降低针对该供应商进行的外部整合水平，并加强自身对未知知识和技术领域的探索能力，可以从一定程度上减弱供应商竞争目标带来的消极影响。

三 深化了企业对经济新常态时期下环境动荡影响效应的理解

充分了解外部技术环境和市场环境的动荡性特征，有针对性地选择创新范式，或合理地匹配探索式创新和利用式创新，会有助于企业增强核心能力，进而实现 NPD 绩效。

对于企业而言，最难于施以影响的莫过于面临的时代环境，"顺势而为"是其明智之举。当企业面临技术革新速度加快、技术种类增多、技术生命周期缩短的外部环境时，采取突破现有知识基础的探索式创新举措，将有助于其增强核心能力，进而提高 NPD 绩效。当企业面临消费者需求、产品价格较为稳定或产品更新速度缓慢的市场环境时，为增强领先于竞争对手的核心能力，采取利用式创新策略较为适合。同时，无论市场动荡程度高低与否，企业采取的利用式创新策略都可以通过增强核心能力的方式取得 NPD 绩效。

第四节 研究局限与展望

一 研究的局限性

尽管研究结果具有上述的理论贡献和现实意义，但由于受到主观和客观条件的制约，本研究不可避免地存在着一定不足，这些不足主要包括：

（一）单源横截面数据的局限性

由于本研究问卷填答人必须是企业高层管理者，加之研究者个人能力和资源有限，为保障问卷回收率和填答内容的有效性，问卷调研采取了一次性收集包括所有变量信息在内的数据的方式进行。从问卷回收率（约70%）和合格率（约67%）来看，尽管本项目采用的是"多快好省"的横截面问卷数据获取方式，但数据收集结果也近乎差强人意。

一般来说，如果条件允许的话，为更符合理论层面上变量之间因果逻辑关系的理论建构要求，并规避共同方法偏差效应的影响，研究者最好采用数据多源的纵向追踪调研方案收集样本数据。

针对本项目，最佳调研方式是，结合测量条目的他评法和自评法，从企业、企业的供应商、企业的客户企业三个受试对象那里，收集与受试对象相关的变量的数据。同时，针对变量之间的因果关系，有必要使自变量、控制变量、调节变量、因变量和各个中介变量的数据收集时间点之间，必须具有足够长的时间间隔（如三个月）。

对于问卷调研获取到的样本数据而言，我们通过采用控制未测单一方法潜因子法，并结合 Harman 单因子探索性因子分析和验证性的结构方程模型分析，检验了共同方法偏差效应的存在情况。三种检测手段的检验结果均表明,我们的数据获取手段不存在会对研究结果造成严重影响的共同方法偏差效应。

(二) 变量测量的局限性

为保障测量条目具备良好的内容效度,本项目所使用的所有量表均来自国内外发表在权威杂志上的成熟研究成果。尽管在问卷设计过程中,项目小组采用了专家咨询、小组讨论和问卷回译(back translation)等多种手段相结合的方式,对相关量表进行了翻译和修正。但相比直接采用英文量表,最理想的办法是在中国经济新常态的现实背景下,研究采用基于扎根理论的方法,开发出本土化量表。这在一定程度上可能有助于增强量表的信效度,进而使研究结果更加精确,实现研究内容的本土化。

此外,对于 NPD 绩效的测量,由于客观数据的不易获取性和数据准确性的难以保证,我们采用的是管理研究领域常用的主观评价法。但最理想的方法是,结合受试者的主观评价和客观数据,用以测量企业的 NPD 绩效。未来可以从这一方面,继续改进 NPD 绩效的测量效度。

(三) 技术动荡和市场动荡的调节效应有待深入探讨

本研究将技术动荡、市场动荡作为调节变量纳入到理论模型中,分别探讨了它们对探索式创新与核心能力之间关系、利用式创新与核心能力之间的关系中,所起到的调节影响效应。本书还进一步探讨了各个调节效应对应的有调节的中介模型。但由于在通常情况下,变量的调节效应都较弱,难以通过统计手段检测出其显著性(陈晓萍,徐淑英和樊景立,2012)。加之我们直接采用了更为复杂的结构方程模型和偏差纠正的非参数百分位自助抽样法,检测调节效应和有调节的中介效应,因此未能深入分析二维交互效应[①](moderated moderation)和有调节的链式多重中介效应[②](moderated multiple-step mediated effect)。

针对这一局限性,为使研究成果更贴近现实的错综复杂的环境特征,最理想的改善方法是:分析技术动荡和市场动荡对企业创新与核心能力之间关系所起到的二维交互影响;分析两类环境动荡变量在战略目标互依影响 NPD 绩效的路径中,所产生的有调节的链式多重中介效应。

[①] 二维交互效应是指,调节效应被调节的理论模型。

[②] 有调节的链式多重中介效应指的是,调节变量对链式多重中介机制模型所产生的调节效应。

二 未来研究方向

第一,加入市场竞争作为考察市场环境影响变量之间关系的调节机制,探讨市场竞争在企业探索式创新/利用式创新、核心能力与 NPD 绩效之间的关系中所起到的调节效应。市场竞争作为企业面临的外部环境之一,当竞争程度较为激烈时,企业为保持或提高 NPD 绩效,也需要做长远的计划,并构建起差异化的优势能力(赵蓓,吴芳和张岩,2015)。未来,研究者可以从理论层面构建变量之间的逻辑关系,并辅以实证,这将对指导企业实践具有一定的现实意义。

第二,结合中国经济新常态的现实背景,探讨战略目标互依影响企业供应链外部整合的中介和调节作用机制。本项目的研究表明,战略目标互依会对供应链外部整合产生重要影响。但对于现实中的企业而言,它们更需要知道,与供应商或客户企业之间的战略合作目标和战略竞争目标,将如何对供应商整合和客户企业整合产生影响,以及在什么样的情况下,可以加强战略合作目标的促进作用,并规避战略竞争目标的消极影响。

第三,已有研究表明,独立目标(independent goal)产生的影响效应与竞争目标一致甚或不显著。但未来研究者仍可在非供应链管理情景下,深入考察其中机理。例如,在同区域中,但不具有上下游伙伴关系的企业,它们之间的目标相关性大都非常弱小。那么,未来研究者可以通过深入探讨减弱独立目标消极影响,甚至找到令独立目标发挥积极效应的情境变量,这对企业实践有一定的现实意义。

第四,进一步探讨战略目标互依的前置因素。已有研究表明,资源互依(Wong, Tjosvold & Zhang, 2005a)、共同愿景(Wong, Tjosvold & Yu, 2005)、质量承诺(Wong, Tjosvold & Zhang, 2005b)等会对企业之间的战略目标互依产生显著影响。那么,在中国经济新常态背景下,是否还存在其他重要的、独特的因素会影响企业之间的战略目标互依性,这个议题具有一定的现实意义。

附　　录

附录一　实验材料

实验材料一：

亲爱的同学，您好！

这是一项关于"合作与竞争理论"的实验研究，旨在了解企业与上游供应商之间的合作目标关系结构对 NPD 绩效产生的影响。谢谢您的积极参与，问卷大概会占用您 2—3 分钟。填答完毕后，请到实验负责人那里领取纪念品。您所提供的数据仅供科学研究之用，敬请放心填答。

祝您学习进步、工作顺心！

请设想您是 IDEA 股份有限公司的一名高层管理者，目前正在负责一项关于 Skytower-11.24 系列笔记本电脑的研发、生产和营销项目。同时，从新产品研发到销售的整个过程中，IDEA 公司都会赋予您与指定原材料供应商 Appvol 公司进行各项协调的自主权。您既可以拒绝与该供应商合作，也可以积极邀请供应商参与到新产品开发活动中，并从供应商那里获得信息、物质、资金以及人才等方面的支持。

Appvol 公司是 IDEA 的主要供应商，掌握着笔记本电脑电板和底盘材料等的关键技术。与 IDEA 一样，Appvol 公司也非常重视产品研发。同时，通过与该供应商沟通，您发现双方历来都有着一致的利益追求，各自目标的实现都有助于对方目标的达成，彼此都将顾客价值最大化放在首位。

请在您认可的同意程度的数字或答案上画"√"

问题1，上述材料反映了企业与供应商之间在目标关系上的：	□竞争性		□无相关性		□合作性
问题2，在这种情况下，您认为自己所负责的这个产品开发项目：	非常不同意	不同意	一般	同意	非常同意
新产品开发时间会缩短	1	2	3	4	5
新产品开发成本会降低	1	2	3	4	5
新产品销售额会增加	1	2	3	4	5

实验材料二：

亲爱的同学，您好！

这是一项关于"合作与竞争理论"的实验研究，旨在了解企业与上游供应商之间的竞争目标关系结构对 NPD 绩效产生的影响。谢谢您的积极参与，问卷大概会占用您 2—3 分钟。填答完毕后，请到实验负责人那里领取纪念品。您所提供的数据仅供科学研究之用，敬请放心填答。

祝您学习进步、工作顺心！

请设想您是 IDEA 股份有限公司的一名高层管理者，目前正在负责一项关于 Skytower-11.24 系列笔记本电脑的研发、生产和营销项目。同时，从新产品研发到销售的整个过程中，IDEA 公司都会赋予您与指定原材料供应商 Appvol 公司进行各项协调的自主权。您既可以拒绝与该供应商合作，也可以积极邀请供应商参与到新产品开发活动中，并从供应商那里获得信息、物质、资金以及人才等方面的支持。

Appvol 公司是 IDEA 的主要供应商，掌握着笔记本电脑电板和底盘材料的关键技术。您所在的 IDEA 公司非常重视新产品的研发。然而，Appvol 公司却对 IDEA 公司生产 Skytower-11.24 系列笔记本所需半成品的研发重视程度越来越低。同时，通过与该供应商沟通，您发现双方在利益追求上历来都是相互冲突的，双方的磋商都是尽量使自己公司受益而使对方不受益，各自都是基于成功地阻碍对方目标的实现来达到自己公司的目标。

请在您认可的同意程度的数字或答案上画"√"

问题1，上述材料反映了企业与供应商之间在目标关系上的：	□竞争性	□无相关性	□合作性		
问题2，在这种情况下，您认为自己所负责的这个产品开发项目：	非常不同意	不同意	一般	同意	非常同意
新产品开发时间会缩短	1	2	3	4	5
新产品开发成本会降低	1	2	3	4	5
新产品销售额会增加	1	2	3	4	5

实验材料三：

亲爱的同学，您好！

这是一项关于"合作与竞争理论"的实验研究，旨在了解企业与上游供应商之间的企业目标关系结构对NPD绩效产生的影响。谢谢您的积极参与，问卷大概会占用您2—3分钟。填答完毕后，请到实验负责人那里领取纪念品。您所提供的数据仅供科学研究之用，敬请放心填答。

祝您学习进步、工作顺心！

请设想您是IDEA股份有限公司的一名高层管理者，目前正在负责一项关于Skytower-11.24系列笔记本电脑的研发、生产和营销项目。同时，从新产品研发到销售的整个过程中，IDEA公司都会赋予您与指定原材料供应商Appvol公司进行各项协调的自主权。您既可以拒绝与该供应商合作，也可以积极邀请供应商参与到新产品开发活动中，并从供应商那里获得信息、物质、资金以及人才等方面的支持。

Appvol公司是IDEA的主要供应商，掌握着笔记本电脑电板和底盘材料的关键技术。但是，通过与该供应商沟通，您发现双方并不存在共同的利益需求，彼此都是通过独自行动获得利益的。各自目标的实现于对方目标而言，既不会产生不利影响，也不具有促进作用。

请在您认可的同意程度的数字或答案上画"√"

问题1，上述材料反映了企业与供应商之间在目标关系上的：	□竞争性	□无相关性	□合作性		
问题2，在这种情况下，您认为自己所负责的这个产品开发项目：	非常不同意	不同意	一般	同意	非常同意

续表

新产品开发时间会缩短	1	2	3	4	5
新产品开发成本会降低	1	2	3	4	5
新产品销售额会增加	1	2	3	4	5

实验材料四：

亲爱的同学，您好！

这是一项关于"合作与竞争理论"的实验研究，旨在了解企业与下游顾客企业之间的合作目标关系结构对NPD绩效产生的影响。谢谢您的积极参与，问卷大概会占用您2—3分钟。填答完毕后，请到实验负责人那里领取纪念品。您所提供的数据仅供科学研究之用，敬请放心填答。

祝您学习进步、工作顺心！

请设想您是IDEA股份有限公司的一名高层管理者，目前正在负责一项关于Skytower-11.24系列笔记本电脑的研发、生产和营销项目。同时，从新产品研发到销售的整个过程中，IDEA公司都会赋予您与指定下游顾客企业Appvol公司进行各项协调的自主权。您既可以拒绝与该顾客企业合作，也可以积极邀请顾客企业参与到新产品开发活动中，并从顾客企业那里获得顾客需求信息、技术知识、资金以及人才等方面的支持。

Appvol公司是IDEA的主要客户，掌握着IDEA公司笔记本电脑的关键销售渠道和绝大部分的购买量。与IDEA一样，Appvol公司也非常重视产品研发。同时，通过与该顾客企业沟通，您发现双方历来都有着一致的利益追求，各自目标的实现都有助于对方目标的达成，彼此都将顾客价值最大化放在首位。

请在您认可的同意程度的数字或答案上画"√"

问题1，上述材料反映了企业与顾客企业之间在目标关系上的：	□竞争性		□无相关性		□合作性
问题2，在这种情况下，您认为自己所负责的这个产品开发项目：	非常不同意	不同意	一般	同意	非常同意
新产品开发时间会缩短	1	2	3	4	5
新产品开发成本会降低	1	2	3	4	5
新产品销售额会增加	1	2	3	4	5

实验材料五:

亲爱的同学,您好!

这是一项关于"合作与竞争理论"的实验研究,旨在了解企业与下游顾客企业之间的竞争目标关系结构对 NPD 绩效产生的影响。谢谢您的积极参与,问卷大概会占用您 2—3 分钟。填答完毕后,请到实验负责人那里领取纪念品。您所提供的数据仅供科学研究之用,敬请放心填答。

祝您学习进步、工作顺心!

请设想您是 IDEA 股份有限公司的一名高层管理者,目前正在负责一项关于 Skytower-11.24 系列笔记本电脑的研发、生产和营销项目。同时,从新产品研发到销售的整个过程中,IDEA 公司都会赋予您与指定下游顾客企业 Appvol 公司进行各项协调的自主权。您既可以拒绝与该顾客企业合作,也可以积极邀请顾客企业参与到新产品开发活动中,并从顾客企业那里获得顾客需求信息、技术知识、资金以及人才等方面的支持。

Appvol 公司是 IDEA 的主要客户,掌握着 IDEA 公司笔记本电脑的关键销售渠道和绝大部分的购买量。然而,通过与该顾客企业沟通,您发现双方在利益追求上历来都是相互冲突的,双方的磋商都是尽量使自己公司受益而使对方不受益,各自都是基于成功地阻碍对方目标的实现来达到自己公司的目标。例如:您所在的 IDEA 公司非常重视笔记本电脑的售后服务,但 Appvol 公司却认为必须通过削减在售后服务方面的预算,以降低运营成本。

请在您认可的同意程度的数字或答案上画"√"

问题1,上述材料反映了企业与顾客企业之间在目标关系上的:	□竞争性		□无相关性		□合作性
问题2,在这种情况下,您认为自己所负责的这个产品开发项目:	非常不同意	不同意	一般	同意	非常同意
新产品开发时间会缩短	1	2	3	4	5
新产品开发成本会降低	1	2	3	4	5
新产品销售额会增加	1	2	3	4	5

实验材料六：

亲爱的同学，您好！

这是一项关于"合作与竞争理论"的实验研究，旨在了解企业与下游顾客企业之间的企业目标关系结构对 NPD 绩效产生的影响。谢谢您的积极参与，问卷大概会占用您 2—3 分钟。填答完毕后，请到实验负责人那里领取纪念品。您所提供的数据仅供科学研究之用，敬请放心填答。

祝您学习进步、工作顺心！

请设想您是 IDEA 股份有限公司的一名高层管理者，目前正在负责一项关于 Skytower-11.24 系列笔记本电脑的研发、生产和营销项目。同时，从新产品研发到销售的整个过程中，IDEA 公司都会赋予您与指定下游顾客企业 Appvol 公司进行各项协调的自主权。您既可以拒绝与该顾客企业合作，也可以积极邀请顾客企业参与到新产品开发活动中，并从顾客企业那里获得顾客需求信息、技术知识、资金以及人才等方面的支持。

Appvol 公司是 IDEA 的主要客户，掌握着 IDEA 公司笔记本电脑的关键销售渠道和绝大部分的购买量。但是，通过与该顾客企业沟通，您发现双方并不存在共同的利益需求，彼此都是通过独自行动获得利益的。各自目标的实现于对方目标而言，既不会产生不利影响，也不具有促进作用。

请在您认可的同意程度的数字或答案上画"√"

问题1，上述材料反映了企业与顾客企业之间在目标关系上的：	□竞争性		□无相关性		□合作性
问题2，在这种情况下，您认为自己所负责的这个产品开发项目：	非常不同意	不同意	一般	同意	非常同意
新产品开发时间会缩短	1	2	3	4	5
新产品开发成本会降低	1	2	3	4	5
新产品销售额会增加	1	2	3	4	5

附录二　调研问卷

企业与上下游企业的目标互依、创新和新产品开发的关系研究

（企业高管问卷）

尊敬的女士/先生：

您好！非常感谢您和您所在的企业对我们研究的支持。这是一项旨在了解企业与上下游企业之间目标互依及供应链整合，对企业创新和 NPD 绩效的影响机制的研究。

您的回答无对错之分，因此填写时请不要有任何顾虑。我们承诺您所提供的所有资料只作研究之用，保证对您填答的所有内容保密。希望您在答题之前认真阅读各部分"答题指引"及题目，根据直觉如实回答。问卷大约占时 10 分钟。

衷心感谢您的支持和参与，并祝您身体健康、工作顺利！

第一部分　企业背景信息

1. 您是否是企业的高管人员（董事、副总、总助、总秘、总监、副总监等）？
　　□ 否　　□ 是
2. 您所在的公司成立至今有多久？至今_____年
3. 您所在公司总人数为：_____人
4. 公司所属性质（仅选一项）_____
　　□ 国有企业　　□ 私营企业　　□ 外资企业
5. 您所在的公司属于的行业_____
　　□ 制造业　　□ 服务业

第二部分　战略目标互依和供应链整合

本公司的下游客户企业与本公司共进退	1	2	3	4	5
本公司的下游客户企业和本公司追求的目标一致	1	2	3	4	5
本公司的目标与下游客户企业的目标相匹配	1	2	3	4	5
本公司与下游客户企业的合作是基于同一个目标的	1	2	3	4	5
本公司的下游客户企业采取利于其自身而对本公司有害的行动	1	2	3	4	5
本公司的下游客户企业和本公司之间是一种对立的输赢关系	1	2	3	4	5

续表

本公司的下游客户企业倾向于表现出他们比本公司更有优势	1	2	3	4	5
本公司的下游客户企业的目标与本公司的目标相互冲突	1	2	3	4	5
本公司的下游客户企业优先完成他们自己的事情而非本公司的	1	2	3	4	5
本公司的上游供应商与本公司共进退	1	2	3	4	5
本公司的上游供应商和本公司追求的目标一致	1	2	3	4	5
本公司的目标与上游供应商的目标相匹配	1	2	3	4	5
本公司与上游供应商的合作是基于同一个目标的	1	2	3	4	5
本公司的上游供应商采取利于其自身而对本公司有害的行动	1	2	3	4	5
本公司的上游供应商和本公司之间是一种对立的输赢关系	1	2	3	4	5
本公司的上游供应商倾向于表现出他比本公司更有优势	1	2	3	4	5
本公司的上游供应商的目标与本公司的目标相互冲突	1	2	3	4	5
本公司的上游供应商优先完成他们自己的事情而非本公司的	1	2	3	4	5
本公司与上游供应商积极探讨产品的质量和设计	1	2	3	4	5
本公司努力与上游供应商建立长期的合作关系	1	2	3	4	5
本公司与上游供应商相互信任且依赖,不会损害对方的利益	1	2	3	4	5
本公司有相应程序和方法获得上游供应商的运营信息	1	2	3	4	5
本公司有正式的惯例和标准的作业程序与下游客户企业联络以发现其所需产品和服务	1	2	3	4	5
本公司与下游客户企业积极互动以改进产品和服务质量	1	2	3	4	5
本公司努力与下游客户企业建立长期的合作关系	1	2	3	4	5
本公司与下游客户企业积极分享知识、信息等相关数据平台	1	2	3	4	5

第三部分　请根据对 NPD 绩效的理解，在相应的认同程度上打钩

已经达成预期市场份额	1	2	3	4	5
已经达成预期销售额	1	2	3	4	5
已经达成预期资产回报率	1	2	3	4	5
已经达成预期投资回报率	1	2	3	4	5
已经达成预期盈利率	1	2	3	4	5

第四部分　请根据对公司外部环境的理解，在相应的认同程度上打钩

请根据您对公司所处市场和技术环境的理解，回答下列问题	非常不同意	不同意	一般	同意	非常同意
公司面临的市场环境变化剧烈	1	2	3	4	5
下游客户经常要求新的产品和服务	1	2	3	4	5
市场持续在变	1	2	3	4	5
市场在一年内总有很多的变化	1	2	3	4	5
市场中将要提供的产品和服务的数量变化频繁	1	2	3	4	5
在本公司所处的产业环境中，关键技术更新很快	1	2	3	4	5
当引进新技术时，本公司必须快速调整运营模式	1	2	3	4	5
本公司常自行开发新技术以回应产业技术的变化	1	2	3	4	5

第五部分　请根据您对公司核心能力的理解，回答下列问题

本公司新产品/服务的开发能力很强	1	2	3	4	5
本公司生产出的产品/提供的服务具有独特性或差异性	1	2	3	4	5

续表

同主要竞争者相比，本公司把新产品/服务快速商业化的能力更强	1	2	3	4	5
本公司持续改进产品/服务的创新能力很强	1	2	3	4	5
本公司的产品/服务提高了其他品牌的进入障碍	1	2	3	4	5
同主要竞争者相比，本公司如期交货/提供服务的能力更强	1	2	3	4	5
同主要竞争者相比，本公司的产品/服务品质更稳定	1	2	3	4	5
本公司同时生产不同产品/提供不同服务的能力比同行更强	1	2	3	4	5
本公司拥有完善的营销和售后服务网络	1	2	3	4	5
本公司能够对产品的市场价格波动做出迅速的反应	1	2	3	4	5
本公司营销部门有强而有效的促销能力	1	2	3	4	5
经过营销，本公司产品很快就会受到市场的广泛认同	1	2	3	4	5

第六部分 请根据对企业创新的理解，在相应的认同程度上打钩

本公司一贯突破常规来思考新颖的前沿技术	1	2	3	4	5
本公司成功的基础是其对新技术的开拓能力	1	2	3	4	5
本公司一贯寻求创造出创新性的产品和服务	1	2	3	4	5
本公司积极寻求创新的方式来满足客户的需求	1	2	3	4	5
本公司果敢地寻求进入新的细分市场	1	2	3	4	5
本公司积极地关注新的客户群体	1	2	3	4	5

续表

本公司一贯突破常规来思考新颖的前沿技术	1	2	3	4	5
本公司致力于提高质量和降低成本	1	2	3	4	5
本公司不断地提高产品和服务的稳定性	1	2	3	4	5
本公司不断地提高内部运作的自动化程度	1	2	3	4	5
本公司不断地关注现有下游客户的满意程度	1	2	3	4	5
本公司不断地调整产品和服务来满足现有的客户	1	2	3	4	5
本公司更加地关注现有的客户基础	1	2	3	4	5

本问卷到此结束，由衷向您致谢！

附录三 研究附表

附表 1   测量条目的描述性统计分析

测量条目	极小值	极大值	均值	标准差	偏度统计量	偏度标准误	峰度统计量	峰度标准误
SCoop1	2	5	3.660	0.920	−0.068	0.159	−0.863	0.318
SCoop2	1	5	3.710	0.880	−0.207	0.159	−0.482	0.318
SCoop3	2	5	3.700	0.883	−0.168	0.159	−0.697	0.318
SCoop4	1	5	3.730	0.820	−0.646	0.159	0.511	0.318
SComp1	1	5	2.330	1.015	0.680	0.159	0.068	0.318
SComp2	1	5	2.820	1.210	0.431	0.159	−0.913	0.318
SComp3	1	5	3.000	1.108	0.279	0.159	−0.836	0.318
SComp4	1	5	2.160	1.000	0.712	0.159	−0.070	0.318
SComp5	1	5	3.120	1.119	−0.035	0.159	−0.812	0.318
CCoop1	1	5	3.510	0.943	−0.467	0.159	−0.328	0.318
CCoop2	1	5	3.710	0.938	−0.366	0.159	−0.566	0.318
CCoop3	1	5	3.870	0.926	−0.389	0.159	−0.583	0.318
CCoop4	2	5	3.830	0.773	−0.494	0.159	0.120	0.318
CComp1	1	5	2.320	1.022	0.747	0.159	0.085	0.318
CComp2	1	5	2.730	1.276	0.481	0.159	−0.904	0.318

续表

测量条目	极小值	极大值	均值	标准差	偏度 统计量	偏度 标准误	峰度 统计量	峰度 标准误
CComp3	1	5	3.040	1.106	0.108	0.159	−0.732	0.318
CComp4	1	5	2.230	1.016	0.815	0.159	0.215	0.318
CComp5	1	5	3.270	1.134	−0.056	0.159	−0.964	0.318
Stgra1	1	5	3.840	0.763	−0.779	0.159	1.000	0.318
Stgra2	2	5	4.050	0.786	−0.306	0.159	−0.761	0.318
Stgra3	2	5	3.920	0.822	−0.373	0.159	−0.421	0.318
Stgra4	1	5	3.740	0.859	−0.292	0.159	−0.312	0.318
Ctgra1	1	5	3.930	0.790	−0.723	0.159	1.036	0.318
Ctgra2	1	5	4.050	0.842	−0.702	0.159	0.243	0.318
Ctgra3	2	5	4.140	0.778	−0.696	0.159	0.185	0.318
Ctgra4	1	5	3.860	0.831	−0.592	0.159	0.233	0.318
Explor1	1	5	3.710	0.891	−0.461	0.159	0.223	0.318
Explor2	1	5	3.660	0.920	−0.583	0.159	0.393	0.318
Explor3	1	5	3.710	0.923	−0.359	0.159	−0.076	0.318
Explor4	1	5	3.850	0.852	−0.542	0.159	0.436	0.318
Explor5	1	5	3.800	0.817	−0.577	0.159	0.752	0.318
Explor6	1	5	3.930	0.801	−0.586	0.159	0.641	0.318
Exploi1	2	5	4.160	0.746	−0.455	0.159	−0.484	0.318
Exploi2	2	5	4.090	0.752	−0.518	0.159	−0.036	0.318
Exploi3	2	5	4.030	0.760	−0.400	0.159	−0.253	0.318
Exploi4	2	5	4.040	0.753	−0.254	0.159	−0.690	0.318
Exploi5	2	5	4.030	0.785	−0.269	0.159	−0.776	0.318
Exploi6	2	5	4.150	0.653	−0.251	0.159	−0.305	0.318
ReseC1	1	5	3.770	0.853	−0.385	0.159	0.013	0.318
ReseC2	1	5	3.770	0.812	−0.340	0.159	−0.039	0.318
ReseC3	1	5	3.760	0.820	−0.106	0.159	−0.385	0.318
ReseC4	1	5	3.780	0.821	−0.225	0.159	−0.011	0.318
ReseC5	1	5	3.660	0.892	−0.371	0.159	−0.053	0.318
ManuC1	2	5	3.930	0.774	−0.275	0.159	−0.423	0.318
ManuC2	2	5	3.950	0.808	−0.351	0.159	−0.454	0.318
ManuC3	2	5	3.820	0.802	−0.211	0.159	−0.470	0.318
MarkC1	1	5	3.840	0.812	−0.333	0.159	−0.099	0.318
MarkC2	2	5	3.850	0.830	−0.215	0.159	−0.629	0.318

续表

测量条目	极小值	极大值	均值	标准差	偏度统计量	偏度标准误	峰度统计量	峰度标准误
MarkC3	1	5	3.850	0.825	-0.365	0.159	-0.119	0.318
MarkC4	1	5	3.840	0.774	-0.504	0.159	0.425	0.318
NPDP1	1	5	3.580	0.832	-0.209	0.159	-0.264	0.318
NPDP2	1	5	3.550	0.894	-0.053	0.159	-0.570	0.318
NPDP3	1	5	3.590	0.948	-0.010	0.159	-0.795	0.318
NPDP4	1	5	3.640	0.904	-0.083	0.159	-0.631	0.318
NPDP5	1	5	3.560	0.880	-0.351	0.159	-0.078	0.318
TechT1	1	5	3.880	0.932	-0.814	0.159	0.781	0.318
TechT2	1	5	3.890	0.888	-0.784	0.159	0.937	0.318
TechT3	1	5	3.820	0.893	-0.836	0.159	0.921	0.318
MarkT1	1	5	3.870	0.762	-0.830	0.159	1.457	0.318
MarkT2	1	5	3.760	0.869	-0.379	0.159	0.111	0.318
MarkT3	1	5	4.030	0.853	-0.814	0.159	0.889	0.318
MarkT4	1	5	3.900	0.840	-0.773	0.159	1.165	0.318
MarkT5	1	5	3.880	0.866	-0.899	0.159	1.345	0.318

附表2 供应链外部整合影响企业创新的多元层级回归分析结果

变量		因变量：探索式创新 模型1	因变量：探索式创新 模型2	因变量：利用式创新 模型3	因变量：利用式创新 模型4
控制变量：	企业成立年限	0.130	0.139	0.045	0.052
	企业员工规模	0.016	0.042	-0.064	-0.031
	国企对比外资	-0.450***	-0.320***	-0.200	-0.034
	私营对比外资	0.006	0.007	0.032	0.050
	企业所属行业	-0.171**	-0.115*	0.001	0.051
自变量：	供应商整合		0.349***		0.302***
	客户企业整合		0.188**		0.341***
F		11.463***	22.126***	2.810*	17.168***
R^2		0.202	0.408	0.058	0.348

注：* $p<0.05$；** $p<0.01$；*** $p<0.001$

参考文献

一 英文参考文献部分

Adams M E, Day G S, Dougherty D.Enhancing new product development performance: An organizational learning perspective [J]. *Journal of Product Innovation Management*, 1998, 15 (5): 403-422.

Agha S, Alrubaiee L, Jamhour M.Effect of core competence on competitive advantage and organizational performance [J]. *International Journal of Business and Management*, 2012, 7 (1): 192-204.

Alper S, Tjosvold D, Law K S.Interdependence and controversy in group decision making: Antecedents to effective self-managing teams [J]. *Organizational Behavior and Human Decision Processes*, 1998, 74 (1): 33-52.

Ahmad S, Mallick D N, Schroeder R G.New product development: impact of project characteristics and development practices on performance [J]. *Journal of Product Innovation Management*, 2013, 30 (2): 331-348.

Anderson S E, Williams L J.Assumptions about unmeasured variables with studies of reciprocal relationships: The case of employee attitudes [J]. *Journal of Applied Psychology*, 1992, 77 (5): 638-650.

Atuahene-Gima K, Slater S F, Olson E M.The contingent value of responsive and proactive market orientations for new product program performance [J]. *Journal of Product Innovation Management*, 2005, 22 (6): 464-482.

Atuahene-Gima K.Resolving the capability-rigidity paradox in new product innovation [J]. *Journal of Marketing*, 2005, 69 (4): 61-83.

Azadegan A, Wagner S M.Industrial upgrading, exploitative innovations and explorative innovations [J]. *International Journal of Production Economics*,

2011, 130 (1): 54-65.

Bacha E.The impact of information systems on the performance of the core competence and supporting activities of a firm [J]. *Journal of Management Development*, 2012, 31 (8): 752-763.

Baharanchi S R H.Investigation of the impact of supply chain integration on product innovation and quality [J]. *Transaction E: Industrial Engineering*, 2009, 16 (1): 81-89.

Balachandra R.Critical signals for making go/nogo decisions in new product development [J]. *Journal of Product Innovation Management*, 1984, 1 (2): 92-100.

Banerjee P. Resource dependence and core competence: Insights from Indian software firms [J]. *Technovation*, 2003, 23 (3): 251-263.

Benner M J, Tushman M.Process management and technological innovation: A longitudinal study of the photography and paint industries [J]. *Administrative Science Quarterly*, 2002, 47 (4): 676-707.

Bidault F, Despres C, Butler C.The drivers of cooperation between buyers and suppliers for product innovation [J]. *Research Policy*, 1998, 26 (7): 719-732.

Blome C, Schoenherr T, Kaesser M.Ambidextrous governance in supply chains: The impact on innovation and cost performance [J]. *Journal of Supply Chain Management*, 2013, 49 (4): 59-80.

Bonaccorsi A, Lipparini A.Strategic partnerships in new product development: An Italian case study [J]. *Journal of Product Innovation Management*, 1994, 11 (2): 134-145.

Boon-itt S.The effect of internal and external supply chain integration on product quality and innovation: Evidence from Thai automotive industry [J]. *International Journal of Integrated Supply Management*, 2009, 5 (2): 97-112.

Brockhoff K.Customers' perspectives of involvement in new product development [J]. *International Journal of Technology Management*, 2003, 26 (5): 464-481.

Brown S L, Eisenhardt K M.Product development: Past research, present findings, and future directions [J]. *Academy of Management Review*, 1995, 20 (2): 343-378.

Calantone R J, Schmidt J B, Song X M.Controllable factors of new product success: A cross-national comparison [J]. *Marketing Science*, 1996, 15 (4): 341-358.

Chen G, Tjosvold D.Cooperative goals and constructive controversy for promoting innovation in student groups in China [J]. *Journal of Education for Business*, 2002, 78 (1): 46-50.

Chen G, Tjosvold D.Organizational values and procedures as antecedents for goal interdependence and collaborative effectiveness [J]. *Asia Pacific Journal of Management*, 2008b, 25 (1): 93-112.

Chen G, Tjosvold D, Liu C.Cooperative goals, leader people and productivity values: Their contribution to top management teams in China [J]. *Journal of Management Studies*, 2006, 43 (5): 1177-1200.

Chen N, Tjosvold D.Goal interdependence and leader-member relationship for cross-cultural leadership in foreign ventures in China [J]. *Leadership & Organization Development Journal*, 2008a, 29 (2): 144-166.

Chen Y F, Tjosvold D.Participative Leadership by American and Chinese Managers in China: The Role of Relationships [J]. *Journal of Management Studies*, 2006, 43 (8): 1727-1752.

Christensen C.Patterns in the evolution of product competition [J]. *European Management Journal*, 1997, 15 (2): 117-127.

Clark J, Guy K.Innovation and competitiveness: A review: Practitioners' forum [J]. *Technology Analysis & Strategic Management*, 1998, 10 (3): 363-395.

Clark K B, Wheelwright S C.*Managing new product development—text and cases* [M]. Cambridge City: The Free Press, 1993.

Clark K B.Project scope and project performance: The effect of parts strategy and supplier involvement on product development [J]. *Management Science*, 1989, 35 (10): 1247-1263.

Clark L A, Watson D.Constructing validity: Basic issues in objective scale development [J]. *Psychological Assessment*, 1995, 7 (3): 309-319.

Collis D J, Montgomery C A. Competing on resources: Strategy in the 1990s [J]. *Harvard Business Review*, 1995, 73 (4): 118-128.

Cooper L P. A research agenda to reduce risk in new product development through knowledge management: A practitioner perspective [J]. *Journal of Engineering and Technology Management*, 2003, 20 (1): 117-140.

Cooper R G, Kleinschmidt E J. An investigation into the new product process: Steps, deficiencies, and impact [J]. *Journal of Product Innovation Management*, 1986, 3 (2): 71-85.

Cortina J M, Chen G, Dunlap W P. Testing interaction effects in LISREL: Examination and illustration of available procedures [J]. *Organizational Research Methods*, 2001, 4 (4): 324-360.

Cronbach L J. Coefficient alpha and the internal structure of tests [J]. *Psychometrika*, 1951, 16 (3): 297-334.

Crossan M M, Lane H W, White R E. An organizational learning framework: From intuition to institution [J]. *Academy of Management Review*, 1999, 24 (3): 522-537.

Danese P, Romano P. Supply chain integration and efficiency performance: A study on the interactions between customer and supplier integration [J]. *Supply Chain Management: An International Journal*, 2011, 16 (4): 220-230.

Das A, Narasimhan R, Talluri S. Supplier integration—finding an optimal configuration [J]. *Journal of Operations Management*, 2006, 24 (5): 563-582.

Dayan M, Colak M. The role of procedural justice in the new product development process [J]. *European Journal of Innovation Management*, 2008, 11 (2): 199-218.

De Dreu C K. Cooperative outcome interdependence, task reflexivity, and team effectiveness: A motivated information processing perspective [J]. *The Journal of Applied Psychology*, 2007, 92 (3): 628-638.

Deutsch M. A theory of co-operation and competition [J]. *Human Relations*, 1949a, 2 (2): 129-152.

Deutsch M. An experimental study of the effects of cooperation and competition upon group process [J]. *Human Relations*, 1949b, 2 (3): 199-231.

Deutsch M.*Conflicts: Productive and destructive* [M]. New York: Oxford University Press, Harper & Row, 1973.

Deutsch M. *Fifty years of conflict* [M]. New York: Oxford University Press, 1980.

Droge C, Jayaram J, Vickery S K.The effects of internal versus external integration practices on time-based performance and overall firm performance [J]. *Journal of Operations Management*, 2004, 22 (6): 557-573.

Durand T.*Strategizing for innovation: Competence analysis in assessing strategic change* [M]. Competence - based Strategic Management, New York: Wiley Press, 1997.

Enkel E, Perez-Freije J, Gassmann O.Minimizing market risks through customer integration in new product development: Learning from bad practice [J]. *Creativity and Innovation Management*, 2005, 14 (4): 425-437.

Fabbe-Costes N, Jahre M.Supply chain integration and performance: A review of the evidence [J]. *The International Journal of Logistics Management*, 2008, 19 (2): 130-154.

Fang C, Levinthal D.Near-term liability of exploitation: Exploration and exploitation in multistage problems [J]. *Organization Science*, 2009, 20 (3): 538-551.

Fang E, Palmatier R W, Evans K R.Influence of customer participation on creating and sharing of new product value [J]. *Journal of the Academy of Marketing Science*, 2008, 36 (3): 322-336.

Feldman D C, Weitz B A.Career plateaus in the salesforce: Understanding and removing blockages to employee growth [J]. *Journal of Personal Selling & Sales Management*, 1988, 8 (3): 23-32.

Fisher M, Hammond J, Obermeyer W, Raman A. Configuring a supply chain to reduce the cost of demand uncertainty [J]. *Production and Operations Management*, 1997, 6 (3): 211-225.

Flynn B B, Huo B, Zhao X.The impact of supply chain integration on performance: A contingency and configuration approach [J]. *Journal of Operations Management*, 2010, 28 (1): 58-71.

Ford J K, Mac Callum R C, Tait M.The application of exploratory analysis in applied psychology: A critical review and analysis [J]. *Personnel Psychology*, 1986, 39 (2): 291-314.

Franke N, Von Hippel E, Schreier M.Finding commercially attractive user innovations: A test of lead-user theory [J]. *Journal of Product Innovation Management*, 2006, 23 (4): 301-315.

Frohlich M T, Westbrook R.Arcs of integration: an international study of supply chain strategies [J]. *Journal of Operations Management*, 2001, 19 (2): 185-200.

Gao G Y, Xie E, Zhou K Z.How does technological diversity in supplier network drive buyer innovation? Relational process and contingencies [J]. *Journal of Operations Management*, 2015, 36 (1): 166-177.

Gorsuch R L. *Factor analysis*, 2nd [M]. Hillsdale, NJ: LEA, 1983.

Grant R M, Baden-Fuller C.A knowledge accessing theory of strategic alliances [J]. *Journal of Management Studies*, 2004, 41 (1): 61-84.

Griffin A, Page A L.An interim report on measuring product development success and failure [J]. *Journal of product innovation management*, 1993, 10 (4): 291-308.

Gupta A K, Souder W E.Key drivers of reduced cycle time [J]. *Research Technology Management*, 1998, 41 (4): 38-43.

Gupta A K, Smith K G, Shalley C E.The interplay between exploration and exploitation [J]. *Academy of Management Journal*, 2006, 49 (4): 693-706.

Hafeez K, Zhang Y B, Malak N.Determining key capabilities of a firm using analytic hierarchy process [J]. *International Journal of Production Economics*, 2002, 76 (1): 39-51.

Hair J F, Black W C, Babin B J, Anderson R E, Tatham R L. *Multivariate data analysis* [M]. Upper Saddle River, NJ: Pearson Prentice Hall, 2006.

Hamel G, Prahalad C K.The core competence of the corporation [J]. *Harvard Business Review*, 1990, 68 (3): 79-91.

Han J K, Kim N, Srivastava R K.Market Orientation and Organizational

Performance: Is Innovation a Missing Link? [J]. *Journal of Marketing*, 1998, 62 (4): 30-45.

Hardy C, Phillips N, Lawrence T B. Resources, knowledge and influence: The organizational effects of interorganizational collaboration [J]. *Journal of Management Studies*, 2003, 40 (2): 321-347.

Hayes A F. Anindex and test of linear moderated mediation [J]. *Multivariate Behavioral Research*, 2015, 50 (1): 1-22.

Hayes A F. Beyond Baron and Kenny: Statistical mediation analysis in the new millennium [J]. *Communication Monographs*, 2009, 76 (4): 408-420.

Hayes A F. *Introduction to mediation, moderation, and conditional process analysis: A regression-based approach* [M]. New York: Guilford Press, 2013.

He Z L, Wong P K. Exploration vs. exploitation: An empirical test of the ambidexterity hypothesis [J]. *Organization Science*, 2004, 15 (4): 481-494.

Helleloid D, Simonin B. Organizational learning and a firm's core competence [J]. *Competence-based Competition*, 1994 (5): 213-239.

Hernández - Espallardo M, Sánchez - Pérez M, Segovia - López C. Exploitation - and exploration - based innovations: The role of knowledge in inter-firm relationships with distributors [J]. *Technovation*, 2011, 31 (5): 203-215.

Hill C W L, Jones G R. *Strategic Management Theory: AnIntegrated Approach* [M]. Houghton Mifflin Co, 2009.

Hong J, Song T H, Yoo S. Paths to success: How do market orientation and entrepreneurship orientation produce new product success [J]. *Journal of Product Innovation Management*, 2013, 30 (1): 44-55.

Hosseini S M, Azizi S, Sheikhi N. An investigation on the effect of supply chain integration on competitive capability: An empirical analysis of Iranian food industry [J]. *International Journal of Business and Management*, 2012, 7 (5): 73-90.

Huo B, Qi Y, Wang Z, Zhao X. The impact of supply chain integration on firm performance: The moderating role of competitive strategy [J]. *Supply Chain Management: An International Journal*, 2014, 19 (4): 369-384.

Islam Z, Doshi J A, Mahtab H, et al. Team learning, top management support and new product development success [J]. *International Journal of Managing Projects in Business*, 2009, 2 (2): 238-260.

Jansen J J P, Van Den Bosch F A J, Volberda H W. Exploratory innovation, exploitative innovation, and performance: Effects of organizational antecedents and environmental moderators [J]. *Management Science*, 2006, 52 (11): 1661-1674.

Jansen J J P, Vera D, Crossan M. Strategic leadership for exploration and exploitation: The moderating role of environmental dynamism [J]. *The Leadership Quarterly*, 2009, 20 (1): 5-18.

Jansen J J P, Volberda H W, Van Den Bosch F A J. Exploratory innovation, exploitative innovation, and ambidexterity: The impact of environmental and organizational antecedents [J]. *Schmalenbach Business Review*, 2005, 57: 351-363.

Jansen J J P. *Ambidextrous organizations: A multiple-level study of absorptive capacity, exploratory and exploitative innovation and performance* [D]. Erasmus Research Institute of Management (ERIM), 2005.

Janssen O, Van de Vliert E, Veenstra C. How task and person conflict shape the role of positive interdependence in management teams [J]. Journal of management, 1999, 25 (2): 117-141.

Jaworski B J, Kohli A K. Market orientation: Antecedents and consequences [J]. *Journal of Marketing*, 1993, 57 (3): 53-70.

Jensen O. Competence development by small firms in a vertically-constrained industry structure [J]. *Dynamics of Competence-Based Competition: Theory and Practice in the New Strategic Management*, 1996: 165-181.

Johnson D W, Johnson R T. *Cooperation and competition: Theory and research* [M]. Edina: Interaction Book Company, 1989.

Johnson D W, Johnson R T. Cooperative, competitive, and individualistic learning [J]. *Journal of Research & Development in Education*, 1978, 12 (1): 3-15.

Johnson D W, Johnson R T. Instructional goal structure: Cooperative, competitive, or individualistic [J]. *Review of Educational Research*, 1974, 44

(2): 213-240.

Johnson D W, Maruyama G, Johnson R, Nelson D, Skon. Effects of cooperative, competitive, and individualistic goal structures on achievement: A meta-analysis [J]. *Psychological Bulletin*, 1981, 89 (1): 47-62.

Johnson W H A, Filippini R. Integration capabilities as mediator of product development practices-performance [J]. *Journal of Engineering and Technology Management*, 2013, 30 (1): 95-111.

Kahn K B, Mentzer J T. Logistics and interdepartmental integration [J]. *International Journal of Physical Distribution & Logistics Management*, 1996, 26 (8): 6-14.

Karagozoglu N, Brown W B. Time-based management of the new product development process [J]. *Journal of Product Innovation Management*, 1993, 10 (3): 204-215.

Kim D Y. Relationship between supply chain integration and performance [J]. *Operations Management Research*, 2013, 6 (1): 74-90.

Kim N, Im S, Slater S F. Impact of knowledge type and strategic orientation on new product creativity and advantage in high-technology firms [J]. *Journal of Product Innovation Management*, 2013, 30 (1): 136-153.

Kim S W. An investigation on the direct and indirect effect of supply chain integration on firm performance [J]. *International Journal of Production Economics*, 2009, 119 (2): 328-346.

Koçoglu i, imamoğlu S Z, ince H, Keskin H. The effect of supply chain integration on information sharing: Enhancing the supply chain performance [J]. *Procedia-Social and Behavioral Sciences*, 2011, 24: 1630-1649.

Kollmann T, Stöckmann C. Filling the entrepreneurial orientation-performance gap: The mediating effects of exploratory and exploitative innovations [J]. *Entrepreneurship Theory and Practice*, 2014, 38 (5): 1001-1026.

Kyriakopoulos K, De Ruyter K. Knowledge stocks and information flows in new product development [J]. *Journal of Management Studies*, 2004, 41 (8): 1469-1498.

Langerak F, Hultink E J. The effect of new product development acceleration approaches on development speed: A case study [J]. *Journal of

Engineering and Technology Management, 2008, 25 (3): 157-167.

Lawson B, Krause D, Potter A. Improving supplier new product development performance: The role of supplier development [J]. *Journal of Product Innovation Management*, 2015, 32 (5): 777-792.

Leonard D.Core capabilities and core rigidities: A paradox in managing new product development [J]. *Strategic Management Journal*, 1992, 13 (2): 111-125.

Leuschner R, Rogers D S, Charvet F F.A meta-analysis of supply chain integration and firm performance [J]. *Journal of Supply Chain Management*, 2013, 49 (2): 34-57.

Li H, Bingham J B, Umphress E E.Fairness from the top: Perceived procedural justice and collaborative problem solving in new product development [J]. *Organization Science*, 2007, 18 (2): 200-216.

Liao S H, Hu T C.Knowledge transfer and competitive advantage on environmental uncertainty: An empirical study of the Taiwan semiconductor industry [J]. *Technovation*, 2007, 27 (6): 402-411.

Lichtenthaler U. Absorptive capacity, environmental turbulence, and the complementarity of organizational learning processes [J]. *Academy of Management Journal*, 2009, 52 (4): 822-846.

Lin H F.The impact of socialization mechanisms and technological innovation capabilities on partnership quality and supply chain integration [J]. *Information Systems and e-Business Management*, 2014, 12 (2): 285-306.

Little T D, Cunningham W A, Shahar G, Widaman K F.To parcel or not to parcel: Exploring the question, weighing the merits [J]. *Structural Equation Modeling*, 2002, 9 (2): 151-173.

Liu X, Xie Y.*Exploratory innovation, exploitative innovation and firm performance: Moderating effect of organizational structure and slack resources* [C]. //Management of Engineering & Technology (PICMET), 2014 Portland International Conference on.IEEE, 2014: 861-869.

Livingstone L P, Nelson D L, Barr S H.Person-environment fit and creativity: An examination of supply-value and demand-ability versions of fit [J]. *Journal of Management*, 1997, 23 (2): 119-146.

López S V.Competitive advantage and strategy formulation: The key role of dynamic capabilities [J].*Management Decision*, 2005, 43 (5): 660-670.

Lubatkin M H, Simsek Z, Ling Y, Veiga J F.Ambidexterity and performance in small-to medium-sized firms: The pivotal role of top management team behavioral integration [J]. *Journal of Management*, 2006, 32 (5): 646-672.

Luca L M D, Atuahene-Gima K.Market knowledge dimensions and cross-functional collaboration: examining the different routes to product innovation performance [J]. *Journal of Marketing*, 2007, 71 (1): 95-112.

Lumpkin G T, Dess G G.Linking two dimensions of entrepreneurial orientation to firm performance: The moderating role of environment and industry life cycle [J]. *Journal of Business Venturing*, 2001, 16 (5): 429-451.

Luzzini D, Amann M, Caniato F, Essig M, Ronchi.The path of innovation: Purchasing and supplier involvement into new product development [J]. *Industrial Marketing Management*, 2015, 47: 109-120.

MacCallum R C, Widaman K F, Zhang S, Hong S.Sample size in factor analysis [J]. *Psychological Methods*, 1999, 4 (1): 84-99.

Maloni M J, Benton W C.Supply chain partnerships: opportunities for operations research [J]. *European Journal of Operational Research*, 1997, 101 (3): 419-429.

March J G.Exploration and exploitation in organizational learning [J]. *Organization Science*, 1991, 2 (1): 71-87.

Mathieu J E, Farr J L.Further evidence for the discriminant validity of measures of organizational commitment, job involvement, and job satisfaction [J]. *Journal of Applied Psychology*, 1991, 76 (1): 127-133.

Mathieu J E, Hofmann D A, Farr J L.Job perception-job satisfaction relations: An empirical comparison of three competing theories [J]. *Organizational Behavior and Human Decision Processes*, 1993, 56 (3): 370-387.

Menguc B, Auh S.Creating a firm-level dynamic capability through capitalizing on market orientation and innovativeness [J]. *Journal of the Academy of Marketing Science*, 2006, 34 (1): 63-73.

Mentzer J T, Min S, Zacharia Z G.The nature of interfirm partnering in supply chain management [J]. *Journal of Retailing*, 2000, 76 (4): 549-568.

Morash E A, Clinton S R. Supply chain integration: Customer value through collaborative closeness versus operational excellence [J]. *Journal of Marketing Theory and Practice*, 1998, 6 (4): 104-120.

Mueller V, Rosenbusch N, Bausch A. Success patterns of exploratory and exploitative innovation a meta-analysis of the influence of institutional factors [J]. *Journal of Management*, 2013, 39 (6): 1606-1636.

Mustafa Kamal M, Irani Z. Analysing supply chain integration through a systematic literature review: A normative perspective [J]. *Supply Chain Management: An International Journal*, 2014, 19 (5/6): 523-557.

Najafi Tavani S, Sharifi H, Soleimanof S, Najmi M. An empirical study of firm's absorptive capacity dimensions, supplier involvement and new product development performance [J]. *International Journal of Production Research*, 2013, 51 (11): 3385-3403.

Narasimhan R, Kim S W. Effect of supply chain integration on the relationship between diversification and performance: Evidence from Japanese and Korean firms [J]. *Journal of Operations Management*, 2002, 20 (3): 303-323.

O'Reilly C A, Tushman M L. Ambidexterity as a dynamic capability: Resolving the innovator's dilemma [J]. *Research In Organizational Behavior*, 2008, 28: 185-206.

Pagell M. Understanding the factors that enable and inhibit the integration of operations, purchasing and logistics [J]. *Journal of Operations Management*, 2004, 22 (5): 459-487.

Podsakoff P M, MacKenzie S B, Lee J Y, Podsakoff N P. Common Method Biases in Behavioral Research: A Critical Review of the Literature and Recommended Remedies [J]. *Journal of Applied Psychology*, 2003, 88 (5): 879-903.

Prahalad C K, Hamel G. Strategy as a field of study: Why search for a new paradigm? [J]. *Strategic Management Journal*, 1994, 15 (S2): 5-16.

Prahalad C K, Hamel G. Strategy as a field of study: Why search for a new paradigm? [J]. *Strategic Management Journal*, 1994, 15 (S2): 5-16.

Prahalad C K, Ramaswamy V. Co-opting customer competence [J]. *Harvard Business Review*, 2000, 78 (1): 79-90.

Prajogo D, Olhager J. Supply chain integration and performance: The effects of long-term relationships, information technology and sharing, and logistics integration [J]. *International Journal of Production Economics*, 2012, 135 (1): 514-522.

Preacher K J, Rucker D D, Hayes A F. Addressing moderated mediation hypotheses: Theory, methods, and prescriptions [J]. *Multivariate Behavioral Research*, 2007, 42 (1): 185-227.

Raisch S, Birkinshaw J, Probst G, et al. Organizational ambidexterity: Balancing exploitation and exploration for sustained performance [J]. *Organization science*, 2009, 20 (4): 685-695.

Rogers E M. *The diffusion of innovations model* [M]. Boston: Kluwer Academic Publishers, 1993.

Roseth C J, Johnson D W, Johnson R T. Promoting early adolescents' achievement and peer relationships: The effects of cooperative, competitive, and individualistic goal structures [J]. *Psychological Bulletin*, 2008, 134 (2): 223-246.

Rothaermel F T, Alexandre M T. Ambidexterity in technology sourcing: The moderating role of absorptive capacity [J]. *Organization Science*, 2009, 20 (4): 759-780.

Rothaermel F T, Deeds D L. Exploration and exploitation alliances in biotechnology: A system of new product development [J]. *Strategic Management Journal*, 2004, 25 (3): 201-221.

Schumpeter J A. *The Theory of Economic Development* [M]. London: Oxford University Press, 1934.

Snell R S, Tjosvold D, Fang S S. Resolving ethical conflicts at workthrough cooperative goals and constructive controversy in the People's Republic of China [J]. *Asia Pacific Journal of Management*, 2006, 23 (3): 319-343.

Song M, Di Benedetto C A. Supplier's involvement and success of radical new product development in new ventures [J]. *Journal of Operations Manage-

ment, 2008, 26 (1): 1-22.

Song M, Montoya-Weiss M M. The effect of perceived technological uncertainty on Japanese new product development [J]. *Academy of Management Journal*, 2001, 44 (1): 61-80.

Song M, Droge C, Hanvanich S, Calantone R. Marketing and technology resource complementarity: An analysis of their interaction effect in two environmental contexts [J]. *Strategic Management Journal*, 2005, 26 (3): 259-276.

Stanne M B, Johnson D W, Johnson R T. Does competition enhance or inhibit motor performance: A meta-analysis [J]. *Psychological Bulletin*, 1999, 125 (1): 133-154.

Swink M, Song M. Effects of marketing-manufacturing integration on new product development time and competitive advantage [J]. *Journal of Operations Management*, 2007, 25 (1): 203-217.

Swink M, Narasimhan R, Wang C. Managing beyond the factory walls: Effects of four types of strategic integration on manufacturing plant performance [J]. *Journal of Operations Management*, 2007, 25 (1): 148-164.

Takeuchi H, Nonaka I. The new new product development game [J]. *Harvard Business Review*, 1986, 64 (1): 137-146.

Tanriverdi H. Information technology relatedness, knowledge management capability and performance of multi-business firms [J]. *Management Information Systems Quarterly*, 2005, 29 (2): 311-334

Taylor A B, MacKinnon D P, Tein J Y. Tests of the three-path mediated effect [J]. *Organizational Research Methods*, 2007, 11 (2): 241-269.

Thomas E. Supplier integration in new product development: Computer mediated communication, knowledge exchange and buyer performance [J]. *Industrial Marketing Management*, 2013, 42 (6): 890-899.

Tjosvold D, Andrews I R, Struthers J T. Power and interdependence in work groups views of managers and employees [J]. *Group & Organization Management*, 1991, 16 (3): 285-299.

Tjosvold D, Andrews R, Jones H. Cooperative and competitive relationships between leaders and subordinates [J]. *Human Relations*, 1983, 36 (12): 1111-1124.

Tjosvold D, Leung K, Johnson D W.*Cooperative and competitive conflict in China* [M]. San Francisco: Jossey-Bass, 2000.

Tjosvold D, Morishima M, Belsheim J A.Complaint handling on the shop floor: Cooperative relationships and open-minded strategies [J]. *International Journal of Conflict Management*, 1999, 10 (1): 45-68.

Tjosvold D, Peng A C, Chen Y F, Su F.Business and government interdependence in China: Cooperative goals to develop industries and the marketplace [J]. *Asia Pacific Journal of Management*, 2008, 25 (2): 225-249.

Tjosvold D, Tang M M L, West M.Reflexivity for team innovation in China the contribution of goal interdependence [J]. *Group & Organization Management*, 2004, 29 (5): 540-559.

Tjosvold D, Yu Z, Hui C.Team learning from mistakes: The contribution of cooperative goals and problem-solving [J]. *Journal of Management Studies*, 2004, 41 (7): 1223-1245.

Tjosvold D.Making employee involvement work: Cooperative goals and controversy to reduce costs [J]. *Human Relations*, 1998, 51 (2): 201-214.

Tjosvold D.Organizational test of goal linkage theory [J]. *Journal of Organizational Behavior*, 1986, 7 (2): 77-88.

Tjosvold D. Power in cooperative and competitive organizational contexts [J]. *The Journal of Social Psychology*, 1990, 130 (2): 249-258.

Torkkeli M, Tuominen M.The contribution of technology selection to core competencies [J]. *International Journal of Production Economics*, 2002, 77 (3): 271-284.

Trott P.The role of market research in the development of discontinuous new products [J]. *European Journal of Innovation Management*, 2001, 4 (3): 117-126.

Tseng P H, Liao C H.Supply chain integration, information technology, market orientation and firm performance in container shipping firms [J]. *The International Journal of Logistics Management*, 2015, 26 (1): 82-106.

Tuten T L, Urban D J.An expanded model of business-to-business partnership formation and success [J]. *Industrial Marketing Management*, 2001, 30 (2): 149-164.

Verdin P, Williamson P.Core competence, competitive advantage and market analysis: Forging the links [J]. *DTEW Research Report*, 1997, 97(43): 1-24.

Vickery S K, Jayaram J, Droge C, Calantone R.The effects of an integrative supply chain strategy on customer service and financial performance: An analysis of direct versus indirect relationships [J]. *Journal of Operations Management*, 2003, 21 (5): 523-539.

Wang L.*Understanding conflict avoiding behavior in China: The role of goal interdependence and behavioral intentions* [D]. Hong Kong: Lingnan University, 2012.

WANG L.*Effects of goal interdependence and social identity on departments and their relationships in China* [D]. Hong Kong: Lingnan University, 2005.

Wang Z, Chen Y N, Tjosvold D, Shi K.Cooperative goals and team agreeableness composition for constructive controversy in China [J]. *Asia Pacific Journal of Management*, 2010, 27 (1): 139-153.

Wangbenmad C, Rashid N R N A.Supplier involvement in product development process (PDP) and new product performance: The mediating role of new product advantage [J]. *Journal of Marketing Management*, 2014, 2 (2): 227-238.

Wathne K H, Heide J B.Opportunism in interfirm relationships: Forms, outcomes, and solutions [J]. *Journal of Marketing*, 2000, 64 (4): 36-51.

Winterscheid B C.*Building capability from within: The insider's view of core competence* [M]. Institut Européen de Recherches et d'Etudes Supérieures en Management, 1993.

Wong A, Fang S S, Tjosvold D.Developing business trust in government through resource exchange in China [J]. *Asia Pacific Journal of Management*, 2012, 29 (4): 1027-1043.

Wong A, Tjosvold D, Chen N Y.Managing outsourcing to develop business: Goal interdependence for sharing effective business practices in China [J]. *Human Relations*, 2010, 63 (10): 1563-1586.

Wong A, Tjosvold D, Yu Z Y.Organizational partnerships in China: Self-interest, goal interdependence, and opportunism [J]. *Journal of Applied Psychology*, 2005, 90 (4): 782-791.

Wong A, Tjosvold D, Zhang P. Developing relationships in strategic alliances: Commitment to quality and cooperative interdependence [J]. *Industrial Marketing Management*, 2005 (b), 34 (7): 722-731.

Wong A, Tjosvold D, Zhang P. Supply chain relationships for customer satisfaction in China: Interdependence and cooperative goals [J]. *Asia Pacific Journal of Management*, 2005 (a), 22 (2): 179-199.

Wong A, Tjosvold D, Wong W Y L, Liu C I. Relationships for quality improvement in the Hong Kong-China supply chain [J]. *International Journal of Quality & Reliability Management*, 1999, 16 (1): 24-41.

Wong A, Tjosvold D, Wong W Y, Liu C K. Cooperative and competitive conflict for quality supply partnerships between China and Hong Kong [J]. *International Journal of Physical Distribution & Logistics Management*, 1999, 29 (1): 7-21.

Wong A. Partnering through cooperative goals in supply chain relationships [J]. *Total Quality Management*, 1999, 10 (4): 786-792.

Wong A. Sustaining company performance through partnering with suppliers [J]. *International journal of quality & reliability management*, 2002, 19 (5): 567-580.

Wong C W Y, Wong C Y, Boon-itt S. The combined effects of internal and external supply chain integration on product innovation [J]. *International Journal of Production Economics*, 2013, 146 (2): 566-574.

Wong C Y, Boon-Itt S, Wong C W Y. The contingency effects of environmental uncertainty on the relationship between supply chain integration and operational performance [J]. *Journal of Operations Management*, 2011, 29 (6): 604-615.

Yalcinkaya G, Calantone R J, Griffith D A. An examination of exploration and exploitation capabilities: Implications for product innovation and market performance [J]. *Journal of International Marketing*, 2007, 15 (4): 63-93.

Ye J, Marinova D, Singh J. Strategic change implementation and performance loss in the front lines [J]. *Journal of Marketing*, 2007, 71 (4): 156-171.

Yeniyurt S, Henke Jr J W, Yalcinkaya G. A longitudinal analysis of supplier involvement in buyers' new product development: working relations, inter-dependence, co-innovation, and performance outcomes [J]. *Journal of the Academy of Marketing Science*, 2014, 42 (3): 291-308.

Zahra S A, Nielsen A P, Bogner W C.Corporate entrepreneurship, knowledge, and competence development [J]. *Entrepreneurship: Theory and Practice*, 1999, 23 (3): 169-169.

Zhao X, Huo B, Flynn B B, Yeung J H.The impact of power and relationship commitment on the integration between manufacturers and customers in a supply chain [J]. *Journal of Operations Management*, 2008, 26 (3): 368-388.

Zhao X, Huo B, Selen, Yeung J H.The impact of internal integration and relationship commitment on external integration [J]. *Journal of Operations Management*, 2011, 29 (1): 17-32.

二 中文参考文献部分

曹智、霍宝锋、赵先德：《供应链整合模式与绩效：全球视角》，《科学学与科学技术管理》2012年第7期。

曾敏刚、吴倩倩：《供应链设计，供应链整合，信息共享与供应链绩效的关系研究》，《工业工程与管理》2012年第4期。

曾敏刚、吴倩倩：《政府支持，信任与供应链整合的关系研究》，《工业工程与管理》2013年第4期。

曾敏刚、朱佳：《环境不确定性与政府支持对供应链整合的影响》，《科研管理》2014年第9期。

陈建勋、潘昌才、吴隆增：《外部社会资本对企业核心能力的影响——知识整合的调节作用》，《科学学研究》2009年第2期。

陈瑞、郑毓煌、刘文静：《中介效应分析：原理，程序，Bootstrap方法及其应用》，《营销科学学报》2013年第4期。

陈伟、杨早立、张永超：《网络结构与企业核心能力关系实证研究：基于知识共享与知识整合中介效应视角》，《管理评论》2014年第6期。

陈文沛：《领导风格对创新绩效的影响：以创新行为为中介变量》，《经济经纬》2014年第5期。

陈文沛：《市场导向，创新与核心能力：路径和机制》，《中国科技论坛》2013 年第 12 期。

陈武、李董平、鲍振宙、闫昱文、周宗奎：《亲子依恋与青少年的问题性网络使用：一个有调节的中介模型》，《心理学报》2015 年第 5 期。

陈晓萍、徐淑英、樊景立：《组织与管理研究的实证方法》，北京大学出版社 2012 年版。

邓龙安、徐玖平：《供应链整合下的企业网络创新绩效管理研究》，《科学学与科学技术管理》2008 年第 2 期。

耿紫珍、刘新梅、沈力：《合作目标促进科研团队创造力的机理研究》，《科研管理》2012 年第 8 期。

耿紫珍、刘新梅、张晓飞：《批评激发创造力？负反馈对团队创造力的影响》，《科研管理》2015 年第 8 期。

胡赛全、詹正茂、刘霞、李飞：《什么决定企业产品创新：外部环境还是核心能力？》，《科学学研究》2012 年第 12 期。

黄海艳：《顾客参与对新产品开发绩效的影响：动态能力的中介机制》，《经济管理》2014 年第 3 期。

黄群慧、贺俊：《中国制造业的核心能力，功能定位与发展战略——兼评〈中国制造 2025〉》，《中国工业经济》2015 年第 6 期。

黄蕴洁、刘冬荣：《知识管理对企业核心能力影响的实证研究》，《科学学研究》2010 年第 7 期。

纪雪洪、陈志祥、孙道银：《供应商参与，专用性投资与新产品开发绩效关系研究》，《管理评论》2015 年第 3 期。

简兆权、李雷、柳仪：《服务供应链整合及其对服务创新影响研究述评与展望》，《外国经济与管理》2013 年第 1 期。

焦豪：《双元型组织竞争优势的构建路径：基于动态能力理论的实证研究》，《管理世界》2011 年第 11 期。

孔婷、孙林岩、冯泰文：《营销-制造整合对新产品开发绩效的影响研究》，《科研管理》2015 年第 9 期。

李景峰、王继光：《知识经济背景下供应链整合绩效的实证研究》，《山西大学学报》（哲学社会科学版）2015 年第 1 期。

李随成、黄聿舟、王玮：《探索式与利用式产品创新的治理机制匹配研究》，《软科学》2015 年第 4 期。

李晓明、杨洪焦、王元庆：《供应链整合与企业绩效间的关系研究——基于中国制造企业的实证研究》,《当代经济科学》2013年第2期。

李忆、司有和:《探索式创新,利用式创新与绩效:战略和环境的影响》,《南开管理评论》2008年第5期。

李忆、司有和:《组织结构,创新与企业绩效:环境的调节作用》,《管理工程学报》2009年第4期。

刘春红、谢霍坚:《领导效用影响机理模型的建立与实证研究》,《东华大学学报》(自然科学版)2003年第5期。

刘亚军、和金生:《创业导向,组织学习对核心能力及组织绩效的影响研究——来自华中,华南,华北地区210个企业的实证》,《科学学与科学技术管理》2009年第4期。

毛洪涛、周彦、任旭林、张正勇:《管理会计与控制技术,核心能力建设与企业业绩——基于中国施工企业293个工程项目的调查分析》,《科研管理》2014年第2期。

彭说龙、谢洪明、陈春辉:《环境变动,组织学习与组织绩效的关系研究》,《科学学与科学技术管理》2005年第11期。

侍文庚、蒋天颖:《社会资本,知识管理能力和核心能力关系研究》,《科研管理》2012年第4期。

孙道银、李东:《通过供应链整合获取竞争力:一个OEM企业案例研究》,《经济管理》2010年第3期。

孙海法:《价值取向对群体互动和绩效的影响》,《中山大学学报》(社会科学版)2003年第2期。

孙晓波、骆温平:《供应链整合与客户服务运作绩效的关系》,《中国流通经济》2014年第2期。

Tjosvold D、粟芳、万洁平:《合作与竞争理论的实验研究》,《管理世界》2002年第7期。

谭敏:《突破技术创新陷阱》,中国科学技术大学,2014年。

汪汉杰:《经济新常态下促进循环经济发展的政策体系研究》,《中国行政管理》2015年第9期。

王凤彬、陈建勋、杨阳:《探索式与利用式技术创新及其平衡的效应分析》,《管理世界》2012年第3期。

王凤彬、江鸿、吴隆增:《社会资本与核心能力关系研究:以知识创造为中介变量》,《科学学研究》2008年第3期。

王宏起、王珊珊:《高新技术企业集群综合优势发展路径与演化规律研究》,《科学学研究》2009年第7期。

王林、沈坤荣、吴琼、秦伟平:《探索式创新,利用式创新与新产品开发绩效关系——环境动态性的调节效应研究》,《科技进步与对策》2014年第15期。

王念新、仲伟俊、梅姝娥:《信息技术,核心能力和企业绩效的实证研究》,《管理科学》2010年第1期。

王毅、毛义华、陈劲、许庆瑞:《新产品开发管理新范式:基于核心能力的平台方法》,《科研管理》1999年第5期。

王永贵、邢金刚、史有春、何健:《对市场导向,顾客资产导向与新产品开发绩效之间关系的探索性研究——基于中国背景的调节效应模型》,《南开管理评论》2008年第3期。

温忠麟、叶宝娟:《有调节的中介模型检验方法:竞争还是替补?》,《心理学报》2014年第5期。

温忠麟、侯杰泰、马什郝伯特:《结构方程模型检验:拟合指数与卡方准则》,《心理学报》2004年第2期。

温忠麟、张雷、侯杰泰:《有中介的调节变量和有调节的中介变量》,《心理学报》2006年第3期。

吴家喜、吴贵生:《外部组织整合与新产品开发绩效关系实证研究:以产品创新程度为调节变量》,《科学学与科学技术管理》2008年第12期。

吴家喜、吴贵生:《组织间关系、外部组织整合与新产品开发绩效关系研究》,《软科学》2009年第11期。

吴明隆:《结构方程模型:AMOS的操作与应用》,重庆大学出版社2010年版。

吴培冠、Tjosvold D,Chen Y F:《集体主义价值观在冲突管理中所起的作用——基于一个管理实验的分析》,《上海管理科学》2010年第3期。

吴晓波、吴东:《基于格/群模型的组织文化对新产品开发绩效的影响》,《浙江大学学报》(人文社会科学版)2011年第2期。

吴艳、温忠麟:《结构方程建模中的题目打包策略》,《心理科学进展》2011年第12期。

谢恩、陈昕:《供应商网络与买方企业新产品开发绩效的研究》,《科研管理》2015年第6期。

谢洪明、罗惠玲、王成、李新春：《学习，创新与核心能力：机制和路径》，《经济研究》2007年第2期。

谢洪明、王成、葛志良：《核心能力：组织文化和组织学习作用》，《南开管理评论》2006年第4期。

谢洪明、吴隆增、王成：《组织学习，知识整合与核心能力的关系研究》，《科学学研究》2007年第2期。

谢洪明：《市场导向与组织绩效的关系——环境与组织学习的影响》，《南开管理评论》2005年第3期。

熊红星、张璟、叶宝娟、郑雪、孙配贞：《共同方法变异的影响及其统计控制途径的模型分析》，《心理科学进展》2012年第5期。

徐可、何桢、王瑞：《供应链关系质量与企业创新价值链——知识螺旋和供应链整合的作用》，《南开管理评论》2015年第1期。

徐可、王瑞、张慧颖、陈根来：《中国纺织服装产业科技创新对可持续发展的影响——供应链视角的中介效应模型》，《统计与信息论坛》2015年第7期。

徐可：《社会资本对产品创新影响研究：知识管理和供应链整合中介效应》，天津大学，2013年。

许德惠、李刚、孙林岩、赵丽：《环境不确定性，供应链整合与企业绩效关系的实证研究》，《科研管理》2012年第12期。

杨灿、李海刚：《客户知识管理能力对新产品开发绩效影响的实证研究》，《上海管理科学》2014年第1期。

杨洁辉、韩庆兰、水会莉：《企业环境管理，创新管理，供应链管理三维融合——供应链可持续创新系统构建及应用》，《科技进步与对策》2015年第8期。

杨肖锋、储小平、谢俊：《社会资本的心理来源：基于合作与竞争理论的分析》，《软科学》2012年第3期。

叶飞、吴佳、吕晖、徐学军：《高管私人关系对供应商信息共享的作用机理研究——以组织间的信任为中介》，《科学学与科学技术管理》2011年第6期。

张慧颖、徐可、于淏川：《社会资本和供应链整合对产品创新的影响研究——基于中国实证调查的中介效应模型》，《华东经济管理》2013年第 7 期。

张婧、段艳玲:《市场导向均衡对制造型企业产品创新绩效影响的实证研究》,《管理世界》2010 年第 12 期。

张婧、赵紫锟:《反应型和先动型市场导向对产品创新和经营绩效的影响研究》,《管理学报》2011 年第 9 期。

张文彤:《SPSSII 统计分析教程(高级篇)》,北京希望电子出版社 2002 年版。

赵丽、孙林岩、李刚、杨洪焦:《中国制造企业供应链整合与企业绩效的关系研究》,《管理工程学报》2011 年第 3 期。

赵蓓、吴芳、张岩:《企业可见度,社会责任与绩效》,《厦门大学学报》(哲学社会科学版) 2015 年第 3 期。

周飞、沙振权:《顾客互动和新产品开发绩效的关系研究》,《中国科技论坛》2011 年第 11 期。

周健明、陈明、刘云枫:《知识惯性,知识整合与新产品开发绩效研究》,《科学学研究》2014 年第 10 期。

朱桂平、周杰:《权变视角下供应商参与对新产品开发绩效的影响研究》,《科技管理研究》2013 年第 16 期。

朱洪军、徐玖平:《企业文化,知识共享及核心能力的相关性研究》,《科学学研究》2008 年第 4 期。

朱祖平、张世磊:《基于供应链的企业技术创新整合管理》,《研究与发展管理》2002 年第 6 期。

后 记

本书最终得以付梓，我心生良多感慨。光阴荏苒，时光飞逝。回首科研历程，我深感这迷途中充满着跌跌撞撞。既有迷雾重重、困惑萦绕时，也有云开雾散、茅塞顿开时。掩卷思量，饮水思源，得益于很多人的帮助，我才能走到如今，谨在此表达我的真诚谢意。

我首先要衷心感谢厦门大学管理学院周星教授。周教授多年来对我的学习、工作和生活等各方面都无微不至地关怀着，自己取得的成绩和进步，无不凝聚着导师的心血。是老师让我有机会在一流的管理学院深造学习，聆听国内外学者的前沿学术观点，让我离梦想的实现越来越近。尽管笔者愚钝，难懂一二，但老师满腹经纶、博览五车的学识，仍令我受益匪浅。同时，老师严谨的治学态度也令我肃然起敬。在老师的悉心指导下，大到本书的选题、理论框架的构建、研究方法的把控，小到行文风格和文字运用的拿捏，鄙人都逐步从中深切地体会到了严谨治学的的必要性和重要性。总之，无论是在学习上还是在生活方面，周老师都给予了我诸多帮助，只言片语难以表达我对恩师深深的感激之情。业精于勤而荒于嬉，行成于思而毁于随。鄙人唯有继续持铁杵磨针、虚心求学的科研态度，在学术道路上勇于开拓、不停追逐，方能不辜负恩师的谆谆教诲。

感谢厦门大学管理学院唐炎钊教授、吴隆增教授、林志扬教授、李冰州副教授、赵蓓教授、叶军教授、郭朝阳教授、美国威斯康星大学终身教授 Maxwell K. Hsu 及其他老师。各位老师在课堂上、研究讨论会、论文开题和预答辩等各个阶段，都给予了我很多意见和建议，使我从中深受启发、获益匪浅。您们让我渐渐明白了如何选题、如何做研究，逐步感受到学术研究的氛围。同时，您们在本书的写作之初，就及时指点，不仅从整体上告诉我如何把握理论研究，而且从文献收集与阅读、实证研究技巧及运用、研究论证等方面提出了许多宝贵的具体建议。

后　记

　　感谢我的同门博士师姐张攀、博士郭功星、博士邓昕才、师妹程坦、师弟马建峰、纪加建和程豹，以及李翠翠、白东、刘玉凤、陈冬兰、司楠楠等硕士师弟师妹，他们在本项目的开展过程中，帮我分担了很多任务。同时感谢厦门大学管理学院硕士学妹叶一娇、山东大学管理学院博士学妹陈梦媛，在本项目的问卷发放与收集、数据录入和预处理等方面，两位学妹都帮我做了很多工作。感谢同窗陈金龙、刘晶晶、马强、陈三可、洪群、张少卿、郑宇冰、李卿云、马丽、彭镇、王荣宽、王晓蓉等。我们一同求教，共攀学术高峰，感谢博士求学三年有你们的陪伴与帮助。

　　我还要感谢家人对我的全力支持和鼓励。感谢我的父亲、母亲、弟弟和妹妹，是你们为我分担了家庭负担，让我有足够的时间投入到科研中。同时还要特别感谢女友浙江大学管理学院博士干晨静，在我人生的转折点，有你不离不弃的陪伴和开导，让我感受到了生活的快乐，以及对我思想的启发。你们为我付出了很多，唯愿将来的日子里你们平平安安，健康快乐！

　　感谢宁波大学商学院为我们提供了良好的科研平台。

　　感谢浙江省哲学社会科学发展规划领导小组、相关评审专家及全体工作人员，为本书的进一步完善提供了全方位的指导和帮助。

　　感谢中国社会科学出版社宫京蕾、秦婵等所有编辑老师的辛勤工作，使本书成为现实。

　　本书虽然已经完成，但仍有一些问题尚需进一步探讨。对未知的探索、对真理的执着，会激励着我勇往直前，永不言弃！

宁波大学商学院
杨林波
2019 年 07 月